基于大数据的经济分析

史丹 ◎ 主编

BIG DATA

中国社会科学出版社

图书在版编目（CIP）数据

基于大数据的经济分析/史丹主编 .—北京：中国社会科学出版社，2019.9（2022.1 重印）

ISBN 978 - 7 - 5203 - 5135 - 5

Ⅰ.①基… Ⅱ.①史… Ⅲ.①互联网络—应用—经济分析—研究 Ⅳ.①F224.12 - 39

中国版本图书馆 CIP 数据核字（2019）第 209067 号

出 版 人	赵剑英
责任编辑	张　潜
责任校对	王丽媛
责任印制	王　超

出　　版	中国社会科学出版社
社　　址	北京鼓楼西大街甲 158 号
邮　　编	100720
网　　址	http://www.csspw.cn
发 行 部	010 - 84083685
门 市 部	010 - 84029450
经　　销	新华书店及其他书店
印　　刷	北京明恒达印务有限公司
装　　订	廊坊市广阳区广增装订厂
版　　次	2019 年 9 月第 1 版
印　　次	2022 年 1 月第 2 次印刷
开　　本	710×1000　1/16
印　　张	18.25
插　　页	2
字　　数	262 千字
定　　价	88.00 元

凡购买中国社会科学出版社图书，如有质量问题请与本社营销中心联系调换
电话：010 - 84083683
版权所有　侵权必究

目 录

第一专题　大数据技术与社会科学研究…………… 黄新霆(1)
　　第一节　大数据的背景及技术发展趋势……………………(1)
　　第二节　大数据与社会科学研究的结合……………………(4)
　　第三节　在社会科学研究中大数据的影响…………………(6)
　　第四节　在社会科学研究中的大数据应用案例……………(8)
　　第五节　社科大数据技术……………………………………(11)
　　第六节　基于大数据的经济形势分析及预警研究
　　　　　　平台建设……………………………………………(20)

**第二专题　基于大数据方法的经济研究：前沿进展与
　　　　　　研究综述**…………… 李华杰　史　丹　马丽梅(30)
　　第一节　引言…………………………………………………(31)
　　第二节　文献回顾……………………………………………(32)
　　第三节　主要研究方法介绍…………………………………(38)
　　第四节　主要研究和应用方向………………………………(41)
　　第五节　当前面临的主要问题………………………………(43)
　　第六节　总结和展望…………………………………………(44)

第三专题　大数据经济学的哲学方法论…… 梁米亚　徐　晋(50)
　　第一节　引言…………………………………………………(50)
　　第二节　经济变革与离散主义………………………………(52)

第三节　基本范式：解构、重构与关联 …………………（57）

第四节　稀缺内生、行为异化与私权扩张 ………………（62）

第五节　小结 ………………………………………………（67）

第四专题　利用网络搜索大数据实现对 CPI 指数的短期
　　　　　预报及拐点预测
　　　　　　——基于混频数据模型的
　　　　　　实证研究 …………………………刘宽斌　张　涛（71）

第一节　引言 ………………………………………………（72）

第二节　文献回顾 …………………………………………（74）

第三节　理论分析及逻辑框架 ……………………………（78）

第四节　关键词选择 ………………………………………（82）

第五节　混频数据抽样模型（MIDAS）介绍 ……………（86）

第六节　基于 MIDAS 预测模型对 CPI 数据的实时预测
　　　　实证研究 …………………………………………（91）

第七节　利用网络搜索数据对 CPI 实时预报及短期
　　　　预测的经验结论和展望 …………………………（102）

第五专题　基于机器学习的 P2P 平台风险预警效果
　　　　　研究 ……………………严　武　孔　雯　许　乐（108）

第一节　引言 ………………………………………………（108）

第二节　文献综述 …………………………………………（110）

第三节　P2P 预警系统设计及机器学习技术简介 ………（112）

第四节　数据说明 …………………………………………（115）

第五节　模型效果评估 ……………………………………（120）

第六节　结束语 ……………………………………………（124）

第六专题　房地产建造周期、住房价格与经济波动 ……方志强（127）

第一节　问题提出 …………………………………………（127）

第二节	购房需求、土地供给与建房周期 ……………………	(130)
第三节	模型设立 ………………………………………………	(134)
第四节	参数校准与估计 ………………………………………	(139)
第五节	模型分析 ………………………………………………	(142)
第六节	结论与政策建议 ………………………………………	(148)

第七专题　大数据与绿色发展…… 许宪春　任　雪　常子豪(157)

第一节	问题提出 ………………………………………………	(157)
第二节	大数据与绿色发展的概念与特征 ……………………	(159)
第三节	大数据与绿色发展现状 ………………………………	(164)
第四节	大数据与绿色发展关系研究 …………………………	(169)
第五节	大数据与绿色发展案例分析 …………………………	(172)
第六节	关于大数据与绿色发展的建议 ………………………	(180)

第八专题　中国地方绿色发展评估：基于政府宣传大数据的测度 ……………………………………………… 渠慎宁(183)

第一节	引言 ……………………………………………………	(183)
第二节	大数据测度思路和方法 ………………………………	(188)
第三节	中国区县绿色发展排名：基于宣传大数据的测度 ………………………………………………	(190)
第四节	中国地级市绿色发展排名：基于宣传大数据的测度 ………………………………………………	(196)
第五节	中国绿色发展政策上下传导机制评估 ………………	(200)
第六节	结论及政策建议 ………………………………………	(203)

第九专题　基于大数据分析的中国环境污染关注度研究 ……………………………… 史　丹　陈素梅(206)

| 第一节 | 引言 …………………………………………………… | (207) |
| 第二节 | 数据来源与方法 ……………………………………… | (211) |

第三节　网络关注度的污染类型差异……………………（213）
第四节　网络关注度的地区差异……………………………（222）
第五节　主要结论与启示……………………………………（225）

第十专题　互联网对生产性服务业发展影响的实证分析……………………………卢福财　徐远彬（232）
第一节　问题的提出…………………………………………（232）
第二节　理论分析……………………………………………（234）
第三节　基本实证结果与分析………………………………（238）
第四节　互联网影响生产性服务业发展的中介作用——交易成本………………………………………………（246）
第五节　结论…………………………………………………（250）

第十一专题　数据驱动的共享单车客户心声监测
——基于共享单车APP用户评论的语义和情感分析
……………吴　俊　欧阳书凡　程　垚　殷　雯　郝　瀚（255）
第一节　引言…………………………………………………（255）
第二节　相关文献与理论基础………………………………（257）
第三节　研究设计……………………………………………（261）
第四节　数据分析与讨论……………………………………（265）
第五节　结论与展望…………………………………………（278）

图 目 录

图 1—1　大数据平台应用场景 …………………………（9）
图 1—2　社会化多源数据的智能采集与规划应用 …………（10）
图 1—3　高价值结构化大数据库 …………………………（11）
图 1—4　大数据采集系统构架 ……………………………（12）
图 1—5　分布式计算任务处理过程 ………………………（14）
图 1—6　大数据处理平台框架 ……………………………（21）
图 1—7　数据采集与融合逻辑 ……………………………（22）
图 1—8　数据质量规则定义 ………………………………（23）
图 1—9　HDFS 系统架构 …………………………………（25）
图 1—10　HDFS 集群架构 …………………………………（25）
图 1—11　基于 MySQL 的关系数据库集群 ………………（27）
图 1—12　基于 HBase 的 NoSQL 数据库集群 ……………（28）
图 1—13　HBase 集群架构 …………………………………（29）
图 4—1　CPI 指数与网络搜索行为逻辑关系框架 …………（80）
图 4—2　全国 2015 年 1 月至 2017 年 12 月"猪肉价格"
　　　　　搜索指数和猪肉价格 ……………………………（83）
图 4—3　价格相关关键词综合搜索量与 CPI 混频数据 ……（94）
图 4—4　模型预测样本内及样本外预测精度 ………………（96）
图 4—5　真实 CPI 指数与 ARMA 模型预测 CPI 指数对比 ……（101）
图 4—6　真实 CPI 指数与模型（1）至（6）预测 CPI
　　　　　指数对比 ……………………………………………（101）

图5—1	P2P动态预警系统	(113)
图5—2	数据处理流程	(115)
图5—3	P2P网贷平台数量随时间变化	(119)
图5—4	模型的学习曲线	(122)
图6—1	城镇人口增长率与实际房价增长率	(131)
图6—2	城镇人口与实际房价波动（hp滤波）	(132)
图6—3	房地产项目开发一般流程	(133)
图6—4	住房偏好冲击分析	(143)
图6—5	住房部门技术冲击分析	(144)
图6—6	消费品部门技术冲击分析	(145)
图6—7	货币政策冲击分析	(146)
图7—1	可持续发展的"三支柱"或"三重底线"关系	(160)
图7—2	2000—2016年中国经济增长趋势	(165)
图7—3	2000—2016年中国经济需求结构变化图	(166)
图7—4	中国能源消耗变化趋势	(167)
图7—5	中、美、日CO_2排放情况	(167)
图7—6	2004—2016年新旧动能历年变化趋势	(168)
图7—7	大数据与绿色发展关系	(170)
图7—8	全国私人汽车拥有量及增长率	(175)
图7—9	2009—2016年上海市经营性停车场运营情况	(176)
图7—10	货车帮2015—2017年违约率水平	(179)
图8—1	全国各地区县主要领导绿色发展讲话次数变化趋势	(191)
图9—1	关键词"PM2.5"与"雾霾"搜索指数对比	(214)
图9—2	关键词"大气污染""水污染"和"土壤污染"搜索指数趋势	(215)
图9—3	关键词"PM2.5"搜索指数趋势	(216)

图 9—4 "大气污染""水污染"和"土壤污染"媒体
　　　　指数趋势 ………………………………………………（221）
图 9—5 "大气污染""水污染""土壤污染"和
　　　　"PM2.5"搜索指数的区域间差异 ……………………（223）
图 9—6 关键词"大气污染""水污染""土壤污染"和
　　　　"PM2.5"搜索指数排名前十的城市 …………………（223）
图 9—7 关键词"绿色发展"搜索指数排名前十的
　　　　城市 ………………………………………………………（225）
图 11—1 总体与摩拜｜OFO｜哈罗单车用户评论情感
　　　　 倾向走势 …………………………………………………（266）
图 11—2 小蓝｜小鸣｜永安行｜优拜单车用户评论情感
　　　　 倾向走势 …………………………………………………（267）
图 11—3 主题数 $k = 10 - 40$ 范围的共享单车用户评论
　　　　 文本语义一致性与独有性检验 …………………………（269）
图 11—4 共享单车用户评论主题类别归集 ………………………（272）
图 11—5 骑行体验与服务相关的 6 个主题情感时序
　　　　 变动趋势 …………………………………………………（273）
图 11—6 押金、资费与支付相关的 5 个主题情感时序
　　　　 变动趋势 …………………………………………………（274）
图 11—7 APP 使用相关的 3 个主题情感时序变动趋势 ………（275）
图 11—8 共享车辆相关的 3 个主题情感时序变动趋势 ………（276）

表 目 录

表 2—1　数据挖掘工具 …………………………………（39）
表 4—1　搜索关键词词库 ………………………………（84）
表 4—2　各类 CPI 成分类别权重结果估计 ……………（92）
表 4—3　样本内拟合精度及样本外预测精度优于标准
　　　　 ARMA 模型的比例 ……………………………（97）
表 4—4　样本内及样本外预测精度最优模型 …………（97）
表 4—5　模型样本内拟合精度（rRMSE）及样本外预测
　　　　 精度（rMFSE）………………………………（99）
表 4—6　模型（1）至（6）"拐点"捕捉统计 …………（101）
表 4—7　2015 年 1 月—2018 年 1 月中国月度 CPI 数据
　　　　 公布时间 …………………………………（103）
表 5—1　正常平台与问题平台描述性统计 ……………（116）
表 5—2　P2P 平台存续情况概览 ………………………（119）
表 6—1　2009—2016 年中国政府出台调控住房的
　　　　 重要政策 …………………………………（132）
表 6—2　参数取值 ………………………………………（140）
表 6—3　待估参数的先验分布和后验分布 ……………（141）
表 6—4　无延期各变量在 40 期的历史方差分解 ………（147）
表 6—5　延四期各变量在 40 期的历史方差分解 ………（147）
表 6—6　延六期各变量在 40 期的历史方差分解 ………（148）
表 6—7　延八期各变量在 40 期的历史方差分解 ………（148）

表 8—1　党的十八大后习近平总书记关于绿色发展的
　　　　重要讲话和指示节选 …………………………………（184）
表 8—2　自上而下与自下而上路径比较 ……………………（187）
表 8—3　党的十八大后北京各区主要领导绿色发展讲话
　　　　次数 ……………………………………………………（189）
表 8—4　党的十八大后中国绿色发展讲话总数省（区、市）
　　　　排名 ……………………………………………………（191）
表 8—5　党的十八大后中国绿色发展宣传百强区县
　　　　排名 ……………………………………………………（193）
表 8—6　各省（区、市）拥有的百强区县数量排名 ………（195）
表 8—7　各省（区、市）拥有的百强区县占比排名 ………（195）
表 8—8　党的十八大后中国绿色发展宣传百强市排名 ……（196）
表 8—9　各省（区）拥有的百强市数量排名 ………………（199）
表 8—10　各省（区）拥有的百强市占比排名 ………………（199）
表 8—11　中国绿色发展宣传上下宣传传输效果 ……………（201）
表 9—1　百度指数：变量的描述性统计 ……………………（213）
表 9—2　百度指数的相关性检验 ……………………………（217）
表 10—1　变量描述性统计 ……………………………………（241）
表 10—2　互联网对生产性服务业发展影响回归结果 ………（243）
表 10—3　基准回归结果稳健性检验 1 ………………………（244）
表 10—4　基准回归结果稳健性检验 2 ………………………（246）
表 10—5　中介效应回归结果 …………………………………（248）
表 10—6　中介效应稳健性检验 ………………………………（250）
表 11—1　LDA 与 STM 主题模型算法比较 …………………（259）
表 11—2　共享单车 APP 用户评论采集分布 ………………（263）
表 11—3　共享单车 APP 用户评论情感倾向类别分布 ……（265）
表 11—4　共享单车 APP 用户评论文本 20 个主题聚类
　　　　　结果 …………………………………………………（269）

第一专题

大数据技术与社会科学研究[①]

第一节　大数据的背景及技术发展趋势

一　大数据的基本概念

进入 21 世纪以来，信息化、数字化席卷全球，人类社会正在被信息技术所渗透。特别是互联网、物联网、云计算以及移动互联网等新兴技术的蓬勃发展和广泛应用，海量数据随之产生。这些数据数量巨大，增长迅速，很快我们的数据就不能再以 G 或 T 为单位来记录，开始使用 PB（1000 个 T）、EB（100 万个 T）或 ZB（10 亿个 T）等单位。据 IDC 估计，截至 2012 年，自人类发明印刷术以来，所有生产印刷品数据量仅有 200PB，而整个世界中人类诞生以来说过的所有话加起来，数据量估计仅有 5EB。而据美国 IBM 公司的研究称，人类文明的整个历程中，人类产生的全部数据中，有 90% 以上的数据是过去两年内产生的，并且到 2020 年，全世界所产生的数据量将超过 40ZB，预计到 2025 年全世界产生的数据量将达到 163ZB，呈爆发式增长。

不仅数据量大、增长速度快，而且数据种类多，以往我们设计了许许多多的信息系统来收集结构化数据，这部分数据仅占所有数据的很小一部分，而在今天的世界上，80% 以上的数据恰是非结构

[①] 本专题作者：黄新霆。作者单位：北京大数据研究院。

化或半结构化的，比如今天我们每个人常用的微信、手机图片视频以及各种物联网设备所产生的数据，等等。对于这种海量数据的处理，给我们带来了巨大的挑战。

在这种背景下，一系列新兴技术应运而生，以 Hadoop、Spark 等技术为代表，使我们能够通过分布式存储和技术来处理大数据。因此大数据是指我们在各种新兴信息技术支撑下，针对海量、复杂、散乱的数据，利用全新的数据分析处理方法来智能发现有价值信息的技术统称。这些行业产生了许多大数据的概念，为避免大数据的概述混乱，美国 Gartner 公司对大数据概念进行了明确定义：（1）大数据具有"3V"的特征，即数据量大、增长进度快，数据种类多；（2）采用创新且经济实用的新方法和技术来处理数据；（3）通过大数据增强我们洞察力和决策能力。

二 大数据基本特点

大数据具有鲜明的特点，主要包括：

1. 海量的数据规模（Volume）。是指在以前的技术环境下，远远超过任何一种单体计算机设备能直接存储、管理和使用的数据量。

2. 快速增长且动态变化的数据（Velocity）。由于新技术的应用，数据快速增长，且由于实时记录，相互关联，能将看起来不相关的数据联系在一起，比如电梯日志或每户用电量能够预测空置的房地产。

3. 数据类型多（Variety）。描述特定事物或事件特征或规律的数据是以多种形式存在的，不仅包括结构化数据，更多的是文本、图片、多媒体等非结构化数据。

4. 隐含巨大的数据价值（Value）。有人形容大数据就是未来社会取之不尽，用之不绝的"石油"资源。看起来杂乱无章的大数据，但却可能蕴含着巨大的价值，大数据的价值将在不同目的的应用场景中体现。

5. 智能化数据洞察力（Intelligence）。大数据的应用，改变了我们观察世界的方式，我们正在从实验范式、理论范式、仿真范式的研究范式，走向数据密集型的科学研究范式（俗称"第四范式"），我们应用大规模的已知数据，通过机器计算，发现我们使用常规方法得不到的可信理论，进而帮助人们发现隐藏的真相。

三 大数据政策

在大数据出现以来，在全世界范围内，通过运用大数据来有力推动经济社会发展、进一步完善社会治理、提高各国各地区政府服务和监管能力成为大家的共识，如欧美、日本等发达地区、国家都于近年来相继出台并实施大数据战略性政策，由政府出面引导推动大数据发展和应用。我国经过多年发展，互联网用户特别是移动互联网用户规模已经位居全球第一，而且物联网技术正在开始得到广泛应用，这些基础使我国拥有巨大的数据资源和广阔的应用市场，大数据技术也取得突破，发展大数据正当其时。

国务院于2015年9月印发《促进大数据发展行动纲要》（以下简称《纲要》），从国家政策层面推动大数据发展。大数据被寄予厚望，将在推动经济转型发展，重塑国家竞争优势，提升政府治理能力等方面发挥重要作用。纲要明确了大数据发展的总体目标、主要任务和工作机制。①

在《纲要》的指引下，我国大数据产业蓬勃发展，应用越来越广泛，成为提升政府治理能力和推动经济转型升级的利器。全国各行业，各省市都在掀起大数据建设的浪潮。

四 技术发展趋势

大数据作为一种新兴产业，这个产业发展的关键，不在于拥有数据，而在于通过提高对大数据的"处理能力"，实现对原始数据的"增值"。不管是从数据量还是成本角度考虑，大数据使我们必

---

① 参见国务院〔2015〕50号文件《促进大数据发展行动纲要》。

然无法只采用单台计算机进行处理,即便是采用大型机,因此大数据技术必须采用分布式架构。实时的大数据分析需要用到从数十至数十万台的服务器来同时高效运作。在这种情况下,必须采用分布式计算、分布式数据库、云存储、虚拟化技术等云计算技术,因此有人说大数据与云计算就像硬币的正反面,二者是紧密结合在一起的。目前世界上大数据技术已经取得长足的进步,基于 Hadoop、spark 等许多开源优秀技术,建立了大规模并行处理计算、分布式数据库、分布式文件存储系统、虚拟化云计算等方便易用的基础技术平台,对大数据产业的发展起到极大的促进作用。

第二节 大数据与社会科学研究的结合

一 传统社科研究与大数据研究方法对比

传统的计算研究范式,是先提出可能的理论假设,再通过调研搜集数据,然后通过计算仿真进行理论验证。数据密集型研究范式,是先积累了大量的已有数据,然后通过大数据计算得出未知的结论,并进一步验证结论的正确性,进而形成新的理论。大数据研究范式方法与定量研究范式在认识论基础上是相同的,但在方法论上又有显著的不同。而社科大数据则是在社科领域引入大数据技术,通过对社会生活中积累的海量数据进行分析,再通过这些社科数据变量进行计算分析,得到关于这些变量的描述以及多变量关系的分析。[1]

(一)采用新技术手段获取数据

首先,不同于我们传统依靠对被研究者的调查问卷来获得数据,大数据直接利用技术手段获取海量数据,获取被研究者的变量参数。其次对大数据的获取采用非传统手段,不需依赖传统的政府统计部门或调查。例如,每隔几年开展的全国人口普查是关于人口

---

[1] 鲍雨:《社会学视角下的大数据方法论及其困境》,《新视野》2016 年第 3 期。

的最"大"的数据，理论上包括了我们每一个个人的人口统计学信息，体量巨大，却不能被称为"大数据"，因为人口普查数据依赖传统的社会统计部门逐级上报，是各级部门通过对上门调查直接获取的。而大数据往往采用现代信息化手段，直接获取，比如我们手机的通话记录和位置信息，交通部门的视频监控信息，气象水文监测数据等，特别是一些互联网公司，如百度、淘宝、京东等，都在用户的互联网行为中积累了大量数据并进行分析，成为当前大数据应用的亮点。

（二）调查样本接近全样本

在常规社会学定量研究中，常采用抽取调查的方法，当要调查某一社会现象时，往往都是从总体样本中，按预设的一定比例随机抽取样本，再进行现场调研，通过统计分析等方法，从样本中分析得到各种不同变量间的关系，以样本的结论来推断总体样本中这些变量之间的状况。当我们以大数据手段来进行研究时，就不采用随机抽样的方法，而是对符合分析条件的全部样本都纳入，通过大数据分析得出的变量之间的关系，而无须参数检验，即可直接用于反映总体趋势。举例，淘宝联合第一财经商业数据中心于 2015 年 12 月对外发布《淘宝大数据解读中国消费趋势》的系列报告，并不需再将用户随机抽样，直接把 3.86 亿淘宝用户总体作为分析对象，可直接分析出总体的消费状况并预测未来消费趋势。

（三）采用大数据研究方法而不是假设来建立模型

传统的定量研究往往先由研究者假设某种理论，并设计出基于假设的待检验模型，通过分析调查数据证实或证伪假设和统计模型。当我们采用大数据研究方法时，则直接分析海量数据，来寻找变量间关系，然后建立我们想要的模型。

正如张晓强等所说："数据科学以海量的数据为研究对象，通过数据挖掘等手段来寻找海量数据中潜在的规律。它研究各个科学领域所遇到的具有共性的数据问题，通过对数据的规律的研究来实现对科学问题的解答。"① 这就意味着我们通过大数据研究方法来建立模型，仅仅能反映一种趋势，并不反映必然规律，是非假设的前提条件下在真实世界中受各种综合因素影响的结果。这种模型就具有一定的模糊性与偶然性，但一定程度上却可以用来预测现象发展的趋势。比如谷歌在 2012 年在美国通过区域范围内网络搜索数据来提前预测流感爆发的趋势，显示了很高的准确率。

（四）发现相关关系但不一定是因果关系

维克托·迈尔·舍恩伯格在《大数据时代》一书中认为，大数据"不是因果关系，而是相关关系"。② 我们做定量研究，目的是为变量的变异性得出因果解释，用其他变量对所要研究变量的变异性进行解释。而当我们进行大数据研究时，特别是在商业领域，比如网上电子商城中，商家只要了解用户的各种浏览或购买行为与最终购买的关联关系即可，通过分析关联关系，向用户推荐其可能购买的商品，并不需要解释这种关联的因果关系。例如，在当季节性飓风来临时，沃尔玛超市将蛋挞和飓风用品摆放在一起，以达到增加蛋挞的销售量的目的。这时我们采用大数据分析两个变量关系时，可能仅仅止步于相关关系，即使这个相关关系是虚假的，或者与其他变量相关联。当然不是说大数据不能通过分析得出因果解释，而是在许多领域应用大数据时，我们只需要呈现关联或者趋势，就能为决策提供依据，而不必探究因果关系。

第三节 在社会科学研究中大数据的影响

近年来随着大数据的广泛应用，社会学的理论视野得到大大的拓展。同时我们要看到，在信息化社会中，将社会生活数字化、数据化、定量化，认为社会生活的本质是由信息构成的，主张用数据

---

① 张晓强、杨君游、曾国屏：《大数据方法：科学方法的变革和哲学思考》，《哲学动态》2014 年第 8 期。

② ［英］维克托·迈尔·舍恩伯格：《大数据时代》，周涛等译，浙江人民出版社 2015 年版。

来测量一切，这实质是一种科学主义简化论，看待问题过于简单，作为一门多研究范式的学科，社会学采用以统计分析为特征的大数据方法，只是作为社会学诸多研究范式中的一种，是一种重要补充，但并不意味着社会学研究范式革命。

大数据驱动的社会科学研究范式具有六大特点：（1）在研究对象上，大数据研究方法使用海量样本甚至全样本数据，而传统的研究使用的是调查数据。（2）在推理逻辑上，大数据分析是采用统计学方法和数据归纳得出数学模型，而传统的研究使用根据假设系统建立的数学模型；（3）大数据分析从数据采集获取、数据建模到统计分析预测，是人设计后由计算机自动进行的，自动化程度高，而传统研究只有仿真实验这一步是自动完成，自动化程度低；（4）在可解释度上，传统研究中基于假设的建模，依据模型演绎计算结果，为理论解释提供了坚实的基础，而在大数据分析建模中，是基于算法设计的自动计算结果，其解释力较低；（5）在基础硬件设施上，传统研究仅可能涉及一台或多台计算机，而大数据分析则需要大数据平台的支撑，包括众多基础设施，比如用于自动获取数据的各种物联网传感器、计算机网络、服务器、存储器，等等。①

在数据驱动第四范式中，我们的研究者们将直接以真实世界为研究对象，使用真实世界所生产的海量数据，进行数据建模，运用大数据分析挖掘工具进行统计分析，进而做出预测和结果。由于当今世界进入"万物互联"时代，社会出现了"计算一切"的趋势。在这种情况下，作为社会科学研究的对象，从传统的人参与的社会系统和社会过程，转变为在现实世界和虚拟世界平行形成的数据网络。随着世界上每一个人都融入互联网活动中，网络世界将成为现实世界镜式反射，网络世界的大数据也就是成了复制现实世界的活动。每一个人的人口统计学数据、行为数据和时空数据都被记录，

---

① 米加宁等：《第四研究范式：大数据驱动的社会科学研究转型》，《社会科学文摘》2018年第4期。

并能够通过大数据平台进行融合。由于互联上人们日常活动的行为记录甚至情感偏好都被记录、被分析，积累成了海量的大数据，在数据驱动的第四研究范式中，原来社科研究中数据采集的"观察渗透"问题得到很好的解决，并且海量数据通过"数据清洗"和"数据脱敏"等技术手段解决传统方法的数据质量和伦理问题。并且区别于传统的假设驱动的研究，大数据驱动的第四范式研究，将会在大数据的基础上，基于科学的大数据分析的研究方法，可能得出此前未知的理论的结论。

第四节 在社会科学研究中的大数据应用案例

目前全国在社科大数据领域已经开展了许多研究，主要集中在宏观经济预测预警、基于大数据的规划、基于大数据的社会治理与服务等，可以说已经取得了一些成绩。大数据为社科领域研究长时间、大空间跨度的宏观社会文化过程提供了全新研究素材。利用互联网数据、电子期刊论文文献数据、电子图书数据、微博微信等社交数据、物联网数据等大数据资源，使社科研究得以大大拓展其深度与广度。近几年来无论是在意识形态、社交网络、自杀行为等经典社会学研究领域，还是城市规划、舆情监控、经济预测预警、宏观经济等跨学科领域，都开展了一系列基于大数据的社科学术研究，显示大数据正成为促进社会科学发展的重要力量之一。

下面略举几个例子：

一 贵州经济大数据应用

近几年来，贵阳市大力发展大数据产业，使经济迅速崛起，继"爽爽的贵阳"之后，"中国数谷"正成为贵阳又一张新名片。通过将大数据与社会治理的融合发展，贵阳市政府的治理能力和水平不断提高，在促进政府科学决策、社会精准治理、提高公共服效率等方面发挥重要作用。2016年贵阳市推出"社会和云"社会治理云平台，政府部门通过互联网听取民意、解百姓之忧，实现500多家各级政府工作部门的联动，并且将近3000家社会组织等作为协作机构，使社会治理工作更贴近百姓，群众诉求得到及时处理，每日有3000余件，推动贵阳市社会治理智能化、精细化。除此之外，贵阳用"数据聚集、融通、应用"的思维抓大数据，依托贵阳市大数据产业，聚合智慧力量，打造"智慧城市"，把各级各类资源要素整合起来，运用大数据融入民生、服务民生。如图1—1所示。

图1—1 大数据平台应用场景

二 北京市社会化多源数据智能获取与规划应用

北京市城市规划设计研究院规划信息中心于2014年启动大数据在城市规划中的应用课题。① 该研究对基于互联网的社会大数据采集、处理、存储、分析和服务的相关技术和流程进行了探索，对初步形成了一套大数据平台的工具集和一套规划大数据集，并对多

---

① 参见《沙漠，大数据在城市规划中的应用》，《居舍》2018年第13期。

源数据对城市规划的应用价值进行了初步探讨。采用众包的办法采集数据，以地块作为基本空间单元，并以各种城市活动主体作为模拟对象的精细化模拟是未来城市模型研究的重要方向。以 GIS 为平台，将 CA/ABM/MSM 方法结合，构建我国基于精细化城市模型的规划框架体系和关键技术，支撑制定和评估我国大城市地区空间政策，这是北京规划院运用社会开放大数据、时空大数据等新数据方面所做的早期尝试。

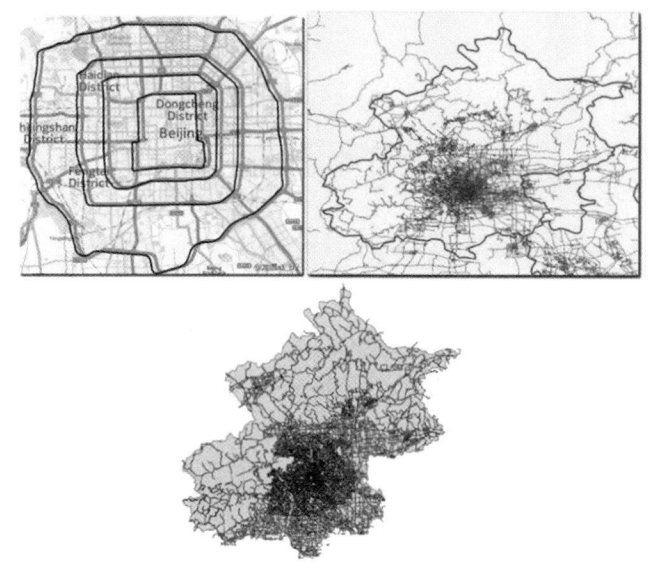

图 1—2　社会化多源数据的智能采集与规划应用

资料来源：北京多源社会化数据智能获取与规划应用。

三　合肥宏观经济大数据

合肥市大数据宏观经济运行监测平台基于大数据分析的集监测、预警与预测为一体的新一代宏观经济运行监测平台，旨在构建政府科学决策所需关键信息资源的采集、共享、动态更新与管理机制和模式，为政府开展区域经济社会发展研究、分析和运行监测提供支持。运用大数据进行宏观经济监测是一项创新尝试，在全国范围内具有先进性、前瞻性和创新性。项目由北京大数据研究院和数据堂（北京）科技股份有限公司联合承建，已经成为辅助合肥市政府进行科学决策、提升宏观调控管理效能的新一代宏观经济运行监测平台。

第五节　社科大数据技术

一　分布式海量数据采集及整合技术

大数据首先要面临的问题是大数据的采集和融合，大数据采集与整合系统运用分布式技术架构，聚合采用分布式数据采集、分布式存储管理、自然语言处理、数据融合等技术，克服大数据中数据类型多，非结构化数据多、数据量大、数据格式标准不统一等诸多技术难点，实现海量数据采集和结构化转换，最终形成统一的高价值数据库。

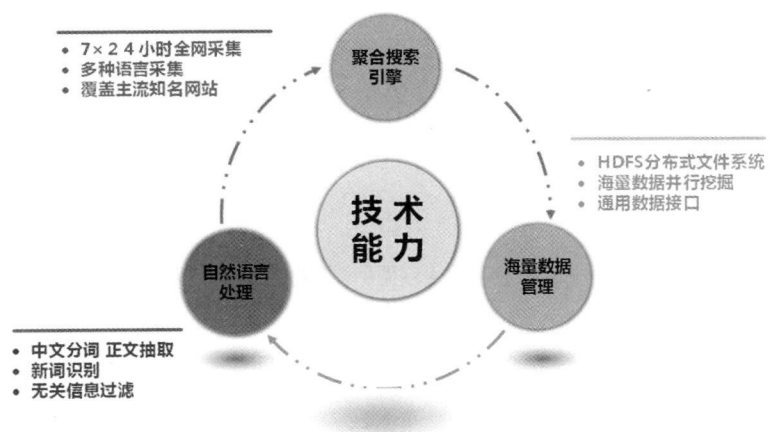

图 1—3　高价值结构化大数据库

基于上述技术的系统架构图如下：

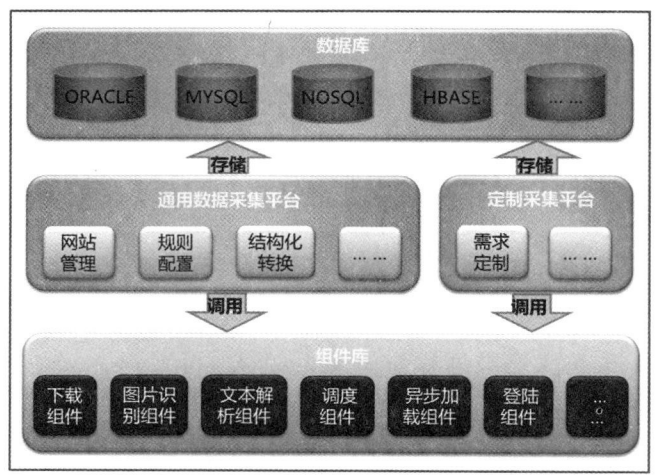

图 1—4　大数据采集系统构架

系统能够提供强大稳定的批量数据采集功能，并且能够对各数据源进行提供数据源管理、配置采集规则、采集任务监控、采集任务调度、采集导出管理、数据源管理等全面的管理功能。数据采集有以下四个特点。

（1）网站覆盖度广。采集范围可覆盖国内外各种主流网站，可指定网站进行采集，包括政府网站、微博等，且支持中文、英文等多语种采集。

（2）采集准确性高。能利用自然语言智能处理技术，精准识别采集网站目标，自动过滤垃圾数据，使采集更精准。

（3）运行稳定性强。通过采用先进的分布式云计算架构，保证了数据采集 7×24 小时稳定运行。

（4）资源占用率低。系统建立后台数据管理功能，能对网页采取更新数据的增量采集功能，使采集对服务器和带宽资源的大大降低。

系统支持对合作伙伴网站的数据采集：通过建设对合作伙伴的特殊网站的数据统一标准，将数据采集服务器设立在公网，而通过网闸设备联结政务网，把合作伙伴的数据单向通过网闸传输到采集服务器上。

系统能提供多种主流数据采集接口，包括 txt、excel 文件、数据库、消息队列、webservice 等接口，满足各种类型的数据采集需要。

其他部门数据采集：建设政府间其他部门数据统一标准，在政务外网设立数据采集共享服务器，实现社科院和政府其他部门之间的数据采集和共享。各部门定期把自己部门的数据上传到采集共享服务器，社科院定期把数据取走加工，再把其他部门需要的数据上传到采集共享服务器。

获取到数据后，通过标签方式和结合行业主流分类方式，建立互联网大数据行业标准和社科数据标准，通过大数据技术、自然语言处理和语义融合等技术，实现互联网各种数据类型到统一标准的自动归并，实现互联网社科大数据的整合。

二 文本数据自然语言处理与情感分析技术

大数据分析工具需要高质量的大数据，这样才能提取出准确有价值的信息，而多源大数据往往包括大量文本数据，这些数据必须先进行处理才能进行分析。文本数据自然语言处理能够对文本型数据进行自动的结构化处理，从而发现数据的语义价值，通过文本自然语言处理后，将能够使用工具进行数据挖掘和情感分析等工作。

自然语言处理要提出给每个数据源的错误报告，日志、使用元信息的新语义结构化文本。错误报告包括原文本数据中存在的多种异常，比如：文本类型异常，数据格式异常，重复数据等。处理的日志是一个处理行为的集合，例如：处理后的语言，均化后的格式。经过自然语言处理后，产生出一个带有元信息的新的结构化文本。

常用的自然语言处理功能包括：文本分类，文本分词，词性标注，命名实体识别，关键词抽取，依存句法分析，时间短语识别、语法识别等，而在社科等领域，有一种特殊需求，就是对文本本身的情感分析。

情感分析是根据已知的文字内容和情感符号，推测文本内容所表达的情感偏向，比如正面还是负面。如果能够处理好情感分析，就可以大大提升人们对于文本表达中的理解和处理效率，也可以利用情感分析的结论为其他人或事物服务，比如根据经济学家所发表的论文、微博等信息，来预测未来经济的趋势。

当前最新的技术是运用深度学习来进行情感分析，以往人们应用关键词来判断情感，但准确度低，现在深度学习的准确率已经极大地提高，避免大量人工提取特征所需要的大量工作。自然语言处理的深度学习模型包括多层神经网络（MLP）、卷积神经网络（CNN）和长短记忆模型（LSTM）以及 SVM、随机森林、逻辑回归等。

三　分布式大数据存储技术

分布式计算中心的各个计算节点接收任务管理中产生的任务，然后获取任务中的任务配置信息，包括在 ETL 预处理平台中定义的来源数据和模型管理中指定的数据处理模型。

计算服务框架封装了常用的函数库、算法库和通用模型库，也可根据项目数据的需要，建立专业化、智能化的项目分析模型库。通过管理控制中心的任务管理模块对数据处理任务的配置化管理，建立任务与指定模型的调用关系，利用任务调度，计算服务框架执行任务，并依据指定模型转换为底层的数据处理和分析。

计算任务从定义到执行的处理过程如下图所示：

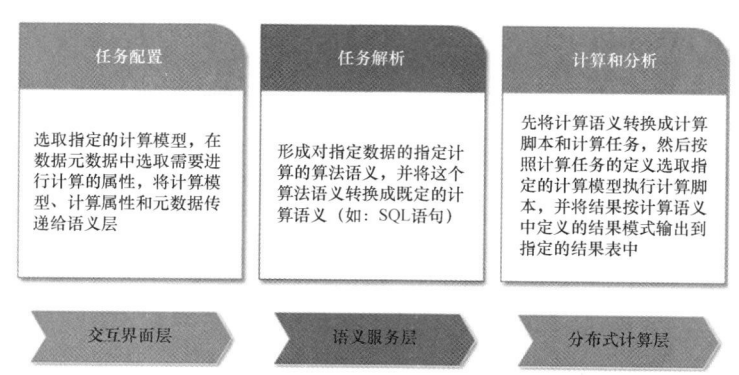

图 1—5　分布式计算任务处理过程

四 大数据挖掘与可视化技术

数据挖掘（Data Mining, DM）是目前人工智能和数据库领域研究的热点问题，它融合了人工智能、机器学习、模式识别、统计学、数据库等多个领域的理论和技术。大数据的数据挖掘是指面对大量不完整、噪声大、模糊、随机的实际应用数据，从中用算法提取隐含的、未知的、潜在的有用信息和知识的过程。大数据挖掘能够自动分析大数据，并建立预测模型，挖掘出潜在的规律，从而帮助决策者提前做出正确的决策。

社科大数据平台通过整合内部系统数据、政府相关部门数据、互联网数据等广泛数据资源，为统计分析、印证提供了必要支撑。通过对来自多方面的纷繁复杂的大数据进行分析挖掘，找出蕴藏其中的有价值的信息，为各部门的总体分析、研判、指标评估提供依据。

为了让枯燥乏味、抽象难懂的数据变得更加易于理解，更加形象活泼，需要使用数据可视化的技术。大数据平台提供丰富的数据可视化技术组件，包括：地图、热力图、关系网络图、树图、标签云、空间信息流图、弦图、散点矩阵图、气泡图、折线图、柱状图、条形图、雷达图、饼图、仪表盘、漏斗图、混搭图、表格等。

一些常见的图表类型和形式如下：

（1）折线图

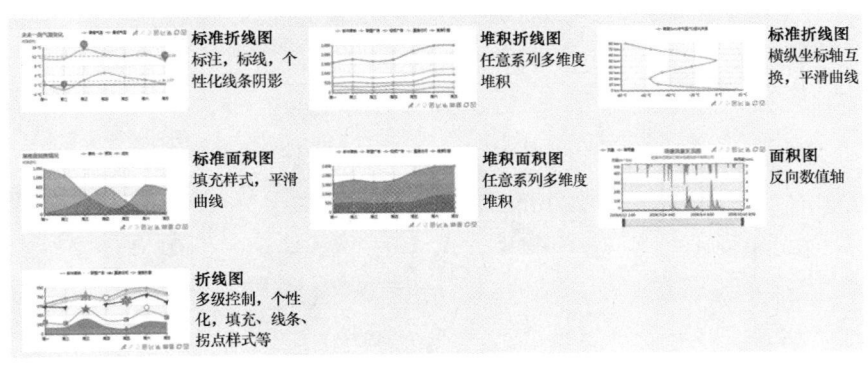

(2) 柱状图

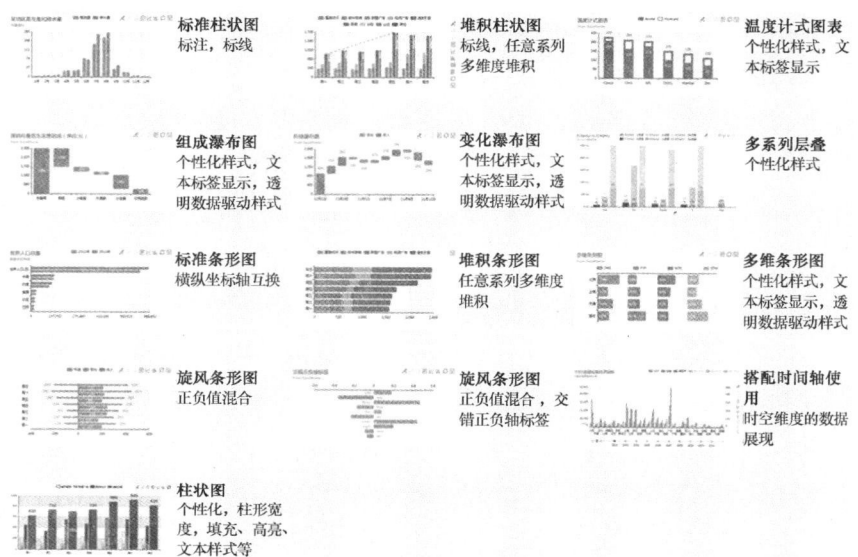

(3) 散点图

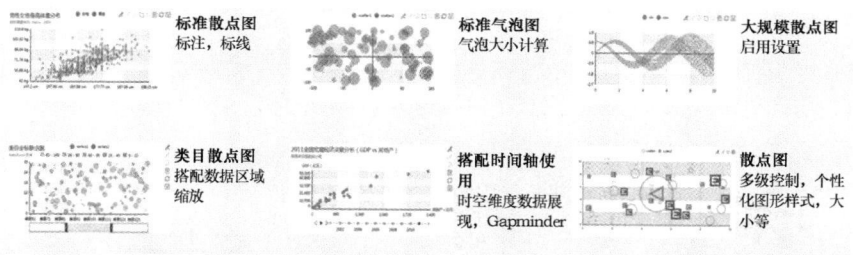

(4) K线图

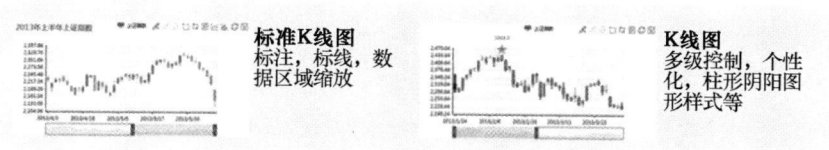

（5）饼图

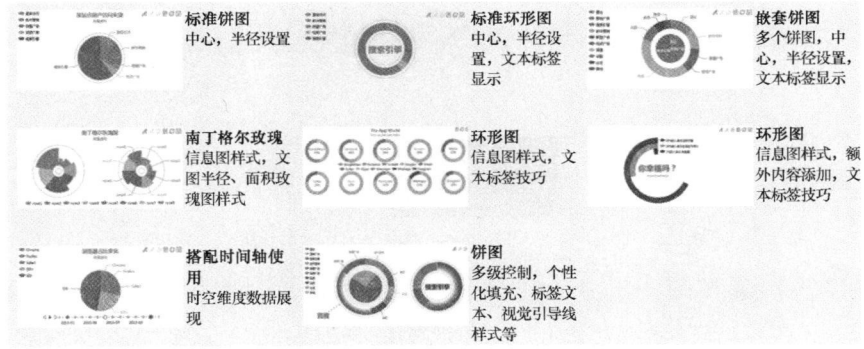

（6）雷达图

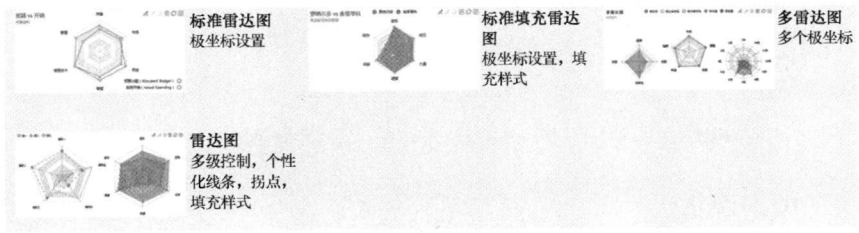

（7）力导向布局图

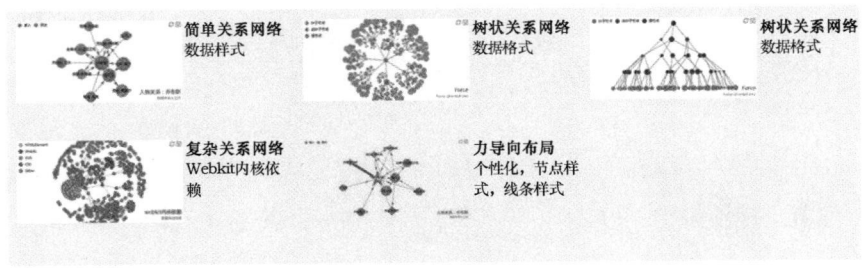

（8）仪表盘

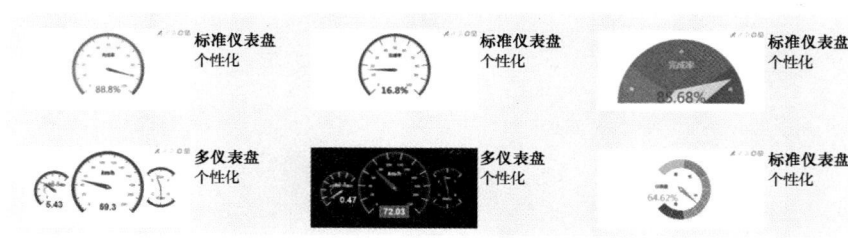

（9）漏斗图

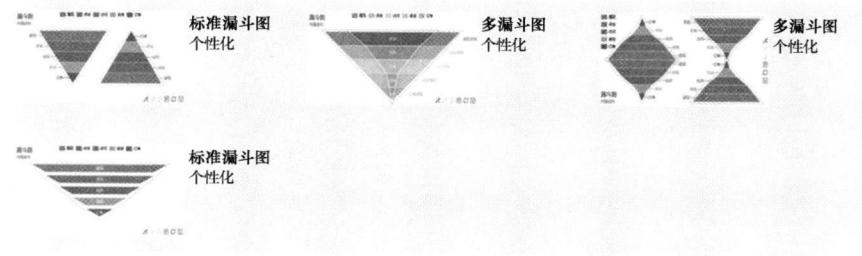

（10）混搭

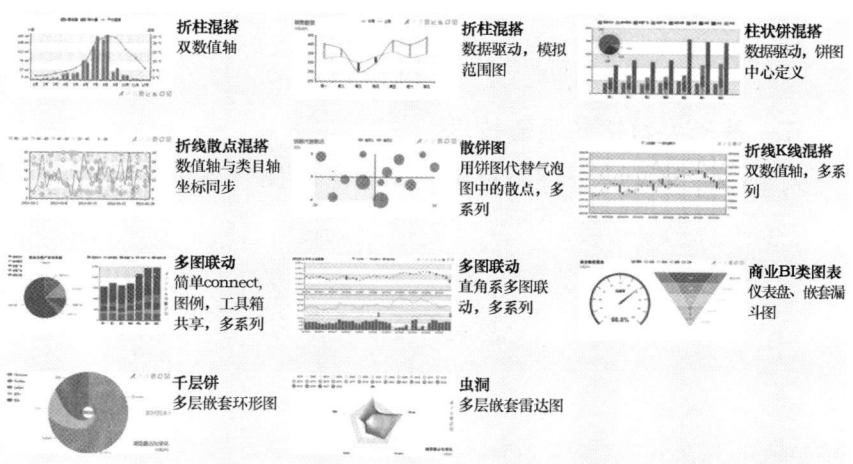

（11）组件

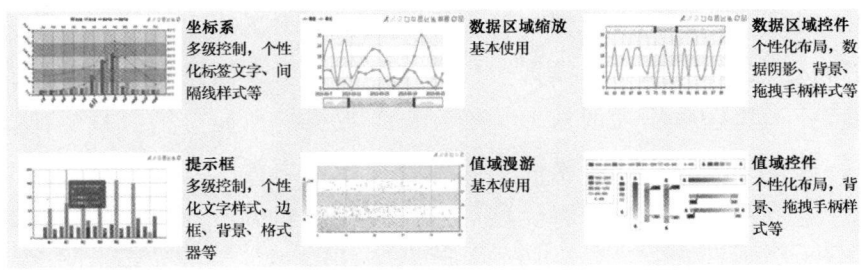

（12）其他

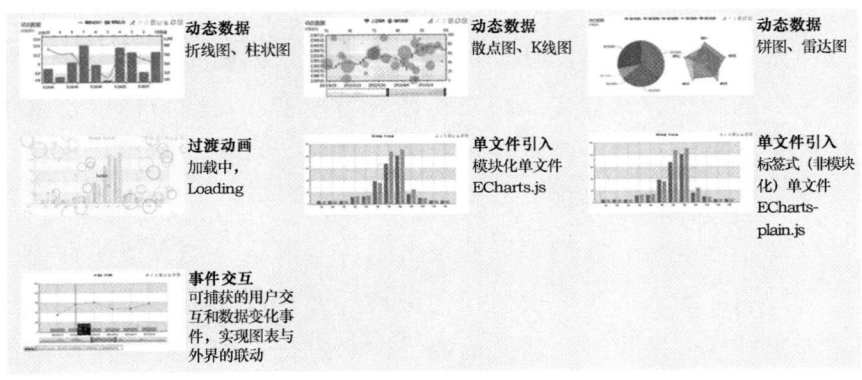

五　基于大数据的预警技术

大数据的其中一个核心目标是预警、预测、决策、智能，是从海量经过预处理后的数据中提取隐含的、未曾发现的、有价值的趋势，并给出预警信息。预警预测需要根据不同目标及应用场景，选择合适的挖掘算法和模型。通过对项目的需求分析，涉及的挖掘算法包括贝叶斯分类、支持向量机、深度学习、XGboost等。

对经济预警分析时，主要使用朴素贝叶斯分类、支持向量机（SVM）两种分类技术分别进行模型验证，通过样本数据来训练分类模型，通过测试数据来验证模型的误差率，根据模型的准确度和误差率来确定其中一种分类技术应用到实际挖掘处理中。

基于朴素贝叶斯分类技术的实现方案如下：首先确定评价指标分类类别，选取样本数据，计算样本数据的出现概率，确定各类别的特征词集合。从测试数据中提取特征词，根据这些特征词在各类别特征词集合中出现的概率，确定每条数据的所属分类。根据测试数据的分类准确率，调整样本数据的特征词集合，直到将误差控制在一定范围内。最后，将优化后的模型应用到生产环境，进行实际的挖掘处理。

基于支持向量机（SVM）分类技术的实现方案如下：首先确定评价指标分类类别，选取样本数据，转换成支持向量机能识别的格式，选择支持向量机的训练函数进行支持向量机分类模型的训练，选取一定比例的测试数据和支持向量机的测试函数进行支持向量机分类模型的验证，通过多次交叉验证分类模型，得到指标评价最优支持向量机模型。最后，将优化后的支持向量机模型应用到生产环境，进行实际的挖掘处理。

针对预测分析，我们可以使用人工神经网络分类算法。首先确定影响预测的输入因子，根据隐含层神经元个数的选择原则，构建预测人工神经网络模型。然后用训练样本进行预测人工神经网络模型的训练，通过测试数据验证模型的准确率和误差率，不断优化模型，直到将误差控制在一定范围内。最后，将优化后的模型应用到生产环境，进行实际的挖掘处理。

第六节　基于大数据的经济形势分析及预警研究平台建设

大数据处理平台框架主要由四部分组成：数据采集与数据交换、数据存储中心、分布式计算中心、大数据处理管理体系，如图1—6所示。

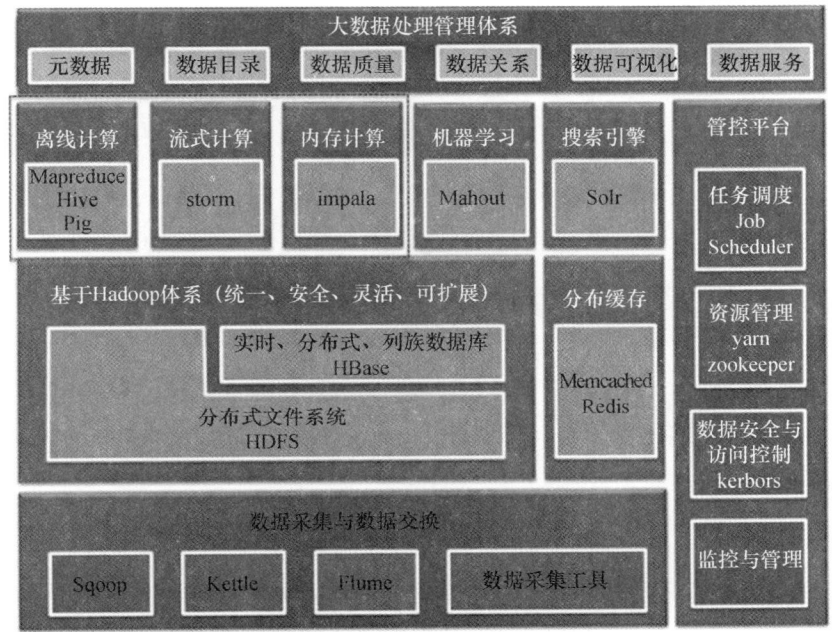

图1—6 大数据处理平台框架

一 大数据的采集与预处理层

随着大数据时代的到来,数据的采集方式也需要与时俱进,采用新型的数据采集途径,对传统经济数据采集途径形成补充。数据采集与融合逻辑示意图见图1—7。

有以下几种方式:

公开数据爬取方式:先采用大数据分布式网络爬虫技术采集,从联合国、世界银行、世界贸易组织、期货交易所、统计局官网等互联网网站上采集海量企业信息和交易信息,再应用自然语言处理技术,实现互联网大数据的非结构化数据到结构化的转换。

私有数据购买方式:在充分保护公众隐私和遵守国家法律的前提下,通过从第三方采购的形式,从拥有大量数据的大数据企业或互联网公司购买部分数据。

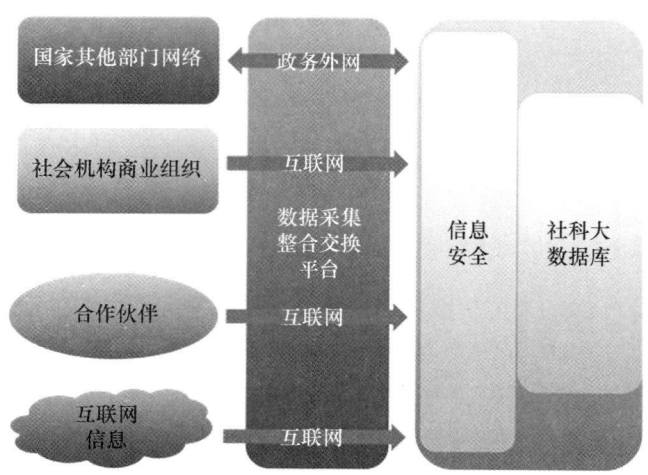

图1—7 数据采集与融合逻辑

合作方式：针对国家其他部门拥有的政府数据，如质监局的组织机构数据、工商局的企业注册信息、税务局的企业纳税信息及公安部掌握的人口信息等，建立部门间数据交换共享的方式，实现数据的充分利用和分析。

数据融合：从以上各种渠道采集来的数据，需要经过初步的数据转换和清洗，但往往许多数据仍然不符合分析标准，还需要建立数据融合平台，使各种数据统一到同一的数据标准中。

大数据分析业务成败的关键是保证各种来源数据最后的质量，大数据平台针对数据全生命周期中每个阶段里可能引发的各类数据质量问题，比如数据获取、数据清洗、数据转换、数据关联、数据存储、数据使用等过程中，从数据整合、数据预处理、数据入库、数据监控、资源利用等数据处理流程环节入手，建立完善的数据全生命周期管理与数据质量管控机制和质量管理的活动。大数据的质量管理是通过循环管理过程来确保通过可靠的数据质量，提升数据在大数据分析决策中的使用价值。

从图1—8看出，数据质量管理贯穿整个业务流程，从业务库到 ETL 再到数据仓库都可以通过用户自定义的数据质量规则进行管控中。校验规则包括数据的准确性、数据的完整性和数据的一致性，分别面向三种不同的校验方案。可能通过业务库和数据仓库中的已有数据对数据可以直接进行在线质量规则校验。可以通过质量规则定义在 ETL 过程中提供的数据清洗服务对数据进行清洗。

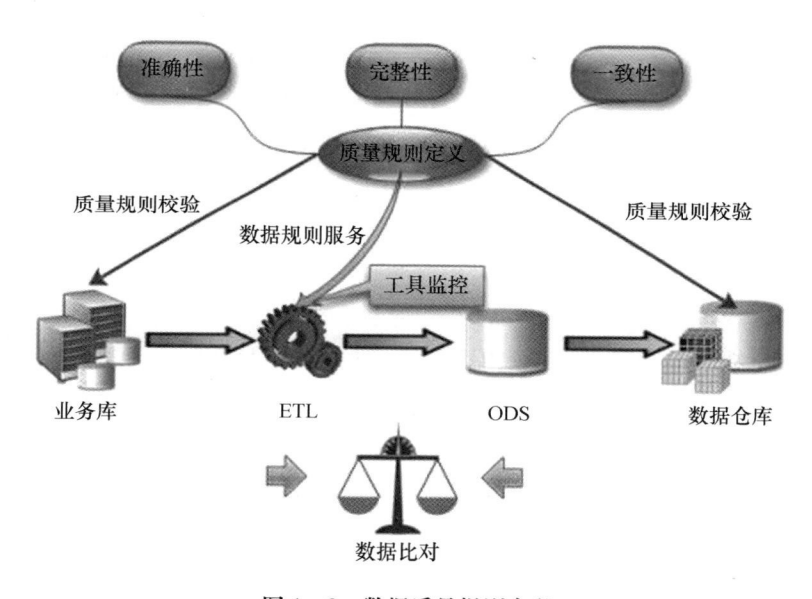

图 1—8　数据质量规则定义

同时我们可以对两个或者多个数据源进行比对。用户可以通过选择数据源进行比对，对比对规则进行自定义，直接进行在线的数据比对。比对的结果可以用来反映出不同库的表与表之间的数据差异，进一步解决数据质量问题。

二　大数据存储层

（一）分布式文件系统

分布式文件系统是新发展出来的文本存储方式，基于高效的分布式通讯、数据结构和存储算法，可以将数据的访问和存储按要求分布在大量服务器之中，在可靠多备份存储的同时还能将访问分布在集群中的各个服务器之上。分布式文件系统将一个文件分为多个数据块，分别将每个数据块复制存储在多个节点上，并且提供可自我校验、自我修复的能力，保证数据的高可靠性。分布式文件系统可消除访问瓶颈，支持高吞吐量访问，并且支持使用低成本存储和服务器来构建存储系统。分布式文件系统可用来实现海量数据的存储，支持 PB 级到 EB 级的容量，能够同时高效地管理上亿个文件，还有优秀的在线扩容能力，即当我们遇到存储容量不足时，用户不需要中断业务运行，可以随意扩展存储空间容量。

本课题涉及文本、图像、音频、视频等大量非结构化文件，并随着应用的发展不断增长，需要通过分布式文件系统来存储。

本课题主要采用 Hadoop 分布式文件系统（HDFS）存储旅游相关的图像、音频、视频等非结构化文件。

Hadoop Distributed File System，简称 HDFS，是一个主流的开源分布式文件系统。HDFS 即具有分布式文件系统的高容错性优点，并且部署在低成本的硬件服务器上。HDFS 可以支持高吞吐量的数据访问，非常适合大规模数据集上的应用。HDFS 可以轻松管理 PB 级的数据，可以存储、管理上亿个文件，存储容量可以水平线性扩展。HDFS 是用采用 java 编写的，任何支持 java 的机器都可以运行名称节点或数据节点，利用 java 语言的超轻便型，很容易将 HDFS 部署到大量的机器上。HDFS 架构原理如图 1—9。

HDFS 由名称节点和数据节点组成，是主从结构。名称节点负责管理文件命名空间和调节客户端访问文件，数据节点负责存储实际数据。HDFS 的内部机制就是将一个文件用算法分割成一个或多个块，这些块可以同时被存储在一组数据节点中。数据节点是可以水平扩展的，这样能满足文件数量和大小的不断增长需求。用来操作文件命名空间的文件或目录操作的是名称节点，如对文件打开、关闭、重命名等等，它同时确定块与数据节点的映射。负责来自文件系统客户的读写请求的是数据节点。数据节点同时还要执行块的创建、删除、和来自名字节点的块复制指令。用户的实际数据不经

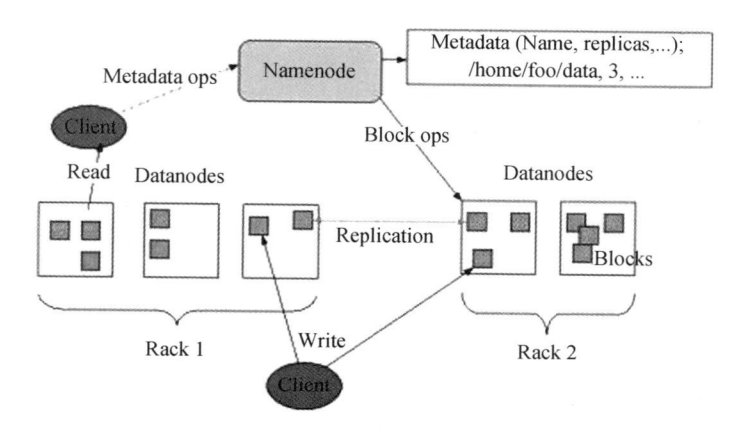

图 1—9　HDFS 系统架构

过名称节点。

为了实现大数据相关图像、音频、视频等非结构化文件的海量高效可靠存储，本课题将构建 HDFS 的分布式集群，集群架构如下：

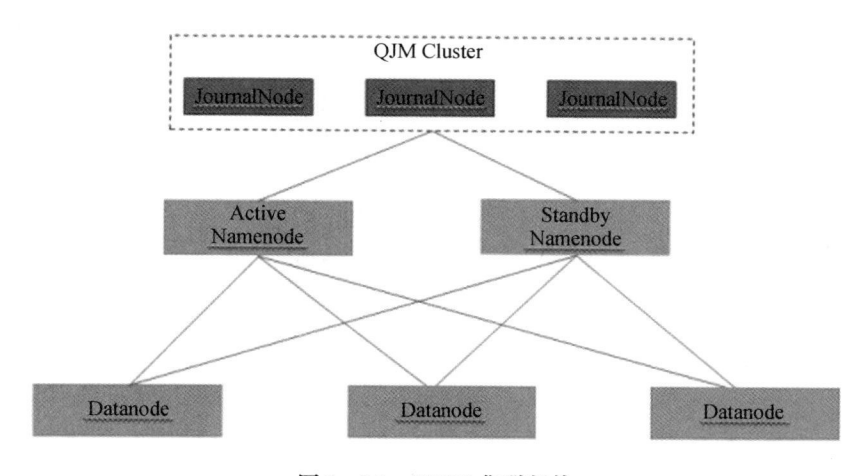

图 1—10　HDFS 集群架构

集群中部署了主备两个 Namenode，同时有多个 Datanode，将元数据信息和操作日志存储 Namenode 中，将实际数据存储在 Datanode 中。Datanode 按照一式多份存储数据以保证数据的高可用性和高性能，并随着数据量的增长水平扩展。Namenode 通过主备节点实现高可用，主备节点间通过共享操作日志实现数据的同步。本课题采用基于 QJM/Qurom 日志管理器的 HDFS HA 方案，主 Namenode 写操作日志数据存储到 QJM 集群中，备 Namenode 从 QJM 中读取数据实现同步。Qurom 日志管理器的基本原理是用 2N+1 台日志节点存储 EditLog（编辑日志），每次写数据操作时，当有大多数的节点返回成功时即认为该次写操作是成功的，保证数据高可用。

（二）分布式数据库

数据库是平台的价值核心，各类有价值数据都将存储在数据库中，高效、安全、可靠的数据库是平台稳定运行的基础，当今主流的大型互联网大数据架构模式中，一般会混合使用关系数据库和 NoSQL 数据，关系数据库用于处理事务型的核心业务，NoSQL 数据库用于处理海量低价值密度业务。

分布式数据库支撑服务将从关系数据库集群和分布式 NoSQL 数据库两方面建设。

基于 MySQL 的关系数据库集群：MySQL 在当今互联网领域应用十分广泛，被证明简单易用、安全可靠，非常适合构建大型互联网应用。办事平台在对关系型数据库的存储上为了保证高可用性，提升读写速度，通过开发数据库访问的中间代理层软件，支持读写分离、垂直分库、水平分库等功能。通过与关系型数据库相结合，来搭建一写多读、多写多读、读写分离的分布式数据库集群。

在应用程序和数据库之间，数据访问代理层扮演一个中转的角色，将应用程序发送过来的 SQL 语句经过解析后，分别将读写的语句交给 Master 库或 Slave 库处理，中间代理层可支持负载均衡和故障切换，我们可以配置了多个用于读取的库，那样任何一个读取的库即使出现宕机，整个系统也不会发生故障，中间代理层可以自动将请求路由转移到其他可用库上。

本方案将构建主从复制、读写分离的架构，以保证数据访问的高可用性和高性能。

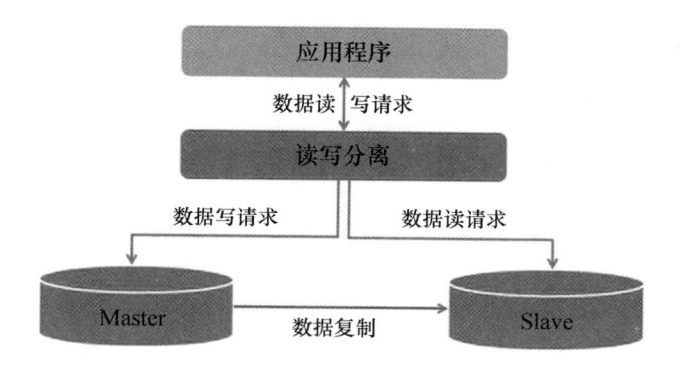

图1—11　基于MySQL的关系数据库集群

同时，数据访问代理层可以通过对数据库的水平分割等技术来提高数据库的容量和稳定性。配合数据库访问代理层，关系型数据库底层通过标准的主从复制技术，或者基于加速组件的主从复制技术来保证多个数据库之间的数据一致性，在实现灾备功能同时，也可以分担读数据时的压力。

基于 HBase 的 NoSQL 数据库集群：HBase 分布式列式数据库是 NoSQL 数据库的一种，其底层基于 Hadoop HDFS 分布式文件系统，具备很高的稳定性，其本身就是一个分布式数据库集群，其海量结构化存储为应用提供安全、高效、高度可扩展的分布式结构化和半结构化的数据存储服务。结构化数据存储服务采用与传统数据库相同的设计模型，支持数字、字符串、二进制和布尔值等多种数据类型。而半结构化数据存储则更为灵活，允许开发者自定义数据模型，提供多种数据访问方式，透明的数据存储管理，以支持高性能应用程序的开发。

HBase 的物理存储模型如下：

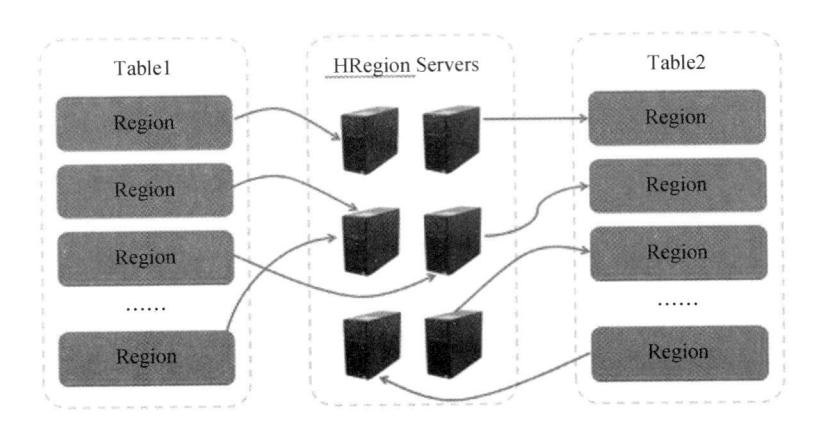

图 1—12　基于 HBase 的 NoSQL 数据库集群

Hbase 采用区域（region）的处理方式，自动把表按行（ROW）划分成多个区域，将一个表中某段连续的数据保存到每个区域中。一开始时每个表只有一个区域，随着表中不断插入数据，区域不断增大，当区域的数量达到阈值时，区域就会增加变成两个新的区域。表中的行数量不断增多，就会不断产生越来越多的区域。一张完整的表不断增长，被保存在多个区域上。HRegion 是 Hbase 架构中用于分布式存储和负载均衡的最小单元，表中一个区域对应每个 HRegion，不同的 HRegion 可以分布存储在不同的 HRegion Server 上，但任何一个 HRegion 不会被拆分存储到多个 server 上。

本方案将构建 HBase 的分布式集群以存储海量结构和半结构数据，集群架构如图 1—13。

集群中包括多个 HMaster 和多个 HRegionserver，以及负责分布式协调工作的 Zookeeper 集群。

Zookeeper 除了存储了 – ROOT – 表的地址和 HMaster 的地址，HRegionServer 也会把自己以 Ephemeral 方式注册到 Zookeeper 中，使得 HMaster 可以随时感知到各个 HRegionServer 的健康状态。此外，Zookeeper 也避免了 HMaster 的单点。

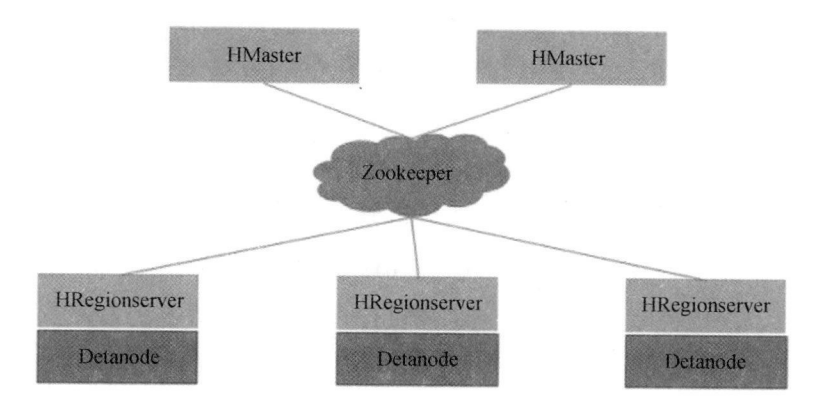

图 1—13　HBase 集群架构

第二专题

基于大数据方法的经济研究：
前沿进展与研究综述[①]

随着数据挖掘和分析技术的不断提高，基于大数据方法对经济的研究日益增多，大数据对经济研究和应用具有重要的现实意义。本研究梳理了近年来国内外基于大数据方法研究经济的文献，根据经济研究中使用大数据的目的将其大致归纳为3类：优化传统经济指标或构建其先行指标、构建新的经济预测指标、寻找建立经济变量间的联系。本研究介绍了基于大数据方法处理海量非结构化数据并从中获取有效信息的一般方法和主要阶段特征：数据抓取和数据分析，介绍了目前经济学在大数据挖掘和分析方面的主流工具和算法，从经济预测和验证经济理论两方面阐述了目前基于大数据的经济研究的方向，提出了现阶段大数据研究面临的数据获取和数据处理困难、基于大数据的经济分析方法的某些理论基础尚不完善的问题，并在此基础上对我国基于大数据的经济研究进行了展望。本研究清晰、全面地展示了目前基于大数据的经济研究的前沿进展和发展，为基于大数据研究经济夯实了基础工作，填补了近年来国内在基于大数据方法的经济研究综述这一领域的空白。

[①] 本专题作者：李华杰、史丹、马丽梅。作者单位：中国社会科学院工业经济研究所。

第一节　引言

随着互联网、计算机、智能设备的高速发展，人类活动产生的记录数据呈爆炸性增长，数据成为一种重要资源，如何从不断增长的海量数据中挖掘、分析出传统数据和手段无法得到的信息成为国内外政府、企业、学术界近年来关注的热点。自 1997 年 Cox 和 Ellsworth（1997）、Weiss 和 Indurkhya（1997）分别从存储和计算方面提出大数据概念以来，随着认识的不断加深，人们对大数据的理解一直在发展：Laney（2001）提出了"3V"，即大量（Volume）、高速（Velocity）、多样（Variety），后来拓展到"4V"，增加了价值（Value），Bello-Orgaz（2016）又提出"5V"，增加了真实（Veracity）。

由于大数据和网络、传输、存储、计算的天然联系，起初大数据的发展和应用主要集中在计算机等自然科学领域，经济学实证研究仍然基于以传统统计理论为基础的计量经济方法和结构化统计数据。但随着技术的不断进步和成熟，大数据拥有的样本海量、实时、数据非结构化等传统统计调查数据无法比拟的特征的实现逐渐成为可能，经济学领域基于大数据方法开展的研究活跃起来，经济学家们在通过大数据分析建立新的或完善已有经济指标、利用实时数据建立现时预测模型、预警经济、分析政策影响、使用大数据验证经济理论等方面做了许多工作，如 Akkitas 等（2009）用 google 搜索数据预测失业率，Bollen 等（2011）通过测量 Twitter 上文本内容蕴含的情感指标预测经济，Cavallo 等（2013）通过收集大型零售商网站的每日价格更新数据实时计算了阿根廷的通货膨胀率，Bok 等（2017）使用实时数据和动态因子模型建立了纽约联储银行现时预测模型以预测 GDP 增速。

基于大数据方法的经济研究与传统计量经济研究方法相比有许多新的特征，由于大数据具有的"5V"特征，数据的采集、清洗、分析、使用等均有别于传统的方法。一是基于大数据方法的数据来源和渠道增多，涵盖了信息搜索数据、网络交易数据、网上信息发布、社交媒体数据、智能设备使用产生的数据如位置信息、交通流量监控、卫星灯光数据等，有主动产生的数据，也有被动留下的痕迹，一定程度上对经济学家依靠政府、组织、企业等机构发布数据、设计调查问卷获取数据的传统方法做了有力补充，极大拓展和方便了经济学家的数据来源。二是为处理海量的半结构化、非结构化数据，从茫茫数据中发现经济关系，基于大数据方法的经济学研究中使用了与传统计量统计回归不同的方法，人工智能、机器学习算法如决策树、支持向量机、神经网络、深度学习等算法被引入经济学中处理数据，经济学与计算机、网络、信息技术的联系空前紧密。三是从方法论的角度，基于大数据方法研究经济面临的样本数量和传统方法相比不在一个数量级上，某种程度上大数据方法是在总体范围上建立模型，而传统模型建立在抽样数据基础上，基于大数据方法将有别于传统方法的参数估计和假设检验。

可以预见，任何基于数据分析的学科与大数据的联系将越来越紧密，经济学研究也不会例外。在目前阶段，虽然大数据概念已经提出二十多年，但经济学中真正意义上使用大数据不过是近10年来的事情，基于大数据方法研究经济在某种程度上仍然是较新的、非主流的领域，国内目前关于基于大数据研究经济的文献综述很少，本研究系统地梳理了国内外主流文献中近年来基于大数据方法研究经济的文献，以形成脉络清晰的文献综述，并根据主要文献中采用的经济研究中大数据的获取、处理流程，归纳总结出目前基于大数据研究经济的一般方法和研究方向，提出了目前基于大数据研究经济面临的困难，并对大数据在经济学中的应用做了展望。

第二节 文献回顾

数据是实证经济学的基础、是形成经济指标的背后因素，在宏观经济研究、政策制定、经济理论验证、企业应对市场发展、个人做出经济决策等各领域均有重要作用。如何利用大数据来源渠道丰富、样本海量、更新实时等优势，从用传统统计数据、计量经济方法难以甚至无法处理的数据中获取有用信息和价值，是经济学家们基于大数据方法研究经济的出发点。围绕基于大数据方法研究经济的中文文献目前仍较匮乏，外文文献较多，使用的数据来源极其广泛，包括网络搜索和电子商务、社交媒体、网站、论坛、银行等金融交易、政府纳税记录、城市监控等政府管理数据、GPS 定位、卫星灯光图片、智能设备的使用痕迹数据等，数据经过信息提取和特征挖掘后建立经济模型，经过验证后可实时监测、预测、提供政策建议等。Schonberger 等（2013）认为大数据应用的核心是寻找变量间的相关关系做出预测，而不是因果关系。目前，有些关于大数据研究经济的文献按照大数据的来源划分为不同类别：搜索数据、社交媒体、网站信息、电子交易数据、政府管理数据等，有些文献按照大数据的内容和结构划分不同类别：网络内容、用户行为、网络结构等。虽然大数据来源、内容、处理方法不一样，但根据经济研究中使用大数据具有的传统数据不具备的特征和研究的目的可以大致归纳为 3 类：优化传统经济指标或构建其先行指标、构建新的经济预测指标、建立经济变量间的联系，本研究按此类别划分回顾了基于大数据方法研究经济的文献。

在优化传统经济指标或者构建其先行指标方面，大数据有其天然的优势。现有的经济指标如 GDP 增长率、通货膨胀率、失业率等均由各国政府统计部门通过大量的统计调查、计算后得出，投入大、过程复杂、周期长，且发布往往存在滞后期，很多情况下真实性也难以保障，对政府实时监测经济运行、政策及时制定、企业及时决策、经济研究等均有影响。既然经济指标来自数据，拥有大数据的处理能力后，如何从数据中寻找到关系，利用大数据优化原有经济指标或构建出有经济意义的新指标是众多经济学家研究的重要课题。Cavallo 等（2016）从 2008 年开始在麻省理工学院启动"十亿价格计划"，通过抓取 900 多个零售商的网站上 1500 多万种商品的在线价格，计算每日价格指数作为美国、阿根廷等 20 多个国家每日更新的通货膨胀指数，提供给各国央行和金融机构，并认为以这种方法构建的通货膨胀指数避免了政府在收集、计算和发布时的种种弊端，更接近真实水平，如阿根廷政府公布的 2007—2011 年的年平均通货膨胀率为 8%，但通过在线价格数据计算的 CPI 超过了 20%，远超政府官方数据，但和很多当地经济学家的判断、家庭调查数据的结果吻合。李凤岐等（2017）提出了自动挖掘百度搜索查询指数与经济指标之间关系的搜索预测算法，筛选出具有代表性的查询数据预测经济指标，并以此作为先行指标对我国 CPI 等宏观经济指标进行了预测。Askitas 和 Zimmermann（2013）从交通流量反映经济活跃程度的角度出发，用德国收费站记录的月度重型卡车越境数据建立了收费站指数，作为生产指数这一 GNP 指数先导指标的先行指标，用以现时预测商业周期，并实证了该指数能有效先行反映德国统计办公室官方发布的生产指数。Sutton 等（2002），Elvidge 等（2007），Henderson 等（2012），Mellander 等（2013），徐康宁等（2015），范子英等（2016），丁焕峰等（2017）从 NASA 卫星拍摄的夜间灯光强度数据出发，寻找其与经济活动之间的关系，认为灯光强度可反映经济运行情况，特别是认为灯光亮度与 GDP 存在非常显著的正向关系，可在一定条件下作为 GDP 的替代量。Askitas 和 Zimmermann（2009）通过检验德国月度失业数据和失业相关搜索数据的频率后，认为它们之间具有很强的相关性，网络搜索数据对预测失业率很有帮助。Edelman（2012）利用 Monster.com 上职位的供应量和求职者的申请数量的变化预测失业率。Amuri 和 Marcucci（2010），McLaren 和 Shanbhogue（2011），Vicente 等（2015）均采用搜索数据预测了不同国家的失业率，实证验证均取得了较好效果。Kholodilin 等（2009）认为由于 google 搜索数据指标由于数据更新快、覆盖群体广等原因，在预测经济衰退时期美国个人消费指数效果要优于传统指标。沈淑等（2015）根据消费者的行为理论，提出了一种基于 LASSO 机器学习理论和

KPLSR 方法的网络大数据对消费信心指数的预测方法。

在构建新的经济预测指标方面,由于大数据比传统数据来源范围广泛、更新及时、内容海量,经济学家得以构建许多具有经济意义的新指标,丰富并强化了对经济的预测能力。Chamberlain(2010)研究发现网络搜索数据和产品零售量间具有正相关性,可通过搜索数据构建产品销售的预测指标。Mclaren(2011)等认为可从网络搜索数据中建立现时经济活动指标,他们用 Google Insights for Search 数据建立了比政府官方发布更及时的英国住房市场和劳动力市场现时经济指标,并通过样本外检验验证了该系列指标的有效性。Dzielinski(2011),Aastveit 等,Iskyan(2016)分别基于 Google 搜索数据、含有"不确定性"相关词的文章数量测量并预测了宏观经济的不确定性指数。Wu 和 Brynjolfsson(2009)使用 Google 搜索数据预测了房地产价格指数。姜文杰等(2016)以均衡价格理论为基础,使用搜索关键词频率百度指数,采用自回归移动平均模型和带搜索项的自回归分布滞后模型研究并预测了上海房价。Choi 和 Varian(2010)强调 Google 趋势数据可用于预测当下,而不是预测未来,他们认为从表征用户行为特征的网络搜索数据中可以更早的发现经济变化,通过建立包含相应 Google 趋势变量的季节性 AR 模型预测了临近期的经济指标:美国汽车销量、旅行目的地行情、消费信心等,并验证了该方法比传统方法的准确度提高了 5%—20%。类似地,Artola 等(2015)分别使用传统的由 TRAMO 估计的最好 ARIMA 模型、增加了相关 Google 搜索指数的模型短期预测了由德国、英国和法国去西班牙旅游的人数,发现后者在 2012 以前的预测精度比前者高 42%。许伟(2016)通过结合 Google 搜索数据和网络新闻情感,构建了基于网络情感和搜索行为的数据挖掘集成模型,在其中加入房地产价格指数时间序列的滞后项,利用支持向量回归 SVR 模型,实现了对房地产价格指数的预测。Kim 等(2015)用社会网络数据和机器学习算法建立了电影票房预测模型,并验证了该模型能有效提高预测水平。

在建立经济变量间的联系方面，大数据覆盖广，各种关系隐藏在表面看似无关的变量数据中，如何通过相关性分析挖掘、建立经济变量间的联系是基于大数据方法经济研究最令人兴奋的主题，它往往能深刻地揭示事物间的内在联系和发展规律，在这一领域的发现往往令人激动，改变人们的传统观点，甚至改变已有理论，某种程度上这也是大数据在经济研究方面本质、核心的意义。Antweiler 等（2004），Mittermayer（2004），Das 等（2007），Sehgal 等（2007），Chen 等（2009），Fand 等（2009），Gilbert 等（2010），Sheng 等（2011），Xu 等（2012）均研究了财经网站信息、论坛等社交媒体内容反映的投资者情绪等对金融股市的影响。Liu 等（2007）用 PLSA 算法（Probability Latent Semantic Analysis）从博客内容数据中挖掘用户观点和情绪用以预测销售，并用电影数据验证了考虑情感信息的方法预测精度较好。Bollen 等（2011）研究了基于 Twitter 内容的公众情绪是否会影响股市，他们用两种情绪跟踪工具——测量正情绪和负情绪的 Opinion Finder、从 6 个维度量化测量情绪的情绪状态 Google 画像对每日 Twitter 内容的公共情绪进行测量，建立公共情绪和股市间的模糊神经网络模型，认为考虑公共情绪的方法能有效提高股市预测。Joseph（2011）研究了在线股票搜索与股票收益等的关系，认为某只股票的在线搜索数据是该只股票的收益及交易量的可靠的预测指标。Bordino（2012）的研究也发现网络用户对纳斯达克上市的股票的日常搜索查询语句的数量与该股票的交易量具有相关性。Moat 等（2014）研究了 Google 和 Wikipedia 上有关金融的搜索数据和股市运行间的关系，认为从在线搜索数据建立的先行指标能有效预测股市的涨跌。Li 等（2016）为研究微观层面上中小企业业绩受和政府、行业、学术界联系的影响，用网络爬虫工具挖掘 271 家中小型美国绿色食品和制造公司网站的信息数据，从中建立政府、行业、学界的联系对销售增长的面板回归模型，验证了企业和政府、行业、学界的联系对销售有正向影响。Arora 等（2016）用网络爬虫工具 Wayback Machine 从 300 家美国中小型绿色食品企业网站的归档数据中挖掘企业创新和战略指标。Domenech 等（2012）认为企业的经济活动和企业网站的信息有较强联系，通过分析企业网站信息便可以推断出很多企业的经济指标，他们建立了从企业网站数据实时得出网站经济指标到企业经济指标的模型，并用总部在西班牙瓦伦西亚的10000家企业作为样本进行了实证研究。Khadivi 等（2016）通过分析 Wikipedia 使用数据（Wikipedia Usage Trends，WUTs）、构建旅游需求和 WUTs 间的线性自回归模型，预测了夏威夷的旅游需求，认为该方法提高了预测精度。Chong 等（2015）为比较在线促销和在线评论对预测消费者购买产品的影响，基于 Amazon.com 的数据，建立了产品销量和折扣、免运费、用户好评、差评等变量间的神经网络预测模型，发现上述变量均能影响销售，但用户评论的影响更大。

Schneider 等（2016）用词袋模型（Bag-of-Words）自动处理用户评论文本、用随机预测技术降维回归元，基于 Amazon.com 的用户评论预测了一周后的笔记本电脑的销售情况，认为预测结果要优于没有考虑用户评论的模型。Arenas-Marquez 等（2014）对 Ciao.com 的评论影响的研究了评论者在社会网络中的地位、评论的数量、转发数量等因素对是其评论影响的影响。Li 等（2015）从 TripAdvisor.com 的 118000 条用户评论数据中探寻用户的潜在旅游偏好以帮助酒店改善服务。Hu 等（2012）用统计方法研究了虚假评论对消费者购买的影响，认为约10%的产品购买受到了商家虚假评论的影响。Wang 等（2016），Suhara 等（2017）通过对 APP 数据日志的情景分析和协同过滤算法预测了用户使用某些关联 APP 的意愿。Xiong 等（2013）利用信用卡交易序列数据，使用支持向量机分类算法研究了对个人信用的破产的预测。Vlasselaer 等（2015）利用 RFM（Recency-Frequency-Monetary）模型、客户消费历史、客户和商家的网络关系等提出了一种自动检测在线虚假交易的方法。Dey 等（2014）用零售商电子扫描设备记录的数据分析了美国的鲶鱼市场的价格、销量的趋势，根据结果强调了市场上增加附加值等非价格竞争策略的重要性。Kitchin（2014）研究了智慧城市的WIFI、公共交通读卡器等数据在经济社会预测方面的应用。Chou等（2016）研究了基于智能电网大数据进而帮助预测、优化建筑节能、提高能源使用效率的方法。Williams等（2015）等提出了基于手机通信记录数据和GIS地理信息系统数据测量、预测人口流动性的方法。Montoliu等（2013）通过智能手机的位置数据，使用两层聚类算法研究了人们生活中经常所处的位置。Chittaranjan等（2013）使用机器学习算法研究了智能手机数据与五大人格维度的关系，认为可以从智能手机使用数据中挖掘出用户个性，用以改善企业的经营和销售。

第三节 主要研究方法介绍

由于绝大部分大数据原始状态为非结构化数据［Gandomi和Haider（2015）认为95%以上的大数据都是非结构化的］，如何处理海量的非结构化数据、从中获取有效信息是经济学家面临的关键问题。与传统经济研究的方法相比，基于大数据方法的特征主要体现在数据抓取和数据分析方面。

一 数据抓取（数据挖掘）

不同于传统上经济学家被动依靠政府、机构发布的结构化数据或者主动对结构化数据操作，基于大数据研究经济首先要解决的是如何主动从不同渠道、海量、不断变动的非结构化数据中提取可直接用于分析的有用数据。目前对数据挖掘认同率较高的表述为从大量非结构化数据集中找到隐藏的信息：将大量数据作为输入，隐藏信息作为过程的输出，整个挖掘过程就是从输入到输出的一个映射。许伟（2016）认为根据数据挖掘的对象不同可分为网络结构挖掘、内容挖掘和应用挖掘：结构挖掘是通过分析网页之间的某个链接及与这个链接相关的网页数和相关对象，进而建立起网络链接结构模型；内容挖掘是通过分类和聚类技术，从页面内容本身提取到有价值的信息；应用挖掘从用户的行为信息中推断用户的特征。

由于来自互联网的大数据主要是记录人们行为的文本，自然语言处理算法（Natural Language Processing）得到大量应用，它是指让计算机像人类一样能读懂人类的文本，从非结构化的文本数据中提取有效信息。目前使用较广泛的 NLP 算法有：情感分析（Sentiment Analysis，SA）、主题模型（Latent Semantic Analysis，LSA）、潜在狄利克雷分布（Latent Dirichlet Allocation，LDA）、词频-逆文档频率（Term Frequency-Inverse Document Frequency，TF-IDF）、词嵌入（Word Embeddings，WB）、数据匹配算法（Data Matching，DM）等。

数据挖掘的一般过程是（刘涛雄，2015）：借鉴抽样估计、人工智能、机器学习的搜索算法、建模技术和学习理论，利用网络爬虫软件通过云计算等分布式并行计算方法从网络抓取原始数据，然后通过探索性数据分析（Exploratory Data Analysis，EDA）和一致性检验清洗数据，过滤大量无用的噪声数据，保留值得加工的信息，最后对剩下内容进行加工提取，转化为一定程度结构化的可用数据，如标准化的时间序列等。数据清理并无规章可寻，实践中的主流数据清理工具有 OpenRefine 和 DataWrangler。Varian（2014）总结了目前主流的用于数据挖掘的开源工具，如表 2—1 示。

表 2—1　　　　　　　　　数据挖掘工具

Google 工具	类似开源工具	描述
Google File System	Hadoop File System	支持将大数据文件分配给多台计算机操作
Bigtable	Cassandra	Google File Sytem 中的数据表，可分用于分布式计算
MapReduce	Hadoop	通过对大规模数据集的 Map、分组、Reduce 任务的并行处理，得到有用信息
Sawzall	Pig	可以建立 MapReduce 任务的语言
Go		对数据进行并行处理
Dremel，BigQuery	Hive，Drill，Impata	允许用结构化语言处理非结构化数据

资料来源：Varian（2014）。

二 数据分析

从数据中建模是大数据分析的关键，包括数据集降维、寻找数据间的关系。传统上经济学家大量应用线性和逻辑回归等算法建立数据间的联系，Varian（2014）认为针对大数据分析发展起来的一系列机器学习算法能更有效地处理海量数据问题。目前的大数据建模方法主要有两类：有监督学习（Supervised Learning）、无监督学习（Unsupervised Learning），有监督学习通过建立回归、分类模型，寻找输入数据和输出数据间的关系，根据输入推断输出；无监督学习通过聚类模型等寻找输入数据之间的关系或结构，构建描述数据行为的规则。目前有监督学习算法在经济研究中现时预测和邻近预测中应用更广，包括：决策树（Decision Trees，DT）、支持向量机（Support Vector Machine，SVM）、人工神经网络（Artificial Neural Networks，ANN）、深度学习（Deep Learning，DL）等算法。为解决样本数据过度拟合、维数过高、模型对样本外数据却表现欠优的问题，经济学家提出了添加随机量的集成算法（Ensemble Algorithms，EA）以解决过度拟合和降维问题，这些方法包括自举法（Bootsratp）、装袋方法（Bagging）、提升算法（Boosting）、随机森林（Random Forests）、属于正则化方法的套索算法（Least Absolute Shrinkage and Selection Operator，LASSO）、弹性网络（Elastic Net，EN）、岭回归（Ridge Regression，RR）、贝叶斯方法（Bayesian Methods，BM）、贝叶斯模型平均算法（Bayesian Model Averaging，BMA）、朴素贝叶斯（Naive Bayes，NB）、钉板回归（Spike-and-Slab Regression，SSR）等算法作为对线性回归的补充，在处理面板数据、纵向数据、时间序列数据上，经济学家提出了贝叶斯结构时间序列算法（Bayesian Structure Time Series，BSTS）作为对传统自回归（AR）和平均回归（MR）模型的补充。

为检验数据建模的准确性，经济学家一般把数据分为训练集和测试集，用训练集建立模型，用测试集检验模型，当数据容量足够大时可分为三部分：训练集、验证集合测试集。鉴于大数据复杂特性，经济学家在机器学习中采用 K 折交叉检验（K-Fold Cross-Validation），数据被划分为 K 个子集，模型拟合 K 次，每一次都用 K－1 个训练集、剩下 1 个用于预测测试，当每个子集仅有一个观测量时便退化为一次性交叉检验（Leave-one-out Cross Validation）（Blazquez 等，2017）。从文献上看，目前阶段经典计量经济学的拟合优度判定系数 R2、Hosmer-Lemeshow（HL）拟合优度检验、马洛斯 Cp 检验（Mallows' Cp）、赤池信息量准则（Akaike Information Criterion，AIC）、贝叶斯信息量准则（Bayesian Information Criterion，BIC）、偏差和对数似然检验等检验方法仍用于对基于大数据建立模型的检验。

第四节　主要研究和应用方向

从众多文献中，通过归纳可见基于大数据研究经济的直接目的可以大致分为：优化传统经济指标或构建其先行指标、构建新的经济预测指标、建立经济变量间的联系，其意在借助传统上不易或无法处理的或曾经被忽视的海量非结构化数据，在数据间通过相关性分析发现数据间的联系，进而揭示更加深刻意义上的经济联系。因此，虽然本质上一样，但目前基于大数据方法研究经济主要分两个方向：经济预测和验证经济理论。

从研究文献的内容来看，目前大多数经济学家们倾向于主动选择、构造数据集，从中进行数据分析以解释或发现经济现象，并在模型得到验证后在数据更新较快时进行现时预测。无论是前文提到的"十亿价格计划""收费站指数"，还是"房价预测模型"，都遵循同样的基本思路。通过对传统意义上难以甚至无法获得的数据，构建经济模型是这个方向研究的重点和关键，和实时更新的数据一起构成了基于大数据方法预测经济的独特优势。基于大数据方法的经济预测大幅缩短了预测周期，现时预测是传统方法难以有效实现的，这对政府、机构、企业及时、准确掌握经济运行情况、制定经济政策和做出企业决策具有重要意义，政府可以根据国民经济运行情况及预测及时出台相关刺激或抑制政策，企业可以根据经济预测提前布局生产经营。由于大数据时代计算、网络技术的进步，各类数据、行为、现象均被记录，数据的触角极大增加，如何从中挖掘出具有经济意义的模型，特别是从传统方法上难以获得数据、经济人行为上获取有用信息，一般的原则是从经济学的基本原理出发，通过增加或者调整经济变量体现大数据的存在，如传统上对房价的研究主要体现在土地供给、新增投资、房屋供求量、货币政策等因素上，基于大数据的方法则从传统方法很难获取的用户行为出发，考虑房价和相关搜索之间的关系，增加了用户的相关搜索量作为一个经济变量，进而预测房价。研究股市波动时也把有关股市的搜索、媒体的情感等传统上难以量化的指标作为明确的经济变量加以分析。因此，基于大数据研究经济的方法在很多方面不是对传统经济学研究方法的颠覆，它更是一个对传统研究方法的补充。

在验证经济理论方面，由于大数据包罗万象，可以微观到每个用户的行为、使用留下的痕迹、每次电子商务购买的交易、每次网站的点击等传统意义上无法观测或统计的数据，从而可以使经济学的研究更加深入，海量的数据也为验证、发现经济理论提供了实证基石。例如，通过分析就业网站提供的职位信息、用户对求职相关的搜索等数据可以从微观上分析失业者在寻求就业时的影响因素，对相关社交媒体信息和商品销售的分析可以从行为经济学上研究消费者购买的影响因素。历史上的重大发明、创新很多都是从数据出发，如菲利普斯从失业和经济增长的数据中发现菲利普斯曲线，库兹涅夫从收入和分配数据中发现库兹涅夫曲线，而大数据包含了很多传统意义上无法获取或统计的行为、心理数据，以及由之构成的可清洗解剖的宏观数据，大数据时代的全方位、海量数据也是经济学家发现新的经济理论、规则的无穷宝藏，对经济学的发展有重要意义。

第五节 当前面临的主要问题

由于大数据拥有的众多特点，其在经济学上的应用得到了较快发展，但仍面临一些问题。主要体现在以下几个方面。

第一，经济学家对大数据的获取难。由于大数据主要由政府、互联网公司、银行等机构掌握，而在数据日益被视为重要财富、私有资源的数据时代，经济学家要获得需要的大数据资源面临着数据所有者和法律、道德的多重限制，这会影响经济学家基于大数据做研究，也是目前大量的经济研究仅依赖搜索数据这单一渠道的原因之一。要促进大数据在经济研究中的应用，解决好大数据的来源问题是至关重要的一环。

第二，经济学家对大数据的获取和处理的能力面临困境。"大数据"本身是一个从计算机领域产生的术语，经济学家真正把眼光投向大数据也是最近十几年的事情，基于大数据的研究融合了计算机、网络、信息、数学、经济学、心理学等学科的前沿知识，是一项非常复杂的研究工作，经济学家对传统的基于统计学的经济研究很擅长，但对数据挖掘、机器学习等数据处理方法普遍比较陌生，目前很多基于大数据的研究是在计算机专家的协助下开展的，这在一定程度上限制了大数据在经济学研究上的应用，经济学家从思维上转变对大数据方法是"术"的观点、掌握大数据的获取和分析技术很紧迫。唯有如此，方能真正凸显大数据的力量。

第三，基于大数据的经济分析方法的某些理论基础没有夯实。如由于大数据的数据海量，建立的经济模型存在维数很高的问题，且变量之间可能存在相关性，目前通行办法是降维，但大数据方法又不同于传统计量经济，降维的理论意义仍存在争议。对基于大数据的方法本质上是属于基于总体的方法，还是和传统样本分析方法一样等问题也存在争议。数据爆炸时代经济学家对同一经济问题会有很多种数据支撑，如何辨别、是否存在正确的数据解释也带来了一些经济概念意义上的混乱。目前基于大数据的分析主要是寻找变量间的相关性，而不是因果关系，基于大数据的经济解释能力有待进步。

第六节　总结和展望

"大数据""人工智能"等发端于计算机、互联网领域的名词注解了这个时代，数据呈爆炸性、指数式增长，人类同时也拥有空前的对数据获取和处理的能力，"经济学帝国"自觉地把大数据纳入麾下。基于大数据研究经济在数据的来源、渠道方面，数据处理和分析方面，方法论等方面均与传统经济学研究方法有很大区别。大数据方法研究的核心是相关性分析。虽然大数据来源、内容、处理方法不一样，但根据经济研究中使用大数据研究的目的，国内外大量的基于大数据研究经济的文献可以大致归纳为3类：优化传统经济指标或构建其先行指标、构建新的经济预测指标、建立经济变量间的联系。由于绝大部分大数据原始状态为非结构化数据，如何处理海量的非结构化数据、从中获取有效信息是经济学家面临的关键问题。与传统经济研究的方法相比，基于大数据方法的特征主要体现在数据抓取和数据分析方面。基于大数据的经济分析意在借助传统上不易或无法处理的或曾经被忽视的海量非结构化数据，在数据间通过相关性分析发现数据间的联系，进而揭示更加深刻意义上的经济联系，虽然本质上一样，但目前基于大数据方法研究经济主要分两个方向：经济预测和验证经济理论，对国民经济运行、企业决策、经济学发展均有重要意义。

当前基于大数据研究经济面临的主要问题在于大数据获取难、数据处理和分析难、基于大数据的经济分析方法的某些理论基础没有夯实。虽然仍然存在不少问题，但随着信息化、智能化技术的不断发展，数据的重要性会不断增加，人们对大数据会愈发依赖，如果数据对于经济学是重要的，则基于大数据方法的研究是经济学发展的方向之一。对我国而言，一是要探索建立经济学家使用大数据资源的机制和渠道，在保证数据安全和公众隐私、机构利益的前提下，使政府、公共机构、公司收集的数据能得到有效利用，进而造福社会；二是要提高经济学家处理、分析大数据的能力，适应大数据时代的信息处理和分析环境，培养复合型的经济学家；三是要继续加强对大数据经济研究基础理论工作的研究，针对大数据的特性建立相关的统计分析理论，夯实经济学利用大数据的理论基石。

本专题参考文献

A. Cavallo, R. Rigobon, "The Billion Price Project: Using Online Prices for Measurement and Research", *Journal of Economic Perspective*, 2016, 30 (2): 151–178.

Aastveit, Knut Are, Gisle James Natvik, Sergio Sola, *Economic Uncertainty and the Effectiveness of Monetary Policy*, Norges Bank, 2013.

Amuri D. F., Marcucci J., *Forecasting the US Unemployment Rate with a Google Job Search Index*, Social Science Electronic Publishing, 2010.

Artolas N., Pinto F., "Can Internet Searches Forecast Tourism Inflows?", *International Journal of Manpower*, 2015, 36 (1).

Askitas N., Zimmermann K. F., *Google Econometrics and Unemployment Forecasting*, Discussion Paper of Diw Berlin, 2009, 55: 107–120.

Askitas N., Zimmermann K. F., "Nowcasting Business Bycles Bsing Boll Data", *Forecast*, 2013, 32 (4): 299–306.

Blazquez D., Domenech J., "Big Data Sources and Methods for Social and Economic Analyses", *Technological Forecasting & Social Change*, 2017, https://doi.org/10.1016/j.techfore.2017.07.027.

Bollen J., Mao H., Zeng X., "Twitter Mood Predicts the Stock Market", *Journal of Computational Science*, 2011, 2 (1): 1–8.

Brandyn Bok, Daniele Caratelli, Domenico Giannone, Argia Sbordone, Andrea Tambaloti, *Macroeconomic Nowcasting and Forecasting with Big Data*, Federal Reserve Bank of New York Staff Reports, No. 830, 2017.

Cavallo A., "Online and Official Price Indexes: Measuring Argentina's Inflation", *Journal of Monetary Economics*, 2013, 60 (2): 152–165.

Chamberlain G., "Googling the Present", *Economic and Labour Markert Review*, 2010, 4 (12).

Choi H., Varian H., "Predicting Initial Claims for Unemployment Benefits", *Social Science Electronic Publishing*, 2010.

Chong A. Y. L., Liu M., Li B., "Predicting Consumer Product Demands Via Big Data: The Role of Online Promotional Marketing and Online Reviews", *International Journal of Production Research*, 2015: 1–15.

Dzielinski M., *News Senstivity and the Cross-section of Stock Returns*, NCCR Finrisk working paper, No. 719, 2011.

Edelman B., "Using Internet Data for Economic Research", *Journal of Economic Perspectives*, 2012, 26 (2): 189–206.

Gandomi A., Haider M., "Beyond the hype: Big Data Concepts, Methods, and Analytics", *International Journal of Information Management*, 2015, 35 (2): 137–144.

Henderson J. V., Storeygard A., Weil D. N., *Measuring Economic Growth from Outer Space*, NBER research paper, http://www.nber.org/papers/w15199.

Hu N., Bose I., Koh N. S., Liu I., "Manipulation of Online Reviews: An Analysis of Rating, Readability, and Sentiments", *Decision Support System*, 2012, 52 (3): 674 – 684.

Li Y., Arora S., Youtie J., Shapira P., "Using Web Mining to Explore Triple Helix Influences on Growth in Small and Mid-size Firms", *Technovation*, 2016, http://dx.doi.org/10.1016/j.technovation.2016.01.002.

Liu Y., Huang X., An A., Yu X., *Sentiment Aware Model for Predicting Sales Performance Using Blogs*, The 30th Annual International Acm Sigir Conference on Research and Development in Information Retrieval, 2007: 607 – 614.

Mclaren N., Shanbhogue R., "Using Internet Search Data as Economic Indicators", *Bank Engl. Q. Bull*, 2011, Q2, 134 – 140.

Mellander S., Stolarick K., Matheson Z., Lobo J., "Night-time light Data: A Good Proxy Measure for Economic Activity?", *Plos one*, 2015, 10 (10): e0139779.

Moat H. S., Curme C., Stanley H. E., Preis T., *Anticipating Stock Market Movement with Google and Wikipedia*, NATO Science for Peace and Security Series C: Environmental Security Springer Science, 2013: 47 – 59.

P. Sutton, D. Roberts, C. Elvidge, K. Baugh, "Census from Heaven: An Estimate of the Global Human Population Using Night-time Satellite Imagery", *International Journal of Remote Sensing*, 2001, 22 (16): 3061 – 3076.

P. C. Sutton, C. D. Elvidge, T. Ghosh., "Estimation of Gross Domestic Product at Sub-national Scales Using Night-time Satellite Imagery", *International Journal of Ecological Economics & Statistics*, 2007, 8 (Suppl 7): 5 – 21.

Schneider M. J., Gupta S., "Forecasting Sales of New and Existing Products Using Consumer Reviews: A Random Projections Approach", *International Journal of Forecasting*, 2016, 32 (2): 243 – 256.

V. M. Schonberger, *Big Data: A Revolution That Will Transform How We Live, Work and Think*, London, UK: John Murray Publishers Ltd, 2013.

Varian H. R., "Big Data: New Tricks for Econometrics", *Journal of Economic Perspective*, 2014, 28 (2): 3 – 28.

Vicente M. R., Lopez Menendez A. J., Perez R., "Forecasting Unemployment with Internet Search Data: Does It Help to Improve Prediction When Job Destruction is Skyrocketing?", *Technological Forecasting & Social Change*, 2015, 92 (92): 132 – 139.

Wu L., Brynjolfsson E., *The Future of Prediction: How Google Searched Foreshadow Housing Prices and Sales*, Social Science Electronic Publishing, 2014: 89 – 118.

丁焕峰、周艳霞：《从夜间灯光看中国区域经济发展时空格局》，《宏观经济研究》2017年第3期。

范子英、彭飞、刘冲：《政治关联与经济增长——基于卫星灯光数据的研究》，《经济研究》2016年第1期。

李凤岐、李光明：《基于搜索行为的经济指标预测方法》，《计算机工程与应用》2017年第6期。

刘涛雄、徐晓飞：《大数据与宏观经济分析研究综述》，《国外理论动态》2015年第1期。

沈淑、张璇、田晓春：《网络大数据在消费者信息指数预测中的应用——基于LASSO算法和KPLSR算法》，《2015年第四届全国大学生统计建模大赛》，2015年。

徐康宁、陈丰龙、刘修岩：《中国经济增长的真实性：基于全球夜间灯光数据的检验》，《经济研究》2015年第9期。

许伟：《基于网络大数据的社会经济监测预警研究》，科学出版社2016年版。

第三专题

大数据经济学的哲学方法论[①]

本专题初步提出并论述了大数据经济学涉及的一般性哲学方法。首先论述了经济变革与数字化背景下的离散主义基本思想,讨论了解构、重构与关联的基本范式。其次分析了社会经济在大数据引导下的数字化解构,以及在此基础上的全息化重构,并论述了大数据带来社会变革的核心在于数据的价值关联。再次指出社会产品的数字化大生产导致了稀缺性的内生化,进而分析了大数据对人们的理性冲击,以及因此引起的理性逼近与欲望泛滥等异化现象。文中还着重指出大数据的私人垄断现象,以及基于此所造成的私权扩张与公权私化。最后指出可以基于离散主义、解构、重构与异化等哲学视角,进一步通过理论与实证分析社会经济的数字化变革。

第一节 引言

据不完全统计,全球每天有超过 10EB 的数据产生,并呈现逐年大幅增加态势。信息革命、互联网革命、大数据革命的融合正在不断颠覆着人类思维的模式和范式。大数据在很多研发领域都能起到的关键性作用,是发生在 21 世纪的一场革命性变革(Kirkpatrick,2013)。大数据的发展历史和未来愿景都意味着给经济社

[①] 本专题作者:梁米亚、徐晋。作者单位:梁米亚,陕西科技大学。徐晋,麻省理工学院社会科技研究中心;中国人民大学发展中国家经济研究中心。

会带来了崭新的机遇（Madden，2012）。部分学者重新定义了大数据现象，指出其分析海量数据集的一般性流程，并重点分析了大数据的技术、结构与非结构特征，以及因此衍生出来的挑战、知识和效益（Begoli，Horey，2012；Bakshi，2012）。对于企业和组织而言，强调大数据比过去分析的分析工具要强大得多。因此，必须形成以数据科学家为核心的新的专业组织模式，并将其转化为有用的商业信息（McAfee，Brynjolfsson，2012）。Borkar，Carey 和 Li（2012）通过对比，将企业传统所沿用的数据仓库和现在的大数据发展结合起来，指出了随着数据的海量扩张与蓬勃发展，无处不在的数据和普遍存在的关联性，是的大数据逐步脱离企业的限制而发展为公共资源。

大数据已经引起了各个科学领域专家的重视和研究兴趣。但是，大数据在公共服务领域、意识形态领域、社会关系领域还存在着诸多的疑问，关于大数据对经济学的影响或者大数据经济学的基本架构，依然存在很多争议（Boyd and Crawford，2012；俞立平，2015）。有学者认为在大数据的发展过程中，必须采用激进化的创新（Brown，Chui and Manyika，2011），也有学者认为大数据经济学不是产业经济学的一个分支，更不能简单地把大数据作为一个简单标签标注在不同经济学分支之前（徐晋，2014a），大数据现象提示我们必须要对世界采取新的认识论以发现崭新的基本范式（Kitchin，2014）。

本研究认为，大数据经济学是在现代信息科学对社会重大影响的背景下，研究现代经济社会的数字化解构路径与数据化表达方法，以及在此基础上通过数据化价值关联过对个人、企业和政府进行关系重构的新经济学科。考虑到对大数据这样影响人类整个社会经济各个方面的新兴技术革命，应该从形而上的哲学高度进行认知，并形成一套方法论以分析其一般性规律。本研究基本结构如下：第二部分对经济变革进行了分析，并讨论了离散主义哲学方法论；第三部分给出了大数据经济学的基本范式也就是离散化结构、全息化重构与价值关联；第四部分分析了稀缺内生、行为异化与私权扩张；最后进行了总结并给出了未来展望。

第二节 经济变革与离散主义

一 经济变革

（一）信息变革：从信息不对称到数据不对称

当大数据时代到来之后，则会发生以下变化。（1）信息的表达方式发生的质变：信息过去大部分以模拟与形象的形式存在，而今完全通过数字化的形式存在。（2）信息的传递方式发生质变：数字化之后，信息的传递可以瞬间无成本完成。（3）信息的获取方式发生质变：信息的获取完全可以通过海量互联网资源、通过高速计算手段、通过免费的应用服务获取个人乃至企业所需信息。

当信息存在方式发生变化、传递速度瞬间完成、信息获取零成本的时候，传统信息不对称的存在范式就发生了质的变化。也就是说，随着信息不对称的范式发生重大变革，传统占有信息优势的一方在大数据时代将不可能继续维持信息优势。过去因为信息力量对比悬殊所造成的市场资源配置的重大差别将不复存在，随着企业边界、商业模式的数字化解构与重构，信息力量对比将逐步转化为数据力量对比——数据总量、数据质量、数据渠道与数据技术的对比。

数据不对称，是指数据总量、数据质量、数据渠道与数据技术等数据力量不对称，以及因此派生出来基于数据支撑的各个经济层面的一系列不对称问题。大数据使得现代信息不对称得到解决或者几乎完美的解决，许多传统信息不对称所产生的商业模式必须发生变化，也就是通过数据不对称导致的商业模式变革。因此，大数据改变了基于信息不对称的传统商业结构，使得商业模式基础从信息不对称转变为数据不对称。

（二）成本变革：从传统成本到数据成本

数据不对称可以被解决，也可以被创造。拥有数据，将拥有这样的问题解决能力和问题创造能力,而这就是未来商业发展的重要逻辑出发点。在大数据时代,随着传统信息不对称的颠覆,商品的传统成本都可以在数据化之后,通过现代信息技术迅速透明化。传统成本将在成本组成中逐步隐去,而数据成本将从次要变量变为关键变量。市场解构为大数据时,其信息不对称的解决与设立,就有了新的途径与手段。大数据经济下,成本变革,信息不对称造成的交易成本,更多表现为,从物理空间存储,转化为数据采集与数据处理成本。网络使用人数逐年递增,数据生成速度加快;硬件成本指数型递减,存储成本指数下降。科技的进步导致了存储成本的下降,这使得设备的造价出现大幅下降。

当市场解构为大数据的时候,其信息不对称的表达、解决与设立,就有了新的数字化的途径与手段。这种数字化的途径和手段,就是现代商业模式与经济发展的命脉所在,是解决数据不对称的需要。当然,数字化的途径和手段也是建立数据不对称的需要。因此,在数字经济时代,数据成本是大数据时代下企业成本的核心变量;解决或建立数据不对称,是大数据商业模式的主要范式。

(三) 思想变革:局部全样本、个体精准性与整体离散化

在《大数据时代》一书中,迈尔-舍恩伯格给出了著名的关于大数据时代的三大特征:(a) 不是随机样本,而是全体数据;(b) 不是精准性,而是混杂性;(c) 不是因果关系,而是相关关系(Mayer-Schnberger,2013)。当然,迈尔-舍恩伯格不是统计学家,我们不必苛求他在统计学术语使用方面的精确性。但是他指出了大数据带来变革的一种非常重要的方面,就是"全样本"。从哲学角度和具体实践而言,"样本不完全"是绝对的,"全样本"只是个相对说法。那么迈尔-舍恩伯格所说的"全体数据"仅仅能够相对存在。

也就是说,大数据通过对过去信息的离散化表达,使得信息能够被低成本获取、低成本传递,因此使构建局部全样本成为可能。局部全样本的本质,在于对信息不对称的数据表达。正如前文所

说，信息的表达数据化，导致信息传递低成本、信息获取低成本、信息处理低成本，最终的表现形式就是达到了局部全样本。

全样本的重要架子不仅仅在于统计分析，更重要的在于精准营销。客户信息是最重要的全样本，借助于大数据技术，我们可以精准分析特定客户需求。尽管大部分数据都是不可见的，似乎也并不携带任何个人信息，但事实并非如此。现代数据科学可以通过数据特征反观找到创造他的人的特征，也就是说通过人的数字轨迹可以达到对个体的精准分析。因为现代数据存储与处理能力以及传送能力的指数化发展，使得我们完全可以直接构建全样本中，不再考虑计算能力限制和样本统计难度。大数据技术下的局部全样本可以达到个体精准，以"精准"模式研究全体中的所有个体特性，这是重大的商业模式变革。

随着样本能够做到局部全样本，那么就可以更有力地挖掘数据关系与价值掘取，并可以得出或者验证因果关系，以利于社会与经济发展的研究与应用。当然，相关性不等于因果。对相关关系的分析，往往是为了寻找正确或主要的因果关系。随着大数据技术下的局部全样本化的实现，通过"相关关系"可以更有力地强化、发现与判断"因果关系"。

当我们不具备整体，或者不具备局部全样本的时候，我们最期待的是能够获取全局数据。可是，当我们在某个层面或某个特定指标上拥有全样本的时候，我们发现个体的作用反而显得更加重要。网络精准营销与精准推送，就是大数据的典型应用。其实在很多情况下，我们感知到了整体，又发现对整体的把握离不开个体。

大数据对个体的把握是一个渐进的过程。首先，整个经济社会通过互联网细分为各个个体，同时各个个体以互联网作为全局性个性展示的主要手段；其次，大数据作为表达方式，将个体需求和个体经验等通过数据结构等形式形成局部全样本；最后平台作为价值关联模式，通过自发数据匹配或被动数据挖掘等形式，重新聚合具有共性的个体。在数学上，网络拓扑、数论和聚类分析等，都是离散数学的基本内容。因此，所谓社会数据化本质就是离散化，这是大数据时代社会经济发展的主要趋势。

二 离散主义的提出

随着大数据时代的到来，信息呈现多元化和差异化，有价值的数据提取、挖掘和价值关联日益受到重视。离散数学作为信息科学的基础，对人类信息社会的影响正从科技内核走向经济外延。离散数学（Discrete mathematics）是研究离散量与离散空间及其相互关系的数学学科，研究整数、图论、拓扑、逻辑等分立、非光滑对象，简单地说就是处理可数集合的数学分支。

数字生产与数字化生存是建立在信息科技基础之上的新经济现象，数字产品与服务的零成本复制、跨界无限传播、虚拟状态存在等又是古典与新古典经济学所无法完美解释的。本研究提出离散主义，就是从经济学角度重新认识离散数学的数学思想，并在此基础上从形而上的哲学视角抽象出对当代新经济现象的思考与解释。

离散主义思想，就是把连续性的生活分成有意义的独立个体（徐晋，2014b）。离散主义思想的本身，就是把生活合理地"分割"或"碎片化"，把对"整体"的连续性研究转化为对"个体"的离散化研究。目前提出对大数据进行网格化分析，也是一种基于离散的角度对大数据进行解构（Mishra et. al，2014）。离散主义就是对整体的解构，从而展示为独立的个体，然后通过汇总个体达到对整体的把握。离散主义（Discretism），主要基于数字化手段与数字化目标，研究经济社会的数字化解构路径、数字化表达方法和数字化重构模式。

离散主义的提出是对传统连续与整体思维的辩证提升，表现在研究对象的表达形式无限数字化。历史上的毕达哥拉斯学派早就提出"万物皆数"的基本理念，离散主义本体论则进一步认为在理论上客观对象可以无限可数可分，也就是说任何客观实体或者概念都可以被表达或分离为任意小却又是可以计数的有限单元，这些单元的所有属性刻画都可以通过数的形式进行表达。

基于离散主义基本思想，我们可以给出数字经济时代的经济学研究哲学方法论，用以分析与解释新经济现象。在数字经济时代，人类改造客观世界的主要路径通过网络化离散、数字化表达和制度化重构展开。离散化个体通过制度性结构关联构成社会存在，社会存在被数字化解构和表达为数字社会，数字社会则通过制度化重构而递进式发展。

定义1 离散主义经济哲学方法论，基于离散主义哲学视角，解构、表达与重构高度信息化社会经济结构，在现实与虚拟的离散空间中分析社会经济的单位要素之间以及单位要素与社会整体之间结构关系与基本规律。

信息到数据的解构，数据到信息的重组。从依托信息和数据进行经济和社会的推理决策，使得信息不对称的成本降低，商业交易活动的内容丰富，交易的频率不断上升。整体的生产力借助信息渠道的通畅不断提高，社会生产关系形成网络化的形态。生产力和生产关系超越在理性范畴，也超出了人们以往的经验范畴，进一步导致底层、浅层次欲望的泛滥和人格释放，带来了社会异化的新动向。在数据化的社会异化过程中，数据被应用于系统，运用于决策过程中。

更重要的是，对事物、行为等定性概念般的描述，也可以通过一定的标识逐渐的使模糊性不断的显化出来，这样定性描述在一定的路径上不断向精确的数据表达靠近并收敛。而所谓的精确数据定量表达，由于信息噪声的存在，其精确性中的正确性也需要一定的判断。从而，定性分析和定量分析在大数据时代都向数字化解析，向精确和准确靠近。

在现代的信息处理技术中，对事物的描述，对交易活动和交易关系的表达既有一定的定性说明，也有一定数据性的表达，这种数据性贯穿着层次性。同时，伴随着一定程度的无序性。离散化解构和全息化重构所依托的数据，其属性以两种类型为主：一个是连续性属性，对应着的是定量性的分析，表达着对事物或行为活动的可测属性的描述，这种描述通过一定的连续区间数据来表述，犹如度量衡似的，表述事物的自然属性，同时，也有一定的社会属性；另一个是离散性属性，对应着的是定性的分析，这种描述是以语言和离散数值来表述的，好比人的性别、天气的阴晴。

传统的古典经济学分析以离散为主，从古典经济学开始到现代新古典经济学，在经济事务的分析过程与经济表述中以连续性分析为主。而大数据经济学从现实从发，利用离散化分析解构现实经济，发掘其中的数据关联，提取有价值的数据，从整体上进行重构。从离散的视角出发，反观经济信息化之后的基本形态，就形成了离散经济：

定义2　离散经济（Discrete Economics）就是从离散化的"个体"出发，研究新经济下以大数据为中心、网络为渠道、平台为载体的产业间的数据模式、信息结构、价值关联的规律，产业内组织结构离散化、空间区域分布无界化的规律，以及研究这些规律的基本方法论。

第三节　基本范式：解构、重构与关联

本节主要论述大数据经济学的基本范式：离散化解构、全息化重构、价值关联。大数据时代，社会经济通过现代信息技术在数据或者比特层面上进行解构，解构之后的表现形式为大数据或海量数据；大数据或海量数据之间，通过价值关联，进行社会经济的重构。

一　解构：数字化表达

大数据本质上是现代社会体系的离散化解构、全息化的重构。大数据产生和形成，对供求关系、商业空间、信息传递和社会结构都带来重大冲击，这些基本经济关系与结构的变化，导致的结果就

是一种新型经济形态——大数据经济的产生和蓬勃发展。

下面从供求关系、商业空间、信息不对称离散和社会结构网格化等几个方面，用四个数字化表达，对大数据经济形成的离散化解构进行全方位理论解析，以对大数据时代经济关系及相关运行规律做探索性研究。

一是供求关系与商品属性的数字化表达。供求双方商业信息以数字化形式表达出来并通过信息传播网络进行超时空限制的扩散，供求双方商业关系的建立在这种数字化基础网络支撑下，也呈现出离散化的特征。即分散在世界各地的生产厂家和市场需求者，只需要在网络信息集市上进行比要搜索和对接，就能获取对方信息并与对方发生商业联系。

二是社会商业空间的数字化表达。整个社会数字化离散解构并表达为一个全新的实体社会商业空间的数字化离散映像，这个映像本身超越了社会商业实体空间的存在，成为与实体社会商业空间既密切联系又有自己独特规律的另一个经济信息系统，成为人类经济系统的重要子系统。作为实体商业空间映射的数字化虚拟商业空间，其要素构成自然与实体空间各要素存在紧密映射关系，同时这种映射关系在剥离实体经济后独立运行时，又赋予了人类利用信息挖掘和智能分析手段去发现要素信息片段之间关联关系的基础条件。

三是信息不对称的数字化表达。大数据时代，市场信息海量喷涌，交易双方可以通过信息技术和网络手段瞬间接触彼此，很大程度上消解了由于传统信息匮乏造成的信息不充分不对称问题。当所有经济要素属性及其关联活动均已离散解构为数据信息后，对信息的掌控就至关重要。大数据时代，信息不对称已经不再成为一种因信息匮乏而产生的客观经济现象，更多地表现在人类对大数据海量信息资源不对称的拥有和管理，表现在人类基于信息权属之上对信息壁垒和不对称现象的主动商业利用上。

四是社会利益关系的网格化表达。与大数据时代经济离散化解构呼应的是，大数据时代经济社会的利益格局也被离散化了。社会机体中市场交换个方的利益诉求，是商业活动产生的基础。这种利益诉求被离散化后，不再表现为固定利益集团的固定诉求，它以离散化的利益诉求信息为基础，通过这些利益信息的节点关联为纽带，形成一张巨大的社会利益关系拓扑网格图景。这种网格拓扑结构直接以离散化的数字方式进行表达，剥离了一切实际的社会表象更加逼近人类商业活动的利益诉求本身。

二 全息化重构

大数据经济的形成过程代表了离散化的数字化解构过程，但这并不是大数据经济运行的终点，而只是其支配经济体系运行、推动经济快速发展的第一步（Zuboff，2015）。大数据经济致力于重组新的商业社会。这个商业社会表象是基于分布式云计算的实现人更广泛欲望、公权私权混合的传统价值重构的新价值体系关联的社会。所以，整个社会被离散化解构、进行数字化表达以后，还需要在价值基础上对离散化的数据进行全息化重构，通过全息化重组发现新的价值和商机。

与离散化解构过程相比，全息化重构同样相当重要，是大数据经济运行过程中必不可少的关键环节。如果没有全息化重构，那么离散化解构就失去了价值。全息化重构使得我们可以从全息化视角探索经济系统内部存在的潜在价值关联与交易可能性，对于实现隐性市场显性化具有不可估量的意义。

全息化重构是指在获取经济社会全样本的基础上，全方位、全景式地对数据进行重新组合，再度挖掘大数据价值。全息化重构必须在一定的经济环境中进行，经济环境明白无误地指明了当前我们所面临的社会经济现实、时代背景，具体包括表达方式、需求关系、欲望结构、行业结构四个方面，它们构成了大数据经济时代进行全息化重构重要的经济前提。

1. 表达方式。大数据时代一个的重要特征，就是描绘客观世界的方式向符号性、数字化方向迈进。数字化表达表明，我们正在经历从经济现象的形象表达到现在抽象表达的转折过程。亦即是说，信息不对称的解决与设立，从过去形象的表达转为抽象的数字化表达；从过去的机械式的传递变为数字化信息化的传递。数字化表达是形象表达的重要方式，在理解大数据经济时代大数据的爆发式增长及信息不对称的瓦解与构建，具有深刻的变革意义。

2. 需求关系。数据时代，我们的需求和诉求关系正在发生着悄然变化，需求关系表现为多面的、间接的网状关系，展现出大数据技术在开发用户潜在需求方面日益得天独厚的优越性。传统经济模式下很难全面掌握用户的全面信息，对用户的隐形偏好和消费、购物理念缺乏整体的认知，大数据技术的出现，使这一局面得以彻底改观。

3. 欲望结构。大数据技术为人类发展带来的具有颠覆性的变革，导致我们的工作、生活将被收集数据的计算机不断引导和主宰着，我们的欲望结构在大数据时代将会发生根本性的变化，使得我们更加相信数据处理的科学性，决策过程更依赖数据处理，经济行为更加趋于理性。数据分析是大数据处理技术的核心，这种技术力量开始渗透到感性思维的构建中，与人类情感世界发生虚拟互动，使得我们整个人的欲望满足路径与结构发生变化。

4. 行业边界。大数据时代使行业边界发生了革命性的变化，传统行业的发展在大数据时代正在面临严重的挑战。大数据作为信息技术领域的一场革命，彻底改变了交易成本的主要构成要素，将导致企业边界发生沿着发生纵向变化和横向变化，企业形态（企业存在模式）也随之发生重大变化。大数据通过对交易成本的改变，改变了企业的外部边界，衍生出更多的关联企业，而对这些关联企业的服务的有效使用，直接推动其他行业重塑企业机制。

三　价值关联

大数据经济学研究的是海量数据如何形成有效价值关联的问题，基本前提是整个社会经济的解构与重构。在这个基础上，只要具有相关性程度的数据即可产生价值，取决于我们挖掘其价值的途径与方法，或者说取决于价值取向。

一个重要的问题需要回答，具有关联价值的数据如何产生大数据的经济价值？这实质上需要具体阐述价值关联如何使价值爆炸式增值：因为单条数据并不具有外部性，多条数据便具有外部性，一旦到了全局数据库的层面，数据的用途外部性与成员外部性就异常凸显。单条数据的价值是有限的，大数据的经济价值在于提将海量数据中关联度较强的数据信息挖掘出来进行整理与分析，最主要的用途是为决策者提供决策信息参考与依据，同时为预测经济提供理论依据。价值一旦产生较强关联性，我们便可以从"样本"预测出"全样本"信息，解决由于信息不对称带来高昂的成本与费用，使原本模糊的、复杂的事物之间的关系清晰明了，从而产生巨大的经济价值。

价值关联是指政治、社会和商业，在大数据时代出现了原有关系的数据体现；或者指原有既定的价值关系，在大数据的全息解构与重构下得以重新体现，并根据社会需求或社会需求的引导得以价值提升。我们如何从浩瀚如海的大量数据中发现价值关联性的数据并且产生经济价值呢？

首先必须清楚数据间的关系。数据关系有数据比较、数据互补与数据关联。数据只有经过整合才能形成大数据，整合的方式有，（1）从价值链出发，大数据的横向价值关联（大数据的关系型分析）：谷歌，即本行业上下游或者不同企业之间的价值关联，如研究研发投入与产品价格的关系等；竞争对手的销售额与本企业劳动力流失的关系。（2）大数据的纵向价值关联是指价值重构（价格发现与成本表达），从淘宝消费者的交易过程探究电子商务未来发展动向。核心成本从物质成本，转化为数据计算成本。（3）大数据的混合价值关联是指不同行业关联，重塑价值链。

数据的价值关联，不仅仅表现为上面所述的技术分析手段或者特定的行为分析，更重要表现为整个社会的行为倾向。这种行为倾向往往因为信息交流（经过数字化解构之后的信息），而发生或者被诱导在特定的行为空间中。这种行为空间，或者交易空间，我们成为"平台"。比如推特 twitter，或者脸谱 facebook，以及新的购物方式网购 ebay，等等。

第四节　稀缺内生、行为异化与私权扩张

大数据经济学对经济学研究方法的深远影响，还将直接涉及经济学研究的元问题，也就是稀缺性问题，也将影响经纪人的基本行为也就是产生了异化，同时对企业与政府、利润与权力的关系产生了不可逆转的颠覆性改变。

一　稀缺内生：外在资源稀缺到内在生命稀缺

我们经常听到能源稀缺、矿产稀缺，然而这些资源始终还是存在的，同时它们具有可替代性，未来在科学技术的发展下，或许我们不再需要这些能源以供生活之需，有新的事物可以替代。因此，它们并不是绝对的唯一，更算不上是绝对的稀缺。然而对只有一次的生命来说，一代表的就是唯一。而这个唯一，或许是其他任何事物都无法真正得以诠释稀缺的含义。由于所有的精神数字产品，都需要消费者在支付一定的货币资金以外，必须支付个人的生命，去体验和使用。这和普通物质产品的不同在于，物质产品可以通过权属变更的方法进行支配和占有，唯独精神产品，我们必须以生命去体验和占有。

数据理性，可以通过有限数据进行无限逼近。我们使用 facebook 是为了节约我们社交时间，我们在电影院为选择好看的电影而犹豫不决是因为我们的周末时间有限。我们根据自己的需求选择游戏，我们因为工作和生活娱乐等的需要使用不同的 Apps，我们出行看导航仪，我们依赖大数据，我们做决策也要依赖电子计算机的分析，现在我们又寄生在云端，等等。造成这些现象的根本原因之

一，在于我们的生命有限、时间有限。另外一个原因，在于这些应用可以通过虚幻的手段满足我们精神的价值追求。比如自我实现的成为军事家的需求，可以通过虚幻的数字世界的战争游戏得以实现。

尼采说世界的痛苦源于大自然分裂为个体的事实，这一点非常符合本研究提出的离散主义哲学方法论。虽然这个时代在进行一种最为彻底的个体化与离散化，人们在碎片化生活，同时表现为浅尝辄止的"快餐"行为，浮躁与焦虑。这就是从过去的"连续化""模拟化"生活状态，转向离散化、极度个体化生活状况下，人们的普遍心理特点。没有哪个时代比现在更为虚无主义、更加离散，但也没有哪个时代比现在更为自由，因而也更为碎片。如何把碎片编织为整体，如何用离散去逼近连续的生活，这本质上是人的个体价值安排问题，也是一个在面对纷繁复杂的离散化精神世界，人如何安排自己闲暇时间的问题。

数字产品的消费与使用，需要消费者支付更多闲暇时间。数字产品的成功标准，表面上是对人们注意力的吸引，实质上是对人们生命的消费。数字产品的零成本再生产、零成本复制与零成本传输，使得我们过去难以想象的精神体验以最直接的形式扑面而来。追求最为社会人意义上的自我价值，是马斯洛索提出的人的终极目标。当这个目标可以数字化模拟和数字化逼近，甚至数字化超越的时候，我们发现面对这样的数字服务只能感叹自身生命时间稀缺，而不再顾及目标与对象的稀缺。因此，数字产品——特别是精神产品大生产，导致了资源稀缺性从外在物质资源稀缺转变为内在生命时间稀缺。

二 行为异化：理性冲击与欲望泛滥

异化是哲学上的一个术语，反映了人们参与生产活动改造世界，但是同时被生产活动所改变的社会发展现象。人在为目标奋斗的过程中，反而受到了劳动过程或者劳动工具的影响而改变。其后果是使人的个性进行片面发展或者畸形发展，偏离全面发展的方向。异化在当今世界已经无处不在，其发生具有很深刻的时代背景。行为异化与近半个世纪以来飞速发展的计算机技术、互联网技术、信息技术以及大数据开发技术是分不开的。

在信息时代背景下，大数据的指数化效应等因素对经济人的有限理性产生冲击，导致人的心理活动和行为模式发生演化的问题。大数据异化归根结底是人的异化问题，确切地说，关注的大数据技术的发展导致经纪人在工作形式、生活方法、价值观上的转型，发现他们通过依赖或者接受大数据服务，实现本能释放和利益增殖。大数据技术在各种业务模式中促发同边或异边网络外部性效应，导致基于大数据的商业服务和客户规模发生指数化的扩张或收缩，超越了经济主体的基本认知能力和基本理性深度，使得人的理性类型从工具理性向价值理性转变。对价值体验的数字化模拟，颠覆了传统意义上基于实体工具的感知形式，从而造成主观上的认识与行为失常。

基于上述分析，行为异化的表现形式是显而易见的。具体而言，一方面，行为异化使得人们在物质世界的某些得益，可以通过虚拟性大数据应用平台以具化市场的方式在精神世界中实现。在某种程度上，行为异化实质上是在一定程度上解决了多边客户释放人性本能的途径过于单一的问题，为多边客户乃至其他社会主体实现人性本能释放，开辟了新的途径。另一方面，行为异化导致大数据应用平台各参与方的理性类型从工具理性到价值理性转变。某些学习型的虚拟性大数据应用平台通过学习、教育功能，以知识载体和认知工具为主要形式，向人们传输一种比工具理性思维方式更高级的价值理性思维方式，从而引导人们从工具理性主义向价值理性主义转型。

这种转型的最典型业态就是平台模式。无论是舆论、社交、购物、支付等，都逐步形成了虚拟的网络空间。这种大数据应用平台在发展过程中，持续对双边多边市场客户的吸引，最终形成了基于大数据的群体性心理和行为，并受到大数据的框架效应的影响而不断强化。其中最为明显的表现就是大数据应用平台的吸附功能，除了能通过大数据处理与价值挖掘满足一般意义上的基本供给和需求，更能够提供大数据应用平台各参与方的参与感、归属感、认同感最终形成趋于一致的行为心理和价值认同。

大数据应用平台上的消费者心理不仅包含市场多边参与方的个人心理还包括集体行为作用的集体心理。个人心理，简单表现是消费者的出于个人虚荣形成的消费心理。深层次表现为大数据应用平台导致个人的行为异化。例如人作为移动终端的一分子切入大数据应用平台，汇集、粘附于大数据应用平台之上，包括集体行动产生的羊群效应、从众心理、蚂蚁效应，也包括造成集体决策过程中行为过度自信，跌入集体陷阱，如数学博弈论中的"社会困境"（social dilemma）（Dawes，1980）。大数据平台扭曲群体消费行为，相应的行为和规则也随之异化。

作为平台主体的消费者的内在欲望和行为又强化了这种异化的过程。也就是主体自身的底层欲望泛滥。底层欲望泛滥带来平台的粘度提升，创造了更多的价值和潜在利益。底层欲望泛滥通过勾结召集更多的客户，成为参与方召集客户的重要手段。底层欲望泛滥不是底层的人的行为泛滥，底层欲望是谁都会有的。所以通过底层欲望泛滥吸引的客户，不一定是低端客户或者社会底层的人员。传统经济中，人们因为消费的空间限制、时间限制以及信息限制不断很好地满足一些消费需求，因此其欲望是在客观不能有效地全面地满足。但在现代大数据经济下，消费者的消费突破了传统的限制，人们的消费的超级便利性使得消费者的欲望泛滥，从而导致其人格的释放。

大数据时代，能够通过社会数字化解构，来解构荣誉、地位、成就感。然后把解构出来的数据，通过重构，以游戏平台或者社交平台等形式，销售给普通消费者。这种精神产品的生产，可以因此而获取暴利。目前相关法律没有严格出台的情况下，依附对人精神的异化牟利，还依然是个非常有效的商业模式，而且这种基于消费者与企业的数据解构关系正在得到重视（Martin et al，2017）。

三　私权扩张：公权的私有化

私权是公民个体、组织机构等在经济社会生活中所拥有基本权利，包括人身权、私人财产权等。这里将其运用于大数据经济学，目的是要阐明大数据应用平台针对参与方的管制权力是如何形成的。大数据应用平台一经搭建成功就在事实上具有了管制能力，然而这种管制能力并不意味着大数据应用平台私权的诞生。大数据应用平台方的自我权力意识觉醒，意识到协调平台上各种客户资源会带来价值和能力，这种自觉地协调行为就具有了强烈的大数据应用平台主观意图，私权就诞生了。因此，大数据应用平台的私权来源于大数据应用平台方对内部多边客户进行的管控。

显然，大数据应用平台的私权是对内部进行控制的力量展现，强调协调多边客户和支配各方的利益、资源。例如，网络游戏运营商作为大数据运作平台，具有私有权力影响平台上基于大数据进行权益交换的参与各方，那么大数据游戏平台的错误处罚将会导致平台参与方合法权益受损。公权是相对于私权而言的，公权体现为对社会成员及公共事务的管辖权，而私权则强调以满足个体需要为目的的个体权。

这里所说的大数据公权，解释为大数据应用平台拥有的、可能对客户及关键利益相关者在内所有社会成员产生影响的权力，实质是大数据应用平台自我管制和维护权力的扩张和延伸，是一种大数据私权达到一定发展阶段后的权力衍生。社会解构为大数据，大数据应用平台又依据价值关联重新汇集了社会元素（Bello-Orgaz et al，2016）。大数据应用平台运行过程中价值关联、利益创造、输送和分配，派生出了新的权力运行规则。这样，大数据应用平台公权就油然而生了。

大数据公权是所有大数据应用平台都或多或少、不同程度地具有的一种超越大数据本身界限的管制和维护能力,特别是在计算机技术和互联网技术迅猛发展的今天,大数据应用平台正在以指数化的外部性效应扩张自己的势力范围。大数据应用平台对权力的支配和影响范围已经不仅仅局限于大数据应用平台内部的各个关键利益相关者,大数据应用平台的任意改动或变更都极有可能涉及公权问题,极易迅速扩展到所有大数据客户身上（Martin, 2016）。

大数据公权与本身具有的,以自我辨别、筛选和配对能力为特征的大数据私权不同。前者关注的是大数据应用平台在担当召集和促成多边客户交易的第三方角色时,大数据应用平台方在管理、管制和协调多边市场客户及关键利益相关者过程中,衍生出的能够构成和发生社会外在影响的那部分权力（Jarmin and O'Hara, 2016）,而后者只是对大数据应用平台内部参与者发挥效力的表现。因此,公权私有化是大数据经济下商业模式发展的高级阶段。

简而言之,大数据公权是大数据私权的扩张和延伸。像公共点评、网络搜索等大数据应用平台,一般具有天然的公权性质,大数据应用平台的任意举动均会对网络客户产生直接的或间接的影响效果。所以,考虑到这种强烈的、广泛的影响效果,大数据应用平台会进一步通过海量数据的价值关联建立商业模式（McAfee et al, 2012）,或通过数据挖掘等技术手段寻求利润空间,以加强掌控大数据公权的力度,以便通过公权私有化之后的权力意志追求和获取更大的收益。

第五节　小结

本研究分析了大数据经济学涉及的哲学方法论,论述了经济变革与数字化背景下的离散主义基本思想,讨论的解构、重构与关联的基本范式。指出社会数据化导致的稀缺性内生、行为异化与私权扩张现象。具体来说,大数据经济不仅表现为技术进步,实质上是整个社会从过去我们所熟知的基于感知与连续行为的模拟化时代,转变为现在的基于属于与离散空间的数字化时代。大数据时代的离散化解构体现在社会生活的各个层面：对政府而言，是权力的触及对象、涉及的行动模式离散化；对企业而言，是精神产品的数字化、也是信息不对称的离散化，以及企业边界的离散化、无界化；从大生产角度而言，精神产品的生产与服务是大数据时代的最重要的价值增长极。整个网络，不仅仅是传递比特数据的通道，更是精神产品生产、组合、交易、传递和演化的平台。人们对物质商品的需求，仅仅是满足基本生活需要，这是古典经济学与新古典经济学研究的内容；而人们对精神产品的需求与极大满足，则是数字经济时代的重要研究内容。未来大数据经济学的研究方向，则可以基于离散主义、解构、重构与异化等哲学视角，进一步通过理论与实证分析社会经济的数字化变革。

本专题参考文献

Borkar V. R., Carey M. J., Li C., "Big data platforms: what's next?", *XRDS: Crossroads, The ACM Magazine for Students*, 2012, 19 (1): 44-49.

Brown B., Chui M., Manyika J., "Are You Ready for the Era of 'Big Data'", *McKinsey Quarterly*, 2011, 4.

Begoli E., Horey J., "Design principles for effective knowledge discovery from big data", In: *Proceeding of the Joint Working IEEE/IFIP Conference on Software Architecture (WICSA) and European Conference on Software Architecture (ECSA)*, 2012, 215-218.

Boyd D., Crawford K., "Critical questions for big data", *Information, Communication & Society*, 2012, 15 (5): 662-679.

Bello-Orgaz, G., Jung, J. J., & Camacho, D., "Social big data: Recent achievements and new challenges", *Information Fusion*, 28, 45-59.

Bakshi, K., "Considerations for big data: Architecture and approach", *In IEEE Aerospace Conference*, 2012, 1 – 7.

Dawes R. M., "Social Dilemmas", *Annual Review of Psychology*, 1980, 31 (1).

Jarmin, R. S., O'Hara, A. B., "Big data and the transformation of public policy analysis", *Journal of Policy Analysis and Management*, 2016, 35 (3), 715 – 721.

Kirkpatrick R., "Big Data for Development", *Big Data*, 2013, 1 (1): 3 – 4.

Kitchin, R., "Big data, new epistemologies and paradigm shifts", *Big Data & Society*, 2014, 1 (1), 1 – 12.

Madden S., "From databases to big data", *Internet Computing*, IEEE, 2012, 16 (3): 4 – 6.

McAfee A., Brynjolfsson E., "Big data: the management revolution", *Harvard Business Review*, 2012, 90 (10): 60 – 66.

Martin, K., "Data aggregators, consumer data, and responsibility online: Who is tracking consumers online and should they stop?", *The Information Society*, 2016, 32 (1), 51 – 63.

McAfee, A., Brynjolfsson, E., Davenport, T. H., Patil, D. J., & Barton, D., "Big data: The management revolution", *Harvard Business Review*, 2012, 90 (10), 61 – 67.

Mayer-Schnberger V., Cukier K., *Big Data: A Revolution That Will Transform How We Live, Work, and Think*, Boston: Houghton Mifflin Harcourt, 2013.

Martin, K. D., Borah, A., & Palmatier, R. W., "Data privacy: Effects on customer and firm performance", *Journal of Marketing*, 2017, 81 (1), 36 – 58.

Mishra, M. K., Patel, Y. S., Rout, Y., & Mund, G., "A survey on scheduling heuristics in grid computing environment", *Modern Education and Computer Science*, 2014, 10, 57 – 83.

Zuboff, S., "Big other: Surveillance capitalism and the prospects of an information civilization", *Journal of Information Technology*, 2015, 30 (1), 75–89.

俞立平:《大数据与大数据经济学》,《中国软科学》2013 年第 7 期。

徐晋 a:《大数据经济学》,上海交通大学出版社 2014 年版。

徐晋 b:《离散主义与后古典经济学》,《当代经济科学》2014 年第 2 期。

第四专题

利用网络搜索大数据实现对 CPI 指数的短期预报及拐点预测

——基于混频数据模型的实证研究[①]

本专题利用我国 7.7 亿互联网网民的网络搜索高频数据来实现对居民消费价格指数（CPI）的短期预报和"拐点"预测。从价格决定理论及价格均衡理论出发，构建了商品价格波动与个体网络搜索行为之间关系的逻辑框架，最终建立了利用网络搜索指数日频率数据实现对月度 CPI 预测的混频数据抽样模型（MIDAS）。研究发现：（1）利用网络搜索高频数据的预测方法能提高对 CPI 指数样本内拟合及样本外预测精度；（2）利用网络搜索高频数据能够提高捕捉 CPI 趋势中"拐点"的成功率；（3）利用网络搜索高频数据能够在早于官方公布数据前大约半个月的时候提供具有较高预测精度的 CPI 预测值。本研究首次采用日频率的网络搜索数据来预测月份 CPI 值，并首次具体探讨了利用网络搜索数据做经济分析时"关键词"的选择标准。文章提供了能够在较高预测精度的前提下，提供更早、更及时的 CPI 预测值，为宏观经济管理决策提供有价值的信息。另外，提供了利用网络搜索数据大数据做宏观经济指标预测分析的范例。

---

① 本专题作者：刘宽斌、张涛。作者单位：刘宽斌，西南大学经济管理学院；张涛，中国社会科学院数量经济与技术经济研究所。

第一节　引言

　　维持物价稳定是国家宏观经济政策四大目标之一，对居民生活以及国家经济健康运行和管理有极其重要的意义。通货膨胀水平作为衡量物价水平的指标，对社会生产生活的影响是多方面的。从微观方面看，通货膨胀水平的高低影响了居民实际收入水平，影响了企业生产成本和利润，是企业经营管理决策的重要依据；从宏观影响看，通货膨胀水平会影响到整个社会的投资、消费、就业、国际收支、利率、房地产市场，等等。另外，通货膨胀水平也是国家制定相关货币政策，财政政策的重要依据，其他的宏观经济指标的估计和测算也依赖于通货膨胀水平。

　　当前衡量通货膨胀水平的指标是社会整体物价水平，即消费者物价指数（CPI），CPI指数是由国家统计局组织调研人员深入市场调查价格数据并汇总计算得到，调查的价格涵盖了全国居民城乡居民生活消费的食品、烟酒及用品、衣着、家庭设备用品及维修服务、医疗保健和个人用品、交通和通讯、娱乐教育文化用品及服务、居住八大类别，涉及262个基本分类的商品和服务的价格，调查对象为全国31个省（市）500个市县、6.3万家价格调查点。[①]通过国家统计局调查得到的CPI数据较为精确，但工作量庞大，成本费用高，另外，由于数据汇总工作较为繁琐和复杂，因此，国家统计局计算公布的月度CPI数据会于次月中旬发布，也就是说国家统计局对CPI的监测存在大约两周左右时间的滞后（张崇，吕本富，2012）。

　　国家制定调控经济运行的宏观经济政策存在时间滞后性，即从发现经济运行中存在的问题到制定政策，最终政策影响到实体经济运行的过程有较大的时差。这个时间差来源于两个方面：一是经济

---

① 参见国家统计局网站（http://www.stats.gov.cn/）。

问题发生到发现问题存在之间的时间差；二是从制定调控政策到政策影响到经济运行之间的时间差。这个时间差有可能导致政策无效，甚至恶化经济问题。因为这个时间差的存在，政策落实时的经济状况可能已经发生了改变，制定的政策调控可能已经不适应当前的经济运行状况。随着这个时间差的增加，政策和经济现状的不一致情况可能性更大。因此，缩短问题出现时间和政策落实时间差尤其重要。政策实施的时间差可以通过改革政策制定和执行程序进行缩短；而从问题发生到发现问题之间的时间差则需要经济模型的及时预警和预测。

为及时预警和预测 CPI，学者在这方面已经做了大量的工作，关于 CPI 的预测分析工作主要是基于失业率，国内生产总值，全社会固定资产投资，同业拆借利率，广义货币供给，就业人数，上证综合指数，先行指数，食品价格指数，工业企业增加值，CPI 指数，公司债信用利差等统计数据进行分析变量间的结构关系（崔百胜，2012；程建华，2014；汤丹，2015；赵静等，2017）。这些利用传统统计指标来构建模型预测 CPI 存在一个根本性的问题，即使用的数据为官方统计数据，存在时间上的滞后性，无法做到实时预警；另外，由于使用的数据模型主要通过发现历史数据之间的结构关系，用于未来经济预测分析，这就导致这些传统数据模型方法难以胜任"拐点"预测分析，即经济现状发生转折情况时，无法及时发现问题，而这正是众多经济学家和政府部分最为关心的问题（张崇等，2012）。

传统统计数据预测 CPI 面临的这些瓶颈性的问题，随着"大数据"时代的来临出现了转机。特别是互联网的快速发展，能在及时性、精准性、数据成本以及颗粒度等方面带来突破（张涛等，2018）。据中国互联网信息中心（CNNIC）截至 2017 年 12 月统计，我国网民规模达到 7.72 亿，互联网普及率为 55.8%，手机网民数 7.53 亿。网民每天在网络上就各种关心的话题进行搜索，查询，这些搜索查询的痕迹被实时记录下来，通过分析这些网民的行为轨迹能够真实地反映出经济运行情况。这为宏观经济指标 CPI 预测分析提供新的数据来源以及新的分析思路。另外，这些网民行为数据是实时记录和被获取的，因此，为提高 CPI 预测时效性，甚至实现实时预测和"拐点"分析提供了可能。

第二节　文献回顾

一　传统数据对通货膨胀的预测

（一）利用时间序列本身规律的预测

部分学者试图通过研究通货膨胀率自身的时间变化规律来进行预测，通过不同的模型方法来改进历史数据拟合效果。

肖曼君等（2008）利用 ARIMA 模型拟合 1990—2007 年的月份 CPI 数据，通过比较不同的预测模型发现 ARIMA（1，1，10）是最优的模型，能为我国的通货膨胀提供较好的预测。张婷（2014）采用 SARIMA 模型和 X-12 季节调整模型对月度 CPI 进行预测，发现我国通货膨胀受到趋势性和季节性的影响，其中季节性成分为主要影响因素。

（二）利用经济变量之间的结构关系的预测

部分学者希望通过宏观经济变量之间的结构关系来分析，进而利用这种稳定的变量关系来对通货膨胀进行预测分析。

方勇（2009）通过研究表明中国通货膨胀会受到货币过度发行较大影响，国际石油价格变化影响相对较弱，通过纳入货币量的 BAR 模型能提高对通货膨胀的预测能力。李宏瑾（2010）探究了中国银行间市场国债利率期限结构对通货膨胀的预测能力，发现短期利率期限结构可以作为判断未来通货膨胀走势的预测指标。刘英等（2012）研究不同的货币政策工具下国债收益率曲线对通货膨胀的预测能力，研究发现当资本市场属性为主导地位时，国债收益率曲线在货币性政策工具下对通货膨胀具有较强的预测能力，而当货币市场为主时，国债收益率曲线在数量型货币政策工具下对通货膨胀预测能力较强。何启志（2012）则从国际因素角度来分析预测中国的通货膨胀水平，发现国际石油价格和美国联邦基金有效率对中国通货膨胀的预测具有积极效果。张卫平（2012）通过构建 VAR 模型研究了 CPI、PPI、货币量以及 GDP 产出之间的结构关系，研究结果表明 M1 增速、名义 GDP 增速和真实 GDP 增速都能改善仅仅依赖历史同伙膨胀信息形成的预测。田新民等（2012）利用了产出、通货膨胀、货币供应量和食品价格的数据信息构建了变量之间构建关系的 SVAR 模型来揭示通货膨胀潜在的长期趋势。危慧惠（2013）从商品期货价格指数与通货膨胀的角度来研究分析，认为期货价格指数对通货膨胀具有拐点和趋势预测能力。罗忠洲（2013）通过动态因子法建立了纳入资产价格修正的通货膨胀指数，并分析 CPI、房屋销售价格、上证综指、大宗商品指数和大宗商品 DFI 之间的结构关系，那么房屋销售价格和大宗商品价格指数能优化通货膨胀的预测能力。郭永济（2015）通过动态模型平均的时变向量自回归模型，在模型中纳入工业增加值、M1、国家财政支出、进出口总额等 20 个宏观经济变量进行分析，表明经济波动较大时，综合考虑这些宏观经济变量能够增强模型的预测能力。Athanasios et al（2005）从产出缺口的角度来分析了 CPI 变化规律，进而利用这种规律对 CPI 进行了预测分析。

（三）基于机器学习方法来预测

机器学习算法是人工智能的核心，主要用于自然科学领域应用，利用机器学习算法逻辑，结合计算机的强大运算能力，实现算法的自我更新改进，最终实现算法的优化。近几年来，机器学习算法也渐渐渗透到通货膨胀的预测分析当中。

Yu W.（2009），姚跃华等（2010）在通货膨胀的预测过程中引入机器学习 RBF 神经网络算法，通过算法训练 CPI 指数与农业生产资料价格、燃料类价格指数、食品类价格指数和房价指数之间的多因素非线性关系，通过仿真实验分析，RBF 神经网络算法能提高 CPI 预测精准度。路世昌等（2015）引入了模糊信息粒化的支持向量机（SVM）算法对 CPI 进行预测。黄胜忠（2012）在 CPI 趋势预测中引入了优化模型神经网络算法。薛晔等（2016）利用决策树算法对通货膨胀的影响指标进行了筛选和优化，并且借助 BP 神经网络对通货膨胀风险进行等级预测。贾德奎等（2014）在通货膨胀等级预测过程引入了动态贝叶斯网络算法对预测结果进行了改进。

二 基于网络大数据对通货膨胀的预测

随着科学技术的发展，特别是网络技术的发展，大数据时代来临，互联网平台为通货膨胀研究提供了除统计数据以外的数据来源，并且有其独特优势。

董莉等（2017）利用百度搜索引擎提供的百度指数数据构建包含 Elastic Net 惩罚因子的分布滞后模型，构建 CPI 的预测分析模型，其中对关键词的选择主要是依据国家统计局 CPI 计算过程的分类，根据八大类以及 262 小类的商品或服务分别作为关键词查询对应的百度指数，通过百度指数的月份平均数和月份 CPI 数据之间构建分析模型，对 CPI 数据指标进行了预测。孙毅（2014）同样基于百度指数数据来分析预测 CPI，不过选择的关键词划分为宏观形势核心关键词和微观供求核心关键词，将这些关键词通过主成分分析法综合为合成指数，利用合成指数来分析和预测 CPI 指数，研究发现网络搜索数据与通货膨胀之间存在长期协整关系，可以用于对 CPI 的预测分析。袁铭（2015）利用淘宝网的商品搜索指数来构建全国及城镇的 CPI 指数预测模型，并且考虑到淘宝网的节日效应，进行了数据调整，并且将网络搜索数据日频率数据通过平均值的方式转换为月份数据，通过搜索数据与 CPI 数据之间的分析，得出搜索量与 CPI 之间存在显著性的因果关系，并且可以对 CPI 做出较为精确的预测。张崇等（2012）研究百度搜索指与 CPI 之间的相关性，得到搜索指数与 CPI 之间的领先滞后关系，从而构建 CPI 预测分析模型，关键词的选择同样划分为宏观形势和供求关系两类，发现宏观形势搜索关键词大致存在5个月的领先，而供求关系搜索指数存在大约2个月的领先反应。董倩（2016）也基于网络搜索数据来预测分析CPI，但通过雾霾经济的角度来分析，选择与雾霾相关产品的关键词搜索量构建与CPI之间的关系模型，通过研究发现，雾霾经济相关关键词的搜索数据量确实和CPI之间存在稳定的关系，可以用于对CPI的预测和预警分析。

Guzman G.（2011）利用Google搜索引擎的搜索指数检验了通货膨胀相关的搜索量与CPI之间的关系，发现他们之间存在格兰杰因果关系，并且利用网络搜索高频数据来预测CPI，在样本外预测时，预测精度相比去其他方式预测更高。Li X.（2015）利用2004—2012年Google Trend中有关中国通货膨胀的关键词的搜索量来构建分析模型，研究结果表明相关搜索量数据与CPI数据之间强烈相关，并且基于变量之间的相关性来预测CPI，发现通过网络大数据构建的指标预测能够降低预测误差32.9%。

三 文献总结

综合现有的文献，关于对通货膨胀的预测分析研究工作较多，但都存在不够完善的地方。传统的统计计量方法无论是基于CPI数据序列规律的预测模型还是基于经济变量之间结构关系的预测模型均使用统计数据作为研究对象，时间频率最高的也是月份数据，难以实现实时预测，并且基于历史数据规律的模型难以应对通货膨胀的"拐点"进行了预测分析。网络搜索大数据能够提供高频数据，可以提供每日甚至更高频率单位的数据信息。当前使用网络搜索数据来进行预测通货膨胀的文献相对较少，并且在已有的相关文献中，也存在以下三方面的问题：一是放弃日期高频数据，采用月份平均的方式处理，损失了高频数据信息优势；二是较少分析预测分析的理论基础，仅仅采用数据模型预测，难以令人信服；三是关键词选择合理性，关键词的选择是模型可信和合理基础，这方面缺乏论述，关键词的选择过于"主观化"。

本研究试图构建利用网络搜索大数据预测分析宏观经济指标 CPI 的逻辑框架，论述网民网络搜索行为与通货膨胀之间内在机理，并合理选用关键词，构建 CPI 综合搜索指数，利用构建的 CPI 综合搜索指数来预测 CPI 及 CPI 的"拐点"；另外，通过高频网络搜索数据与官方公布的月份 CPI 数据构建混频数据 MIDAS 模型，利用 MIDAS 模型和网络搜索行为大数据实现 CPI 指数的实时预测。

第三节 理论分析及逻辑框架

一 价格决定理论分析

消费者价格指数（CPI）的上升是反映了市场中整体物价水平提高，但导致物价水平的上升的原因多样。

有经济学家从货币的角度来说明商品价格的波动。他们认为商品的价格变动取决于市场流通中的货币量与商品数量的对比，其代表人物主要有大卫·休谟（David Hume）、阿瑟·塞西尔·庇古（Arthur Cecil Pigou）、大卫·李嘉图（David Ricardo）以及现代经济学家米尔顿·弗里德曼（Milton Friedman）。休谟认为一切的商品价格都取决于商品和货币数量之间的比例关系，任何一方发生重大的变化都能引起市场上价格的波动，商品增加，价格降低；货币增加则价格上升。[①] 庇古和马歇尔一起提出来货币决定的"剑桥方程"：$M = kPY$，其中 M 为货币需求量，P 为价格水平，Y 为实际收入，k 为民众持有现金占名义收入比率，认为整体价格水平受到市场货币供给以及社会产出的影响。欧文·费雪（Irving Fisher）在其《货币的购买力》一书中也提出了"费雪方程式"：$MV = PT$，其中 M 为货币需求量，V 为货币流通速度，P 为商品价格水平，T 为货币交易量，该方程将货币的流通速度纳

[①] 参见《休谟经济论文选》，商务印书馆 1984 年版，第 53 页。

入货币需求方程中，认为是决定物价水平的一个重要因素。弗里德曼在"剑桥方程"和"费雪方程"基础上继续扩展，提出了新的货币需求方程：$\frac{M_d}{P} = F$（Y，w，R_m，R_b，R_e，P_g，u），将非人力财物比重，货币的预期名义收益率，债券的预期收益率，股票预期收益率，实物资产的预期收益率等因素纳入到价格水平决定中。弗里德曼认为通货膨胀现象始终是一种货币现象。国内相关学者通过研究也发现，在部分时间段，中国的商品价格上涨很大程度上是由于流动性过剩即货币供给过多造成的（傅强，2011；王君斌等，2011；张成思，2012）。

另外一个具有代表性的理论观点则认为供求关系是物价决定的核心。古典经济学家萨伊（Say）就认为价格是通过商品的供求关系决定的，在其他条件一定时，供给与价格呈反比，需求与价格呈正比。剑桥学派创始人马歇尔（Marshall）则将供求理论与边际效用理论，生产成本理论等相结合，提出了均衡价格理论，认为市场商品价格由边际效用决定的需求和由生产成本决定的供给相互作用后形成，价格的波动则是供求双方平衡点的改变。

还有其他一些理论提供了价格决定的新思路。经济学边际效用学派代表人物庞巴维克（Bohm Bawerk）从心理学角度提出了自己的观点，他认为针对特定商品，价格决定于4个主要因素：商品的供给程度，商品的需求程度，卖家对商品的主观估价以及买家对商品的主观估价，4种因素的综合博弈最终确定商品价格，价格的波动也是由于4种因素的改变导致博弈均衡点的改变。瓦尔拉斯（Walras）提出了一般均衡的概念，认为商品价格不是仅仅是单个商品市场供求关系决定的，而是由于市场上所有商品的供求关系决定的，这表明某一商品的价格并不仅由此商品的因素来决定，其他同市场能获取的其他商品的供求改变同样能够影响到此商品的供求情况，进而引起商品价格的波动。瑞典学派的创始人维克赛尔（Wicksell）将利率作为影响商品供求平衡的重要因素引入到均衡分析当中,并将利率划分为货币利率和自然利率即投资者预期收益率,认为自然利率与货币利率相等时,商品价格维持稳定状态;当自然利率高于货币利率时,投资上升,经济开始扩张,物价水平开始上升;当自然利率低于货币利率时,投资减少,生产规模萎缩,物价水平下降。

随着现代经济的开放程度的不断提高,不同经济体之间的沟通与交流越来越紧密,相互之间的经济政策和行为同样能引起其他国家物价水平的改变。对我国物价水平产生影响较大的国际因素有国际产品成本,能源价格,汇率(何启志,2012;欧阳志刚等,2015)。

二 CPI 指数与网络搜索行为之间的关联性

从宏观经济因素变动到微观行为主体的网络搜索行为,以及搜索行为与 CPI 指数的变动关系的逻辑梳理,形成逻辑框架如图 4—1 所示。

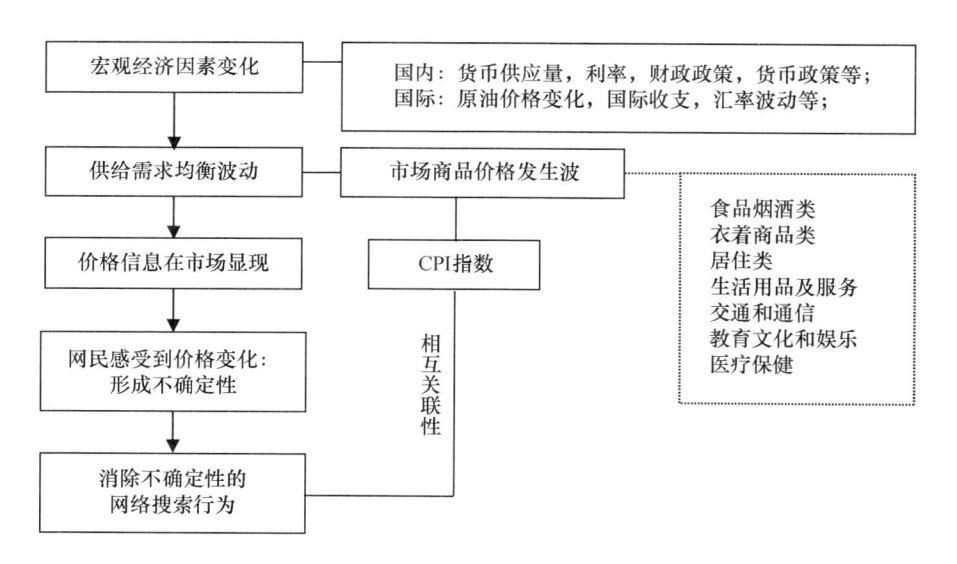

图 4—1 CPI 指数与网络搜索行为逻辑关系框架

通过上面的价格决定理论的分析可以知道，通货膨胀的发生的原因主要是基于宏观经济条件的改变，导致社会商品或服务的供求均衡打破，市场价格出现波动。宏观经济条件主要包括国内和国外因素。国内因素主要包括货币政策，财政政策，利率政策，这些政策的宏观调控能够影响到整个社会市场的供求情况，进而对商品价格产生影响，另外，科学技术进步导致的生产率提升也能导致供给发生变化。当前，开放的经济环境，国际因素包括国际石油价格，汇率，美国联邦基金利率等因素也会通过贸易行为影响到国内市场，引起市场价格的波动。价格的波动变化，直接反映了物价水平的波动，即体现在 CPI 指数的变化中。

个体网络搜索行为与商品价格波动的内在机理。随着商品价格的波动，价格波动信息通过包括报纸，新闻报道，广播，互联网平台等不同媒介平台传播。当个体接收到这些信息时可能产生两种不同的结果：接受获取的信息或不确定性的认知状态（孙毅等，2014）。确定性的接受信息则导致隐形的认知，即个体不会再通过搜索行为来确认信息；不确定性则会导致个体产生网络搜索行为，当个体进入不确定状态，那么会产生消除不确定性信息的需求，而在当前互联网时代，消除不确定性信息的最便捷的方式就是通过搜索引擎搜索，而网络搜索行为会在互联网中留下搜索痕迹，因此，称之为显性的状态。

搜索行为与 CPI 指数变化关系的内在逻辑。市场商品价格波动越大，信息在各个平台的传播就更加频繁和深远，接触到这个信息的人群就越多，隐形接受信息和显性接受信息的人群数量也会对应的增加，因此，CPI 指数的变化情况与消除不确定性的网络搜索行为呈现关联性，而且这种行为的反应速度很快，产生的不确定性，在较短时间内就会产生消除不确定性的网络搜索行为，是即时反应。

第四节 关键词选择

一 关键词选择的理论分析

关键词的选择在利用网络搜索行为来进行经济分析的过程中处于极为重要的地位。关键词的选择需要根据研究对象和网络搜索行为之间的关联性，选择关键词的数据来源，通过初始的关键词来挖掘出候选关键词，通过一定的方法来确定最终关键词，并用于信息分析及预测活动（卢洪涛、李纲，2014）。关键词的选择的合理性及科学性直接关系到研究问题的科学性。

当前在使用网络搜索行为研究通货膨胀问题时，使用的关键词可以分为四种类型。一是使用商品名称。按照国家统计局调查居民消费价格指数时使用的商品分类，按照其商品的分类，使用商品分类名称作为搜索关键词（袁铭，2015；董莉等，2017）。二是采用"通货膨胀"一词作为核心关键词，然后选出与核心关键词相关的其他词做成搜索关键词库（张崇等，2012；孙毅等，2014）。三是主观确定关键词，直接使用"物价""涨价""加价"等直接体现价格上涨的词作为关键词（Guzman G., 2011; Li X. et al, 2015）。四是采用某一行业的特定商品需求关键词来间接研究 CPI 指数（董倩，2016）。

以上几种关键词的选择和确定方法存在一定的合理性，为了保证本研究的关键词的选择的合理性，本研究选择关键的基本原则。一是选择的关键词直接与商品或服务的价格相关。只有选择的关键词直接能体现出 CPI 的变动才能够认为可以用于预测和分析 CPI 指数的变化。二是选择的关键词需要符合一般网民搜索行为。本研究选用的关键词应该是符合网民搜索行为，一些不太可能被普通网民检索的词应被剔除在关键词库外。三是关键词应该具有辨识性。选择的关键词应该能够体现网民的检索动机是感受到了价格上涨，一些没有判断方向的名词性的检索关键词不应该在关键词库中。四是关键词被百度指数收录。由于采用百度指数来获取网民检索关键词，因此，本研究选择的关键词必须被百度指数收录才能获取数据信息。

二 关键词选择

基于以上对关键词的选择标准，本研究选择两种不同类型的关键词。

第一种为基础关键词。按照国家统计局调查 CPI 指数对商品的分类来选择代表性的商品或服务名称。当前 CPI 调查目录根据全国城乡及居民消费结构和消费习惯确定了 8 个大类，一共 262 个基本小分类，因此选择的关键词理论上均直接与 CPI 的相关。为体现搜索关键词的识别性，商品或服务名词和"价格上涨""价格上升""价格"等能体现搜索者动机的词组合成基本搜索关键词。商品或服务的名称与价格相关词组合的关键词的搜索量能体现出搜索者的搜索动机是关注商品的价格变化，而非其他动机。为显示这种关系，图 4—2 显示了北京市猪肉价格走势与关键词"猪肉价格"搜索量变动之间的关系，通过图可以看到，两者之间具有较强的正向关联性，两个指标间的相关性系数达 0.548。

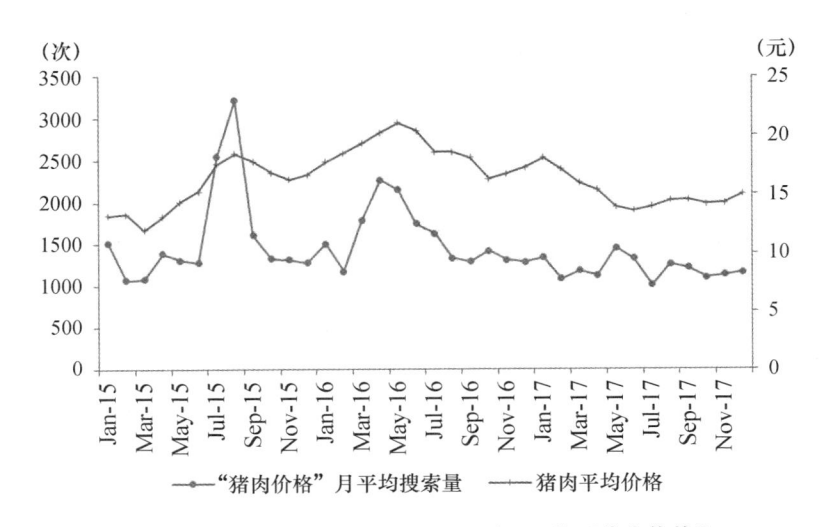

图 4—2　全国 2015 年 1 月至 2017 年 12 月"猪肉价格"搜索指数和猪肉价格

资料来源：www.index.baidu.com 和 http://bj.zhue.com.cn/zoushi.php。

在确定最终关键词的过程中，依照以上的原则和操作，剔除不满足要求的关键词，最终按照八大类的划分方式①汇总最终入选的关键词如下表。

表4—1　　　　　　　　　搜索关键词词库

类别	关键词
H食品烟酒类	白酒涨价，食品涨价，猪价格，猪肉价格，食品价格上涨，食堂涨价，食用油涨价，食用油价格上涨，蔬菜价格上涨，香烟涨价，烟草涨价，盐涨价，鹌鹑蛋价格，大蒜涨价，白菜价格，白酒价格，白兰地价格，白砂糖价格，冰激凌价格，菜籽油价格，茶叶价格，茶籽油价格，大白菜价格，大葱价格，方便面涨价，大豆价格，大豆油价格，大米价格，大蒜价格，冬瓜价格，动物油价格，鹅蛋价格，方便面价格，粉条价格，蜂蜜价格，鸡蛋涨价，橄榄油价格，高粱价格，鸽子价格，谷子价格，海参价格，核桃价格，黑木耳价格，红薯价格，胡椒价格，花椒价格，奶粉涨价，花生价格，花生油价格，黄酒价格，黄油价格，鸡蛋价格，家禽价格，酒价格，咖啡豆价格，可可粉价格，牛奶涨价，矿泉水价格，葵花籽价格，辣椒价格，连藕价格，绿豆价格，马铃薯价格，绵白糖价格，棉籽油价格，木薯价格，奶粉价格，啤酒涨价，苹果价格，葡萄干价格，葡萄酒价格，肉类价格，色拉油价格，山药价格，生姜价格，食品价格，食用菌价格，食用油价格，苹果涨价，蔬菜价格，水产品价格，甜玉米价格，味精价格，香槟酒价格，香菇价格，香烟价格，小麦价格，鸭蛋价格，鸡蛋价格上涨，烟草价格，盐价格，腰果价格，野鸡价格，野兔价格，玉米油价格，芝麻价格，芝麻油价格，植物油价格
G衣着类	材料价格，服装价格，救生衣价格，羽绒服价格
D居住类	房租上涨，煤气涨价，装修价格，涂料价格，天然气价格，水泥价格，水龙头价格，水管价格，水费价格，房价上涨，商品房价格，清漆价格，墙纸价格，木炭价格，门锁价格，煤气价格，居民消费价格，净水器价格，家具价格，电线价格，自来水涨价，电梯价格，电热毯价格，电暖气价格，电费价格，电价格，地毯价格，地板革价格，地板价格，玻璃价格，壁挂炉价格，电费涨价，电费上涨，天然气涨价，水泥涨价，水费涨价，燃气涨价

---

① 按照国家统计局2016年实施的新的分类标准来划分。

续表

类别	关键词
F 生活用品及服务类	空调涨价，窗帘价格，床垫价格，吹风机价格，刺绣价格，灯管价格，灯具价格，地垫价格，电炒锅价格，磅秤价格，电动牙刷价格，电饭锅价格，电风扇价格，电火锅价格，电烤箱价格，电暖器价格，电水壶价格，电熨斗价格，保险柜价格，电钻价格，豆浆机价格，儿童床价格，粉饼价格，缝纫机价格，干洗价格，干衣机价格，割草机价格，过滤器价格，化纤价格，冰箱价格，化妆品价格，加湿器价格，家用电器价格，咖啡价格，咖啡壶价格，烤箱价格，空调价格，凉席价格，毛巾被价格，棉被价格，木材价格，汽车价格，热水器价格，沙发价格，餐桌价格，手电筒价格，书架价格，睡袋价格，酸奶机价格，梯子价格，微波炉价格，卫生纸价格，温度计价格，蚕丝被价格，蚊帐价格，吸尘器价格，洗碗机价格，洗衣粉价格，洗衣机价格，香水价格，橡胶价格，羊毛价格，饮水机价格，茶具价格，羽绒被价格，浴巾价格，榨汁机价格，厨具价格
A 交通和通信类	汽油价格上涨，电瓶价格，火花塞价格，救护车价格，列车价格，轮胎价格，旅游价格，灭火器价格，摩托车价格，汽油价格，头盔价格，快递费涨价，邮票价格，油漆价格，直升机价格，自行车价格，柴油涨价，地铁涨价，火车票涨价，快递涨价，汽油涨价，柴油价格，电脑价格
E 教育文化和娱乐类	景区涨价，耳机价格，门票涨价，报纸价格，笔记本价格，笔记本电脑价格，冲浪板价格，打印机价格，电视机价格
C 医疗保健类	按摩器价格，养老院价格，药品价格，隐形眼镜价格，整形价格，助听器价格，避孕套价格，蜂王浆价格，假牙价格，假肢价格，体温计价格，西药价格
B 其他用品和服务类	宝石价格，塑料价格，太阳镜价格，纹身价格，雪茄价格，婴儿车价格，婴儿床价格，婴儿用品价格，雨衣价格，骨灰盒价格，拐杖价格，贵金属价格，怀表价格，假发价格，金属价格，美甲价格，手表价格

经过筛选，得到表4—1所示的这些关键词，用于构建反映CPI变化的网络搜索综合指数，八大类所选择的关键词并没有完全覆盖各个类别所有的商品和服务，而是部分商品的搜索情况，这些关键

词被百度指数收录，反映出这些商品或服务的价格，波动较为明显，其他没有被收录的商品和服务相对价格平稳，而 CPI 衡量的正是各类商品价格波动情况，因此，本研究选择价格波动较大的部分商品来反映各类商品的价格波动情况是合理的。

第二种为综合感受类搜索关键词。主要是网民在感受到通货膨胀压力的情况下，会检索的确认信息的关键词，这类选择了 5 个具有代表性的关键词，分别为：CPI、价格上涨、涨价、通货膨胀、物价上涨。

第五节 混频数据抽样模型（MIDAS）介绍

Ghysels et al（2004）首次提出了 MIDAS 模型用以解决混频数据回归问题，并于随后的文章中提出了对模型的改进。MIDAS 模型应用在宏观经济预测分析中有两个主要的优势。第一，它能够同时在预测分析模型中使用低频率和高频率的数据信息，从而有效避免因为数据频率一致化过程中导致的高频率数据信息损失或者低频率数据信息虚增的问题，从而能够提高宏观经济预测分析的准确度（Clements et al，2008；刘金全等，2010）。第二，它能够利用获取的最新高频率数据来预测和分析低频率数据指标，从而有效提高宏观经济预测时效性，解决因为宏观经济数据公布时间滞后原因导致的预测结果滞后性问题，也能够提高宏观经济指标的短期预测的精度（Kuzin et al，2011）。

本研究利用网络搜索大数据来对 CPI 进行短期预测，网络搜索数据具有实时性，关键词搜索数据颗粒度高，可以达到每天更新，甚至每小时更新一次，而统计局公布的 CPI 数据，最高只能每月公布一次，两者之间数据更新频率不一致，为充分利用网络搜索数据的优势，本研究采用混频数据抽样模型（MIDAS）来对 CPI 进行实时预测。

一 混频抽样模型（MIDAS）基本模型介绍

MIDAS 基本模型为 MIDAS（m, K），模型涉及单个高频解释变量以及单个低频被解释变量，形式如下：

$$y_t = \beta_0 + \beta_k W(L^{\frac{1}{m}} : \theta) x_t^m + \varepsilon_t^m \tag{1}$$

其中 y_t 为低频被解释变量，x_t^m 为高频解释变量，m 表示的高频数据与低频率数据之间的倍数关系，例如季度与月之间的频率倍数为 3，因此这里的 m = 3；$W(L^{\frac{1}{m}} : \theta)$ 表示的是权重滞后多项式，此多项式可以表示为：

$$W(L^{\frac{1}{m}} : \theta) \sum_{k=0}^{K} w(k,\theta) L^{k/m} \tag{2}$$

$L^{\frac{1}{m}}$ 表示的是高频解释变量的滞后算子，可以表示为：$L^{\frac{1}{m}} x_t^m = x_{t-1/m}^m$，t 表示低频节点。$w(k, \theta)$ 为低频解释变量滞后项对应的权重函数，参考 Ghysels（2014）中 5 种不同形式的权重函数。这 5 种函数形式分别为：Beta 密度函数（包括 Beta-MIDAS 和 Beta Non-Zero-MIDAS 两种情况）、Almon 函数、指数 Almon 函数、分段函数（Stepfun）。每种函数类型都可以获得对应的权重函数形式，并且每种函数形式下隐含了权重之和为 1 的假设（刘金全等，2010）。下面具体解释不同类型的权重函数形式：

（一）Beta 密度函数形式

Beta 密度权重函数是基于 Beta 分布函数构建，其一般的公式形式如下：

$$w(k,\theta_1,\theta_2,\theta_3) = \frac{f\left(\frac{k}{K};\theta_1,\theta_2\right)}{\sum_{k=1}^{K} f\left(\frac{k}{K};\theta_1,\theta_2\right)} + \theta_3 \tag{3}$$

其中 k 为权重函数的滞后阶数，K 为 k 的最大取值。两参数的 Beta 分布多项式作为权重函数，分布多项式中约束条件为：$\theta_1 \geq 300\theta_2 < 300$（Ghysel et al, 2012）。另外 $f(x;\theta_1,\theta_2) = \frac{x^{\theta_1-1}(1-x)^{\theta_2-1}\Gamma(a+b)}{\Gamma(\theta_1)\Gamma(\theta_2)}$，$\Gamma(\theta_1) = \int_0^\infty e^{-x} x^{\theta_1-1} dx$。

基于以上 Beta 密度函数形式存在两种取值情况，分别为 $\theta_1 = 1$ 和 $\theta_3 = 0$。

当 θ_3 取值为 0 时，称为 Beta-MIDAS 模型，这时 $w(k,\theta_1,\theta_2,\theta_3) = \dfrac{f\left(\dfrac{k}{K};\theta_1,\theta_2\right)}{\sum_{k=1}^{K} f\left(\dfrac{k}{K};\theta_1,\theta_2\right)}$

当 θ_1 取值为 1 时，称为 Beta Non-Zero-MIDAS 模型，这时 $w(k,\theta_1,\theta_2,\theta_3) = \dfrac{f\left(\dfrac{k}{K};1,\theta_2\right)}{\sum_{k=1}^{K} f\left(\dfrac{k}{K};1,\theta_2\right)} + \theta_3$，其他参数含义不变。

（二）Almon 函数形式

Almon 滞后多项式的具体表达式如下：

$$w(k,\theta) = \frac{\theta_0 + \theta_1 k + \theta_2 k^2 + \cdots + \theta_p k^p}{\sum_{k=0}^{K} \theta_0 + \theta_1 k + \theta_2 k^2 + \cdots + \theta_p k^p} \quad (4)$$

其中 $\theta = [\theta_0 \ \theta_1 \cdots \theta_p]$。本研究采用两参数的 Almon 权重函数对 CPI 进行短期预测。

（三）指数 Almon 函数形式

指数 Almon 函数形式基于 Almon 函数形式变化而来，对后者的各项以指数值替换水平值而成，具体函数形式如下：

$$w(k,\theta) = \frac{\exp(\theta_0 + \theta_1 k + \theta_2 k^2 + \cdots + \theta_p k^p)}{\sum_{k=0}^{K} \exp(\theta_0 + \theta_1 k + \theta_2 k^2 + \cdots + \theta_p k^p)} \quad (5)$$

指数 Almon 滞后多项式是较为常见的使用形式，能够构造多种不同的权重函数，并且能够保证权重数为正数，具有良好的零逼近误差的性质（Ghysels el al，2006）。两参数指数 Almon 滞后多项式常被用于宏观经济研究分析当中，一般进行 $\theta_1 \leq 300$ $\theta_2 < 0$ 的约束，以满足宏观经济分析与预测中所需要的权重形式（Clements and Galvã£O，2008）。

（四）分段函数多项式（Stepfun）形式

分段权重函数多项式，具体形式可以表示如下：

$$w^i(\theta_1,\theta_2,\cdots,\theta_p) = \theta_1 I_{i\in[a_0,a_1]} + \sum_{p=2}^{P}\theta_p I_{i\in[a_{p-1},a_p]} \qquad (6)$$

其中：$a_0 = 1 < a_1 < a_2 < \cdots < a_p = N, I_{i\in[a_{p-1},a_p]} = \begin{cases} 1 & a_{p-1} \leq i \leq a_p \\ 0 & a_{p-1} \geq i, i \geq a_p \end{cases}$

这样构造的多项式就是一系列离散值，可以根据函数的具体形式来定义步数 p。采用分段函数多项式权重的 MIDAS 模型可以实现方差的连续和跳跃特征（Forsberg and Ghysels, 2007）。

二 非限制的权重形式（U-MIDAS）

前面几种权重函数形式均受到不同形式的函数关系约束，而非限制的权重形式则是完全无约束，其具体的模型函数形式如下：

$$y_t = \beta_0 + \sum_{k=0}^{K}\beta_k x_{t-k}^m + \varepsilon_t^m \qquad (7)$$

通过上面的函数形式可以看到，在非限制的权重形式下，MIDAS 模型对高频解释变量的权重无限制性的约束，采用一般回归的方式对模型参数进行估计。

三 h 步向前预测的 MIDAS（m, K, h）

在基本 MIDAS（m, K）模型下，预测 t 期的低频被解释变量，使用的数据信息为 t 期前的数据信息，例如 2 月份的数据 CPI 数据，用起始于 1 月 31 日的日周期滞后数据信息进行预测，但有时候后需要进行提前预测，例如我们希望在得到 1 月 1 日—1 月 15 日的搜索数据后即对当月 CPI 数据进行预测，即需要提前 15 天获取 CPI 数据信息，这时为 h 步向前预测的 MIDAS 模型，为 MIDAS（m, K, h），具体模型表达式如下：

$$y_t = \beta_0 + \beta_k W(L^{\frac{1}{m}};\theta) x_{t-h/m}^m + \varepsilon_t^m \qquad (8)$$

四 自回归混频抽样模型介绍

前面介绍的基本 MIDAS 模型的被解释变量仅仅为高频的解释

变量，在进行宏观经济变量预测时，应该充分考虑到宏观经济变量的惯性特征，由于宏观经济变量的这种惯性特征会出现低频解释变量前后期之间存在自相关性，为反映出这种关系，可以在标准的 MIDAS 模型中加入低频被解释变量的自回归项，形成 AR（p）-MIDAS（m，K，h）模型，具体模型形式如下：

$$y_t = \beta_0 + \delta_1 y_{t-1} + \delta_2 y_{t-2} + \cdots + \delta_p y_{t-p} + \beta_1 W(L^{\frac{1}{m};\theta}) x_{t-h/m}^m + \varepsilon_t^m$$

（9）

五 模型滞后期选择问题

通过上面的模型介绍可知，在高频变量滞后项权重函数形式确定的情况下，高频变量滞后阶数 K 的改变不会影响模型估计的参数的个数，因此，传统的信息准则（Information criterion）在 MIDAS 模型中是不适用的，即常用于确定滞后阶数的指标 AIC、BIC、HQ 在确定高频解释变量的滞后阶数 K 的过程中无效（Gjusels et al, 2004）。一般 K 太大的问题在于，需要更多的数据，另外，样本初期的数据的权重基本为零，因为 k 值太大了；而 k 值太小的问题更为严重，可能导致模型估计精度降低。因此在确定高频解释变量的滞后期的过程中，可以通过不断测试不同的 K 值来比较模型的预测精度和效果来确定最优的滞后期。

当模型中存在 AR（p）项的时候，就可以使用信息准则来判断了，因为，AR（p）项是信息准则判断的范围，出于这个原因，Andreou et. al.[①] 推荐使用 AIC 或 SIC 来确定 AR（P）-MIDAS 模型滞后期数。

限于文章篇幅，关于不同形式下的模型参数估计的过程本研究不做详细介绍，可参见王维国（2016），刘汉（2013）相关文章中的算法介绍。

---

① Andreou E., Ghysels E., Kourtellos A., "Should Macroeconomic Forecasters Use Daily Financial Data and How?", *Journal of Business & Economic Statistics*, 2013, 31（2）: 240 – 251.

第六节 基于MIDAS预测模型对CPI 数据的实时预测实证研究

一 数据来源及数据预处理

本研究关键词的搜索数据来源选择百度指数。百度在中国的搜索引擎市场占据绝大多数份额，2018年1月份统计，百度搜索引擎市场份额占比为70.74%①，占据绝对优势，最具有代表性。根据国家统计局的要求，CPI调查和计算依据制度每五年进行一次基期轮换，2015年1月开始使用2015年作为新一轮的对比基期。为了使计算的结果具有前后对比性，时间区间选择为2015年1月至2018年2月的CPI数据②和搜索指数相关数据。

第一种类关键词的处理：八大类的商品或服务在计算CPI时的权重是不同的，如果简单的加总则表明是同权重的，与实际情况会产生较大的偏差，但国家统计局并未公布各个类别具体的权重值。现有的资料可以了解到的事实：(1) 各个省份的统计方法与国家统计局规定的方法一致；(2) 各类别价格指数与最终的CPI指数之间的线性关系；(3) 八大类商品的权重和为1。基于以上三个事实情况，本研究基于各个省份八大类商品价格指数和对应的CPI指数构建如下回归模型：

$$CPI_{i,t} = \sum_{j=1}^{8} \beta_{i,j} CCPI_{i,t,j} + \varepsilon_{i,t} \qquad (10)$$

其中回归系数满足如下关系：

$$\sum_{j=1}^{8} \beta_j = 1 \qquad (11)$$

其中i表示各个省份，t表示年份，CPI为综合CPI指数，CCPI为八大类对应的CPI指数。

通过以上回归模型测算得到各个省份各类别商品或服务在CPI

---

① 数据来源：http://gs.statcounter.com/search-engine-market-share/all/china。
② 本研究选用的CPI指数为同比数据。

中的权重值如表4—2所示。

表4—2　　　　　各类CPI成分类别权重结果估计

省（区、市）	食品烟酒类	衣着类	居住类	生活用品及服务类	交通和通信类	教育文化和娱乐类	医疗保健类	其他用品和服务类
天津	0.279	0.033	0.251	0.081	0.120	0.125	0.071	0.041
河北	0.303	0.089	0.245	0.026	0.123	0.104	0.086	0.025
山西	0.293	0.063	0.210	0.075	0.116	0.141	0.087	0.015
内蒙古	0.294	0.092	0.229	0.046	0.096	0.126	0.093	0.024
辽宁	0.302	0.105	0.185	0.062	0.122	0.122	0.088	0.015
吉林	0.307	0.043	0.236	0.026	0.126	0.113	0.103	0.047
上海	0.265	0.107	0.262	0.043	0.108	0.110	0.082	0.024
江苏	0.280	0.054	0.180	0.106	0.138	0.144	0.076	0.024
浙江	0.293	0.042	0.224	0.041	0.152	0.122	0.103	0.024
安徽	0.308	0.068	0.171	0.073	0.130	0.145	0.077	0.027
福建	0.303	0.082	0.190	0.097	0.112	0.109	0.073	0.035
山东	0.307	0.072	0.253	0.077	0.129	0.053	0.094	0.015
河南	0.311	0.061	0.187	0.071	0.123	0.149	0.085	0.014
湖北	0.309	0.089	0.203	0.067	0.123	0.094	0.081	0.034
广东	0.326	0.062	0.192	0.072	0.134	0.116	0.064	0.035
广西	0.314	0.077	0.219	0.086	0.120	0.052	0.090	0.044
重庆	0.308	0.068	0.197	0.065	0.114	0.126	0.074	0.048
四川	0.300	0.084	0.147	0.145	0.093	0.133	0.060	0.038
贵州	0.307	0.113	0.149	0.037	0.133	0.136	0.089	0.036
云南	0.293	0.133	0.233	0.021	0.142	0.074	0.071	0.033
西藏	0.354	0.122	0.191	0.062	0.132	0.068	0.044	0.029
陕西	0.300	0.101	0.190	0.105	0.105	0.083	0.091	0.026
青海	0.313	0.106	0.161	0.054	0.116	0.096	0.106	0.050
宁夏	0.310	0.095	0.177	0.043	0.123	0.132	0.090	0.032
新疆	0.313	0.080	0.190	0.042	0.149	0.099	0.087	0.038
北京	0.261	0.058	0.265	0.078	0.125	0.112	0.061	0.041
江西	0.300	0.057	0.170	0.122	0.109	0.103	0.085	0.054

续表

省（区、市）	食品烟酒类	衣着类	居住类	生活用品及服务类	交通和通信类	教育文化和娱乐类	医疗保健类	其他用品和服务类
海南	0.352	0.050	0.212	0.046	0.134	0.136	0.057	0.013
甘肃	0.312	0.095	0.185	0.067	0.130	0.100	0.090	0.020
平均	0.304	0.079	0.204	0.067	0.123	0.111	0.081	0.031

注：黑龙江及湖南数据存在异常，未参与测算，数据只保留到小数点后 3 位。

通过测算，食品烟酒、衣着、居住、生活用品及服务、交通和通信、教育文化和娱乐、医疗保健、其他用品和服务八大类在 CPI 中权重占比分别为：30.39%、7.93%、20.36%、6.66%、12.32%、11.10%、8.13%、3.10%。

利用（10）（11）模型测算得到的权重 $\hat{\beta}_j$ 计算八大类关键词综合搜索指数。

$$\text{Index1}_t = \sum_{i=1}^{8} \hat{\beta}_j \text{search}_{i,t} \qquad (12)$$

其中，i 为类别，t 为日期，$\text{search}_{i,t}$ 表示 i 类商品搜索指数在 t 期的搜索量。

第二种类关键词的处理：由于综合感受类的关键词不存在权重问题，本研究采用平均权重处理，直接对 5 个关键词的百度搜索量计算平均值，得到综合搜索指数 Index2。

百度数据提供每天的关键词搜索量信息，因此，以上工作处理得到的 Index1 和 Index2 综合搜索量均为日周期数据。但由于工作周期的原因以及偶然因素的原因，每天的数据搜索量具有一定的偶然性，因此，本研究采用周周期数据信息，每个月选择前 28 天的搜索量，并以 7 天为一个周期，计算关键词在 7 天中的平均搜索量，每月 4 周的平均搜索量。

另外，考虑到本研究使用的数据时间跨度较大，而在当前互联网发展较为快速的当前，网民人数基础以及百度搜索引擎的市场占有率均会影响到搜索量，为了使得搜索指数在时间维度前后具有可比性，本研究剔除网民人数以及百度搜索引擎市场占有率变化的影响。具体的处理公式如下：

$$\text{Indexe} = \frac{\text{Index}}{P * R} \quad (13)$$

其中 Index 为两类综合搜索指数，P 为网民人数①，R 为百度搜索引擎市场占有率②。在得到 Indexe1 和 Indexe2 基础上，计算对应同期指数增长率，分别为 Indexe1g 和 Indexe2g。最终得到的调整后综合搜索指数同比增长率与对应区间的 CPI 同比增长率数据对比图见图 4—3。

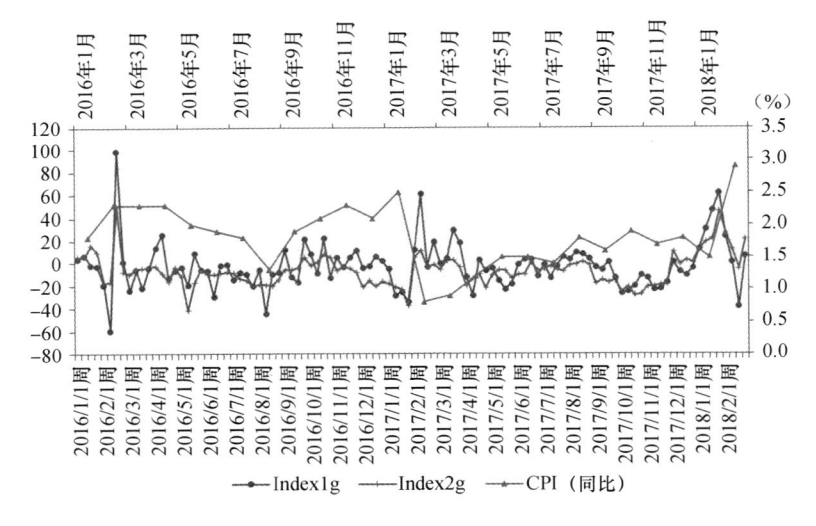

图 4—3　价格相关关键词综合搜索量与 CPI 混频数据

根据图 4—3，无论是第一种综合搜索指数还是第二种综合搜索指数，均无法直接观察搜索指数与 CPI 指数之间的关系，因此需要通过模型探究搜索指数与 CPI 指数之间的关系。

为了综合两类关键词指数的信息，对 Index1 和 Index2 计算平

---

① 数据来源：《第 41 届中国互联网络发展统计报告》，年份之间的月份数据，基于匀速增长假设插值补全。

② 数据来源：http://gs.statcounter.com/search-engine-market-share/all/china。

均值的基础上，计算同期增长率得到 Index3g；另外一种综合的方法为，直接对 Index1g 和 Index2g 计算平均增长率得到指标 Index4g。以下利用这四种指标来预测分析 CPI 指数。

二 基准预测模型及精度对比标准

基准预测模型是指用于本研究对比 MIDAS 预测模型好坏的预测模型，本研究采用最常用于时间序列数据预测的模型 ARMA（p，q）模型，基准模型的类型参数 p，q 的选择是基于 AIC 及 BIC 指标，判断选择最优模型类型。样本内拟合效果指标采用均方根误差（RMSE）。

$$\text{RMSE} = \left(\frac{\sum_{t=1}^{T} (\widehat{cpl}_t - cpi_t)^2}{T} \right)^{1/2} \quad (14)$$

公式（14）中 $\widehat{cpl}_t$ 为样本内模型预测的 CPI 值。若样本外数据，则对应的指标为预测均方根误差（MFSE）。模型选择对比优劣时，采用 MIDAS 模型相关指标与基准模型对应指标的比值，分别为 rRMSE 及 rMFSE。例如 rMFSE 表示 MIDAS 模型预测均方根误差值与最优 ARMA 模型对应的均方根误差值的比值，当 rRMSE 值小于 1 时，说明 MIDAS 模型对样本内预测效果更好，当 rRMSE 大于 1 时，则表明 MIDAS 模型样本内预测效果较差，其他指标依此类推。

本研究模型测算使用 2016 年 1 月—2017 年 11 月期间的综合搜索指数增长率作为模型样本，用于模型参数估计，2017 年 12 月—2018 年 1 月作为剩余样本，用于评估模型预测效果。

利用 ARMA 模型拟合 CPI 数据，通过 BIC 和 AIC 信息标准选择最优的模型为 ARMA（1，0），模型对应的样本内 RMSE 为 0.4037；样本外预测精度 RFMS 为 0.7209。

三 预测模型筛选及精度

基于前面的分析，本研究使用的模型存在多种参数选择，由于网络搜索行为与物价涨跌之间的关系并没有确定的理论来解释，因此需要对模型中以下几个方面的参数设置进行分析。(1) 高频解释变量综合搜索指数权重函数的选择，有 6 种选择。(2) 模型中被解释变量同比 CPI 指数的滞后期的选择。(3) 高频解释变量综合搜索指数滞后期的选择。(4) 两种不同的调整后综合搜索指数构建的同期增长率指标，有 4 种选择。由于采用周周期数据预测月份 CPI 指数，当月的周数据应该需要考虑在内，因此本研究高频解释变量滞后期选择 4—12 周，低频被解释变量选择滞后 0—4 个月。MIDAS 模型在测算模型参数时，有三种不同的方式：固定窗口（fixedWindow）、滚动窗口（RollingWindow）和回溯（Recursive）。通过分析比较这所有的 3240 种不同的组合结果，筛选出在样本内拟合精度和样本外预测精度均较高的模型，确定最终预测模型。为了分析比较两种不同的关键词选择方式的模型预测结果，两种方式对应的样本内外的预测精度分别用不同的符号标记作图，结果如图 4—4 所示。

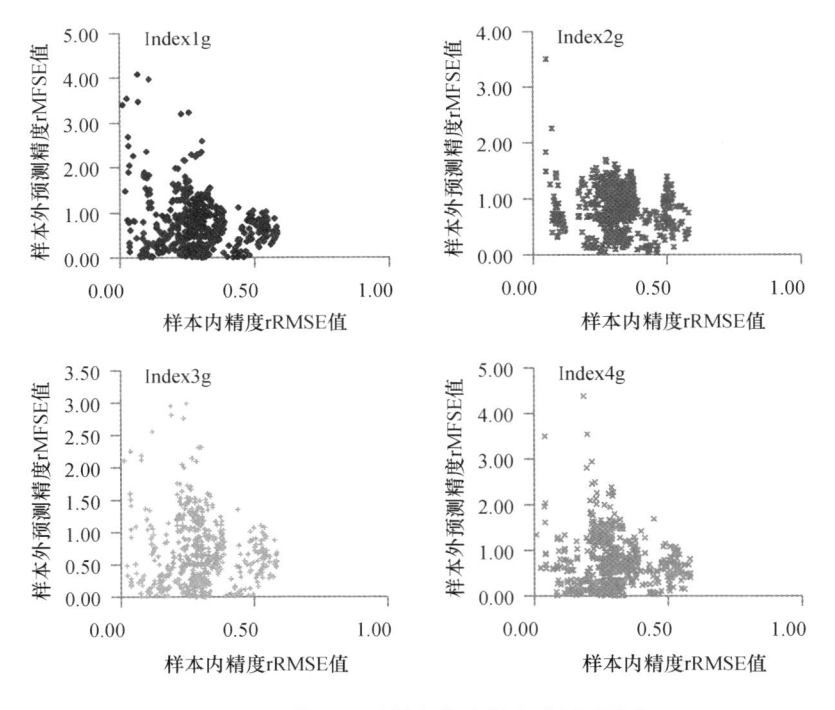

图 4—4　模型预测样本内及样本外预测精度

图 4—4 反映了利用 4 种不同的高频数据结合 MIDAS 模型的预测结果效果图，rRMSE 小于 1，则表示该模型样本内拟合效果优于标准模型；rMFSE 小于 1，则表示该模型样本外预测效果优于标准模型；统计 4 种不同指标下，模型拟合效果和预测精度均优于标准模型的比例。

表 4—3　样本内拟合精度及样本外预测精度优于标准 ARMA 模型的比例

类型	Index1g	Index2g	Index3g	Index4g
比例	84.07%	65.80%	83.58%	80.37%

通过统计表 4—3，可以看到模型的预测精度在样本内拟合精度和样本外的预测精度均优于标准的 ARMA 模型预测结果的模型比例占 65% 以上，其中 Index1g、Index2g 和 Index4g 指标下，这一比例占到了 80%，因此，可以发现通过利用百度搜索指数构建的高频指标在预测 CPI 指标时，具有较大的优势。

为选择出最优的预测模型，要求模型在样本内拟合精度以及样本外预测均较高，限定 rRMSE 值以及 rMFSE 值均小于 0.09，即样本内外预测误差只有标准误差的 9% 以下，最终选择出来最优预测模型如下表所示。

表 4—4　　　　　样本内及样本外预测精度最优模型

模型	关键词类型	综合搜索指数滞后期	CPI 滞后	权重方式	样本内精度	样本外精度
模型（1）	Index1g	10 期	3 期	Step	0.077	0.015
模型（2）	Index3g	10 期	3 期	Step	0.075	0.005
模型（3）	Index4g	10 期	3 期	Step	0.085	0.010
模型（4）	Index1g	10 期	4 期	Step	0.075	0.061
模型（5）	Index3g	10 期	4 期	Step	0.073	0.057
模型（6）	Index4g	10 期	4 期	Step	0.082	0.092

选择出来的最优的 6 个模型中,其中有 4 个是利用综合两种指标的综合指标来做预测。这表明在利用关键词搜索信息时,利用较为全面的关键词信息对预测效果有益。模型的样本内拟合精度指标 rRMSE 值范围为 0.073 至 0.085,即样本内的预测精度是标准 ARMA 模型预测精度的 11.78 倍至 13.69 倍,平均为 12.91 倍。模型样本外预测精度指标 rMFSE 值为 0.010 至 0.092,精度为标准 ARMA 模型的 10.89 倍至 212.52 倍,平均为 70.10 倍。

另外,最优的 6 种模型,高频解释变量的滞后期均为 10 期,而一个月内只有 4 个星期的周期,因此可以看到,在本月之前的 6 个星期的搜索指数也提供了有利于预测本月 CPI 指数的信息,即通过网络搜索指数能够较早的获悉 CPI 指数波动的信息。最优的几种模型中,CPI 指数的滞后期是滞后 3 至 4 期,这表明,CPI 指数的波动,还是在时间维度上有一定的延续性,在 4 期时间长度内,具有较强的前后关联性。

四 模型拟合及预测稳健性分析

以上对预测模型的选择过程,固定拟合时间区间为 2016 年 1 月至 2017 年 11 月,预测区间为 2017 年 12 月至 2018 年 2 月。通过分析模型的拟合精度以及预测精度来筛选拟合和预测 CPI 指数的模型,当拟合和预测的时间区间发生改变的时候,这些筛选出来的模型能否依然具有较好的样本内拟合精度和样本外预测精度决定了模型的"泛化"应用能力。为检验以上模型(1)至模型(6)的"泛化"预测能力。本研究改变样本拟合的时间区间,并将拟合区间外的时间区间作为样本外预测区间,检验模型"泛化"能力。时间区间以及样本内及样本外精度汇总至表 4—5。

通过表 4—5 的结果可以看到,模型(1)—(6)在不同的拟合时间段,拟合精度指标 rRMSE 值均在 0.1 以下,拟合精度为标准 ARMA 模型的 10 倍以上;模型对应的样本外预测精度指标 rMFSE

值夜均在 1 以下，样本外预测精度相对较差对应的拟合时间段为：2016 年 3 月至 2017 年 5 月和 2016 年 5 月至 2017 年 5 月。这主要是因为这两个时间段对应的样本量较小，分别只有 15 个月份和 13 个月份的样本数据，当拟合样本量扩大，样本外预测精度迅速提升至 0.2 甚至 0.1 以下，保持较高的样本外预测精度。

表 4—5　模型样本内拟合精度（rRMSE）及样本外预测精度（rMFSE）

	开始时间	结束时间	模型（1）	模型（2）	模型（3）	模型（4）	模型（5）	模型（6）
样本内拟合精度	2016 年 3 月	2017 年 5 月	0.058	0.055	0.062	0.035	0.033	0.034
	2016 年 3 月	2017 年 8 月	0.083	0.082	0.094	0.079	0.078	0.091
	2016 年 3 月	2017 年 11 月	0.077	0.075	0.085	0.075	0.073	0.082
	2016 年 5 月	2017 年 5 月	0.037	0.036	0.037	0.035	0.033	0.034
	2016 年 5 月	2017 年 8 月	0.087	0.087	0.100	0.079	0.078	0.091
	2016 年 5 月	2017 年 11 月	0.08	0.079	0.087	0.075	0.073	0.082
	2016 年 7 月	2017 年 8 月	0.058	0.055	0.062	0.058	0.055	0.061
	2016 年 7 月	2017 年 11 月	0.083	0.082	0.094	0.074	0.074	0.086
	2016 年 9 月	2017 年 11 月	0.07	0.065	0.072	0.067	0.063	0.07
样本外预测精度	2017 年 6 月	2018 年 3 月	0.287	0.28	0.311	0.367	0.382	0.474
	2017 年 9 月	2018 年 3 月	0.074	0.046	0.047	0.153	0.12	0.125
	2017 年 12 月	2018 年 3 月	0.015	0.005	0.01	0.061	0.057	0.092
	2017 年 6 月	2018 年 3 月	0.425	0.411	0.425	0.367	0.382	0.474
	2017 年 9 月	2018 年 3 月	0.107	0.074	0.061	0.153	0.12	0.125
	2017 年 12 月	2018 年 3 月	0.067	0.055	0.076	0.061	0.057	0.0920
	2017 年 9 月	2018 年 3 月	0.201	0.152	0.119	0.23	0.183	0.18
	2017 年 12 月	2018 年 3 月	0.131	0.081	0.069	0.122	0.082	0.087
	2017 年 12 月	2018 年 3 月	0.182	0.118	0.065	0.151	0.092	0.047

通过对不同时间段应用筛选出来的模型（1）至（6）进行拟合和预测，发现模型应用具有较强的"泛化"能力，能很好地应用于不同时间段对 CPI 指标的拟合和预测分析。

五 模型的"拐点"预测

在宏观经济预测应用过程中,决策者或经济学家关心的不仅仅是模型的预测的精度,更有意义的是判断经济形势的趋势或者结构性变化,即经济指标的"拐点"。利用传统的统计指标来做预测分析,受制于统计数据的特点,基本是利用预测指标,利用计量模型分析指标前后关系或者不同指标之间的结构关系,利用总结出来的规律来进行样本外预测,这样的预测方法在经济规律保持稳定时,模型具有较高的预测精度,但当经济指标发生"拐点"的变化时,由于历史规律不适用,就会导致指标预测失效。我国 CPI 指标变化波动较大,"拐点"[①] 情况较多,本研究使用的全样本时间区间能识别 CPI 发生"拐点"的时间一共有 24 期,其中产生"拐点"的情况一共有 12 期,"拐点"发生率高达 50%。在如此高频率发生"拐点"的情况下,使用月份数据或季度数据来预测 CPI,将难以胜任。图4—5 显示了基于 ARMA 模型预测的 CPI 结果,在可观察"拐点"的时间段,模型拟合和预测区间成功捕捉"拐点"个数为 0,"拐点"预测能力为 0%。ARMA 模型对 CPI 指数的"拐点"预测完全失效。

使用网络搜索数据提供了周周期的高频率数据,利用混频抽样模型可以在保留 CPI 长期惯性趋势的基础上,及时捕捉 CPI 短期变化的有效信息,从而提高了对 CPI"拐点"的预测能力。图4—6 显示了本研究筛选的模型(1)至(6)预测和拟合值与真实 CPI 对比结果。

通过图4—6 的对比,可以看到基于高频的搜索指数与 MIDAS 模型结合的方法预测预测结果与真实 CPI 的走势较为接近,为了衡量各个模型的"拐点"捕捉能力,统计模型(1)至(6)拟合及预测区间真实 CPI 发生"拐点"个数以及模型成功捕捉到的"拐

---

① 本研究中的 CPI"拐点"表示 CPI 值在当期前后变化方向发生变化,例如 t－1 期到 t 期升高(降低),而 t 期到 t＋1 降低(升高),则 t 期为一个"拐点",除此之外均不为"拐点"。

点"个数，统计结果如表 4—6 所示。

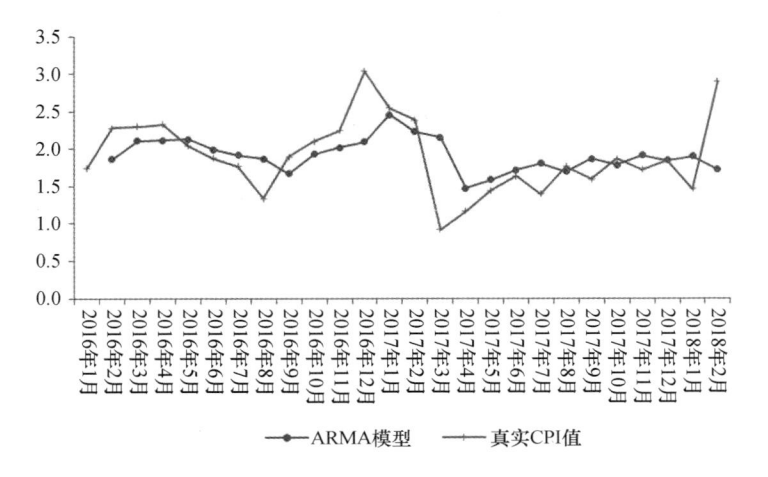

图 4—5 真实 CPI 指数与 ARMA 模型预测 CPI 指数对比

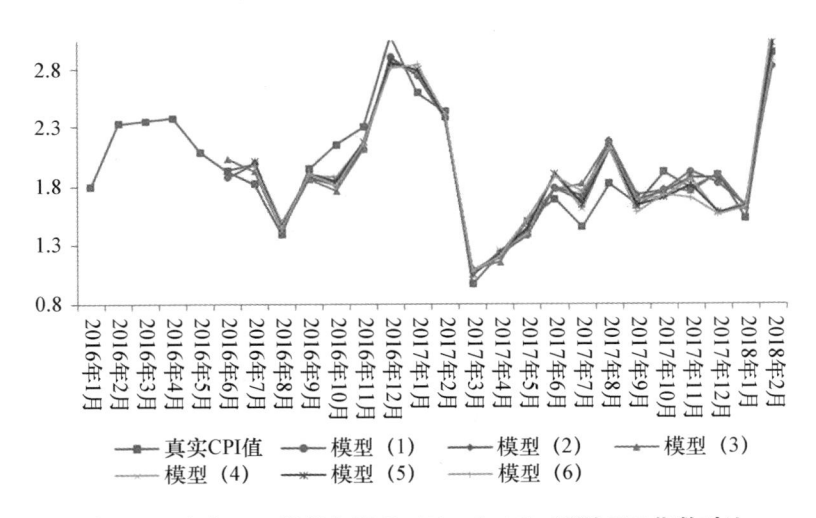

图 4—6 真实 CPI 指数与模型（1）至（6）预测 CPI 指数对比

表 4—6 模型（1）至（6）"拐点"捕捉统计

	模型（1）	模型（2）	模型（3）	模型（4）	模型（5）	模型（6）
真实 CPI 区间拐点个数	11	11	11	11	11	18
正确捕捉拐点个数	8	8	9	7	7	7
正确率（%）	72.73	72.73	81.82	63.64	63.64	63.64

通过对比真实值，利用网络搜索高频数据 MIDAS 模型预测值和标准 ARMA 模型结果。通过观察可以看到，MIDAS 模型下，准确捕捉 CPI"拐点"的成功率为 63.74%—81.82%，而标准 ARMA 模型捕捉"拐点"个数为 0 个。通过对比捕捉 CPI 变化"拐点"可以看到，利用网络搜索高频数据结合 MIDAS 模型捕捉 CPI"拐点"成功率获得极大的提高。这样的预测能力对实际经济预测工作具有重要意义。

第七节 利用网络搜索数据对 CPI 实时预报及短期预测的经验结论和展望

本研究介绍了利用网络搜索高频数据信息和 CPI 月份数据，通过混频数据抽样模型（MIDAS）预测 CPI 的过程。在利用完整网络搜索周周期数据的条件下，通过对比 Beta-MIDAS、BetaNN-MIDAS、ExpAlmon-MIDAS、UMIDAS-MIDAS、Step-MIDAS、Almon-MIDAS 六类不同的模型以及参数的改变一共 3240 个具体模型的样本内拟合精度以及样本外预测精度，进而确定最优的 6 个具体的分析模型。在最优预测模型基础上，进一步验证了筛选出来的模型在不同预测时间段内的拟合及预测精度的稳定性，以及检验了这些模型的"拐点"捕捉能力。综合以上的分析过程，本研究得到了以下相关结论。

第一，利用网络搜索高频数据结合混频数据抽样模型（MIDAS）的预测方法能较大程度上提高 CPI 指数样本内拟合能力以及样本外预测能力。网络搜索量数据提供了以日为周期的高频数据，相比于利用传统统计指标，能提供更多及时有效的信息。通过模型的测算也表明了这一点。不同的 MIDAS 模型类型预测的样本内精度指标 rMESE 基本都小于 1，样本外预测精度指标 rMFSE 绝大多数时也小于 1，表明了网络搜索高频数据结合混频数据抽样模型

（MIDAS）的预测方法相较于传统的预测方法在样本内外预测精度上均有较大的优势。

第二，利用网络搜索高频数据结合混频数据抽样模型（MIDAS）的预测方法能提高捕捉 CPI 指数"拐点"的成功率。预测模型的作用在很大程度上是能够提供经济运行趋势性信息，因此，模型能够准确捕捉经济指标的"拐点"信息很重要。本研究利用基准预测模型 ARMA 对比网络搜索高频数据结合混频数据抽样模型（MIDAS）的预测方法发现传统的 ARMA 模型方法对全样本的 CPI 指数"拐点"捕捉成功率极低，基本在应对拐点预测时完全失效，而在利用高频网络搜索数据信息情况下最优的模型能够将这一成功率提高到 63.74%—81.82%。这一结果表明了本研究使用的网络搜索高频数据信息的有助于提高模型分析 CPI 指数时捕捉"拐点"信息的成功率。

第三，利用网络搜索高频数据的颗粒度优势，结合混频数据抽样模型（MIDAS）的预测方法能够做到对 CPI 指数的短期预报，并保证较高的预测精度。当前，国家统计局公布月份 CPI 数据的时间一般在下个月份的 10 号左右。通过网络搜索高频数据结合 MIDAS 模型方法能在当月的 28 日提供较为满意的预测结果，相较于官方的时间，提前了大约半个月时间。另外，通过实时预测更新的 CPI 数据，也能更早的预测 CPI 的变化趋势，为经济决策提供及时信息。

表4—7　2015年1月—2018年1月中国月度 CPI 数据公布时间

年度 月份	2015 年	2016 年	2017 年	2018 年
一月	2015/2/10	2016/2/18	2017/2/14	2018/2/18
二月	2015/3/10	2016/3/10	2017/3/9	
三月	2015/4/10	2016/4/11	2017/4/12	
四月	2015/5/9	2016/5/10	2017/5/10	

续表

年度 月份	2015 年	2016 年	2017 年	2018 年
五月	2015/6/9	2016/6/9	2017/6/9	
六月	2015/7/9	2016/7/10	2017/7/10	
七月	2015/8/9	2016/8/8	2017/8/9	
八月	2015/9/10	2016/9/9	2017/9/9	
九月	2015/10/14	2016/10/14	2017/10/16	
十月	2015/11/10	2016/11/9	2017/11/9	
十一月	2015/12/9	2016/12/9	2017/12/9	
十二月	2016/1/9	2017/1/10	2018/1/10	

资料来源：国家统计局网站（http://www.stats.gov.cn/）。

总之，本研究通过对 CPI 指数的预测，展示了网络搜索高频数据信息在提高样本内拟合及样本外预测精度上的优势，另外，借助于网络搜索高频数据信息高颗粒度的优势，预测模型能提供更好的"拐点"预测能力，在具有较高预测精度的前提下提供更早的经济指标预测，具有一定的预警效果。

本研究虽然仅利用网络搜索大数据进行了 CPI 的短期预测，但展示了网络搜索大数据在宏观经济预测和预警方面的潜力，未来网络搜索大数据也许会凭借其实时性，高颗粒度等优势突破传统预测模型上的瓶颈性问题，赋予经济预测模型更加强大的能力。

本专题参考文献

Athanasios Orphanides, Simon van Norden, "The Reliability of Inflation Forecasts Based on Output Gap Estimates in Real Time", *Journal of Money, Credit and Banking*, 2005, 37 (3): 583 – 601.

Clements M. P., Galvã£ O. A. B., "Macroeconomic Forecasting With Mixed-Frequency Data", *Journal of Business & Economic Statis-*

tics, 2008, 26 (4): 546-554.

Eric Ghysels, Arthur Sinko, Rossen Valkanov., "MIDAS Regressions: Further Results and New Directions", *Econometric Reviews*, 2007, 26 (1): 53-90.

Forsberg L., Ghysels E., "Why Do Absolute Returns Predict Volatility So Well?", *Social Science Electronic Publishing*, 2007, 5 (1): 31-67.

Ghysels E., Santa-Clara P., Valkanov R., "Predicting Volatility: Getting the Most out of Return Data Sampled at Different Frequencies", *Journal of Econometrics*, 2006, 131 (1-2): 59-95.

Ghysels E., Santa-Clara P., Valkanov R., "The MIDAS Touch: Mixed Data Sampling Regressions", *Cirano Working Papers*, 2004, 5 (1): 512-517.

Guzman G., "Internet Search Behavior as an Economic Forecasting Tool: The Case of Inflation Expectations", *Journal of Economic & Social Measurement*, 2011, 36 (3): 4187-4199.

Kuzin V., Marcellino M., Schumacher C., "MIDAS vs. mixed-frequency VAR: Nowcasting GDP in the euro area", *International Journal of Forecasting*, 2011, 27 (2): 529-542.

Li X., Shang W., Wang S., et al., "A MIDAS modelling framework for Chinese inflation index forecast incorporating Google search data", *Electronic Commerce Research & Applications*, 2015, 14 (2): 112-125.

Yu W., Li X., "Prediction and Analysis of Chinese CPI Based on RBF Neural Network", *International Forum on Information Technology and Applications*, *Ifita Chengdu*, *China*, 2009, 15-17, May. DBLP, 2009: 530-533.

董莉、彭凯越、唐晓彬:《大数据背景下的 CPI 实时预测研究》,《调研世界》2017 年第 8 期。

董倩：《基于网络搜索数据的雾霾经济与CPI相关性研究》，《调研世界》2016年第12期。

方勇、吴剑飞：《中国的通货膨胀：外部冲击抑或货币超发——基于贝叶斯向量自回归样本外预测模型的实证》，《国际金融研究》2009年第4期。

郭永济、丁慧、范从来：《中国通货膨胀动态模型预测的实证研究》，《中国经济问题》2015年第5期。

何启志：《国际因素有助于中国通货膨胀水平预测吗?》，《管理世界》2012年第11期。

黄胜忠、黄天开：《基于优化模糊神经网络的CPI趋向预测》，《计算机工程与应用》2012年第4期。

贾德奎、王双成、卞世博：《基于动态贝叶斯网络的通货膨胀风险预测研究》，《会计与经济研究》2014年第6期。

李宏瑾、钟正生、李晓嘉：《利率期限结构、通货膨胀预测与实际利率》，《世界经济》2010年第10期。

刘汉、刘金全：《中国宏观经济总量的实时预报与短期预测——基于混频数据预测模型的实证研究》，《经济研究》2011年第3期。

刘英、赵震宇：《不同货币政策工具作用下国债收益率曲线对通货膨胀预测能力分析》，《上海经济研究》2011年第10期。

罗忠洲、屈小粲：《我国通货膨胀指数的修正与预测研究》，《金融研究》2013年第9期。

孟雪井、孟祥兰、胡杨洋：《基于文本挖掘和百度指数的投资者情绪指数研究》，《宏观经济研究》2016年第1期。

欧阳志刚、潜力：《国际因素对中国通货膨胀的非线性传导效应》，《经济研究》2015年第6期。

孙毅、吕本富、陈航等：《大数据视角的通胀预期测度与应用研究》，《管理世界》2014年第4期。

田新民、武晓婷：《中国核心通货膨胀的SVAR模型估计与政策应用》,《中国工业经济》2012年第12期。

王君斌、郭新强、蔡建波:《扩张性货币政策下的产出超调、消费抑制和通货膨胀惯性》,《管理世界》2011年第3期。

危慧惠、李昕贺:《商品期货价格指数能有效预测通货膨胀吗——基于NHCI的实证研究》,《宏观经济研究》2013年第10期。

肖曼君、夏荣尧:《中国的通货膨胀预测:基于ARIMA模型的实证分析》,《上海金融》2008年第8期。

徐映梅、高一铭:《基于互联网大数据的CPI舆情指数构建与应用——以百度指数为例》,《数量经济技术经济研究》2017年第1期。

薛晔、蔺琦珠、任耀:《我国通货膨胀风险的预测模型——基于决策树-BP神经网络》,《经济问题》2016年第1期。

姚跃华、牛园园:《基于RBF神经网络的CPI预测》,《计算机应用与软件》2010年第10期。

袁铭:《基于网购搜索量的CPI及时预测模型》,《统计与信息论坛》2015年第4期。

张文齐:《通货膨胀、经济增长与货币供应:回归货币主义?》,《世界经济》2012年第8期。

张崇、吕本富、彭赓等:《网络搜索数据与CPI的相关性研究》,《管理科学学报》2012年第7期。

张涛、刘宽斌:《"大数据"在宏观经济预测分析中的应用》,《财经智库》2018年第3期。

张婷:《CPI的SARIMA模型与X-12季节调整模型对比预测分析》,《经济问题》2014年第12期。

第五专题

基于机器学习的 P2P 平台风险预警效果研究[①]

基于机器学习的 P2P 问题平台识别技术能够实时地产生 P2P 平台的风险预警信号,对于监管应用和投资者规避问题平台都有较强的实践意义。本研究初步构建了一个基于互联网公开信息的 P2P 风险预警模型,发现 2016 年至 2017 年上半年,模型的预测效果最佳,问题平台检出率有 80% 以上。但 2017 年下半年之后,模型的预测效果快速下降,这可能是监管趋严,问题平台风险指标隐蔽化造成的。这并不是说基于机器学习的问题平台识别方法没有意义,反而能为新的监管指标提供构建思路和衡量标准。

第一节 引言

自 2014 年网络借贷平台呈现爆发式增长以来,P2P 平台一直备受争议。P2P 平台有利的一面在于不同于银行,其放贷利率不受限制,能够给予投资人远超银行存款的高额回报,受到投资者的普遍欢迎;而且放贷灵活,能够事实上缓解小微企业和个人消费者"融资难、融资贵"的困境,很好地弥补了传统金融体系在"末端"的缺位。不利的一面,由于监管滞后,P2P 平台进入门槛低,

---

[①] 本专题作者:严武、孔雯、许乐。作者单位:江西财经大学金融学院。

业务不规范，大量动机不纯或缺乏风控能力的从业者进入该行业，导致 P2P 圈子乱象丛生，提现困难、卷款跑路、欺诈现象时有发生，严重扰乱了市场秩序，给普通投资者带来严重损失，产生极为恶劣的社会影响。

P2P 平台在 2014 年之后数量呈现了爆发式增长，根据本研究收集的数据，仅 2014 年一年，新上线的 P2P 平台就有 2000 多家，而 2015 年上半年则新上线了 1500 余家。P2P 平台爆发式增长背后的驱动力是不受限制的贷款利率带来的高额回报，以及获取无监管的融资渠道的便利性。监管缺位之下，P2P 平台爆发式增长必然伴随隐患。2014 年下半年开始，问题平台数量急剧上升，并呈现愈演愈烈之势。2015—2017 年，新平台大量出现、旧平台不断关停，新平台存活率甚至一度不足 30%。P2P 平台种种乱象给投资人带来了严重损失，亟待整治和监管。

2015 年 7 月，十部委联合发布的《关于促进互联网金融健康发展的指导意见》，肯定了 P2P 网贷平台对社会经济的积极作用，也意识到 P2P 平台在信息安全、投资者权益保护、信息披露等机制方面的制度缺失，但由于缺乏实践经验，所提出的意见还未完全制度化，产生的依然是软约束。相反，由于《指导意见》中明确了对互联网金融创新的肯定，被当时的 P2P 行业视为一大利好消息，故并未遏制新平台的持续出现和问题平台的不断暴露。

直至 2017 年 2 月银监会印发《网络借贷资金存管业务指引》之前，P2P 问题平台的累积数量已经有 3400 余家，约占所有平台数量的 60%，尚不包含还未暴露的问题平台，形势非常严峻。《业务指引》开启了对 P2P 网贷平台的严监管时代，之后银监会、人民银行、中国互联网金融协会等多家监管机构，密集发布监管规范，使得 P2P 平台的进入门槛提高、资金安全性提升、业务不断规范。通过掌握的数据，我们可以看出，2017 年 2 月之后 P2P 平台数量快速增长的势头已经消失，而问题平台由于监管趋严而不断暴露。

P2P 平台的监管一直困扰着监管机构，由于 P2P 平台数量多、业务杂，在问题未暴露之前，难以发现和预警，而一旦问题暴露，又常常伴随责任人卷款跑路，导致执法成本较高。如果有一个问题平台预警机制，将大大提高投资人资金安全，提高监管效率，并能够促进 P2P 平台的良性健康发展。

但是 P2P 平台的业务模式、资金管理、风险暴露等因素都会随着市场的发展、监管的变化而不断改变，无法通过一个单一的指标体系来评估平台的风险水平。另一方面，对于各种指标的确立、权重调整也具有滞后性，难以跟上市场的发展。监管机构需要一个能够动态监测 P2P 平台风险水平，且风险指标及其权重能够自动调整的预警系统。基于互联网大数据的信息收集、处理技术近年来发展迅速，为我们建立此类动态监测系统扫清了技术障碍。

本研究基于互联网信息收集、处理技术，初步建立了一个以机器学习为内核的 P2P 平台动态预警体系。采用了不同的机器学习方法，并比较了不同方法之间的学习效率及准确率。机器学习方法在面向具有结构性变化的风险预警问题时有独特的优势——不需要对数据有任何的假设，分析完全基于数据本身，对于数据结构的变化有很好的适应性，对于时变的风险结构不需要重新建模。只要收集的信息足够充分，其结果的准确性较高。

本研究所提出的 P2P 平台预警体系，具有较强的实践意义，能够为监管机构提供迅速，且预测准确率较高的预警信号，也能够为普通投资者规避问题平台，保障投资安全提供有益的借鉴。

第二节　文献综述

国内外的 P2P 平台生态环境有着极大的差异。因为金融投资环境较为成熟，且监管机构介入较早，国外的 P2P 市场规模远远小于国内。国外的 P2P 平台，以美国为例，是受证券交易委员会（Securities and Exchange Commission，SCE）的监管，发展较为集中，风险并不高，所以关注 P2P 平台风险的研究者较少。国外 P2P 方面的研究往往集中于贷款的利率或者贷款成功率的影响因素，比如 Duarte J.，Siegel S.，Young L.（2012）研究了借款人的外貌对借款成功率的影响，发现长得老实（trustworthy）的人更有可能获得贷款，且违约概率较低。除此之外，利用 P2P 平台的借贷数据，研究投资者行为模式或者信息效应的文献也有很多，比如 Freedman S.，Jin G. Z.（2017）发现借款人所提供的社会关系信息能够提升获得贷款的概率，但是这些借款人却总是延期偿付或者违约，他们发现出现这种现象是因为贷款人（P2P 平台投资者）被迷惑，未能充分了解社会关系与贷款质量之间的关系，说明社会关系信息在作为贷款参考时应谨慎。还有相当一部分文献是华人研究者利用国内数据所做的研究。比如 Lin X.，Li X.，Zheng Z.（2017）就使用国内的 P2P 平台"有利网"的借贷数据，研究了借款者违约行为的影响因素，提出了一个评估借款人违约风险的模型。我们发现，国外 P2P 平台的研究很少涉及平台风险评估领域。

中国的 P2P 网贷行业的情况和国外完全不同，其规模、业务种类均远远超过国外 P2P 平台。加之行业早期监管缺位和野蛮生长，国内的 P2P 网贷行业的复杂性、重要性，以及风险的严重程度均与国外缺乏可比性。我国的研究者在关注借款人风险之外，更多地会从监管需求出发，从更高层次研究 P2P 网贷平台本身的风险。叶青、李增泉、徐伟航（2016）从平台实力、标的特征、风控能力、治理水平等方面构建模型，对问题平台进行识别。发现借款利率奇高是识别问题平台的最重要特征，而风控水平低、实力薄弱、标的类型单一也是识别问题平台的重要指标。王修华、孟路、欧阳辉（2016）基于多元 Logit 模型，选取 222 家 P2P 网络借贷平台，分析了问题平台不同于正常平台的特征，发现未披露管理层信息、年化收益率高、没有第三方存管是问题平台的主要特征。此外，吴庆田、罗璨、陈宜瑄（2018）也同样基于多元 Logit 模型研究平台特征对于平台经营稳定性的影响，发现资金托管、投资期限、高管的管理经验、是否加入监管协会、是否有经营许可证、是否允许自动投标、是否允许债权转让等因素对于平台的经营也有不同程度的影响。而在监管措施方面，俞林、康灿华、王龙（2015）通过建立包括平台、借款人、贷款人、监管者四方的博弈模型，提出了 P2P 网贷行业的监管措施，包括统一信用评级体系，提倡理性投资理念、引入保险制度、鼓励监管创新、建立适宜的利率定价机制和完善市场准入、运行、退出机制等。

尽管国内的研究者已经开始从监管需求角度出发，寻找能够识别问题平台的指标，但是所用的方法不能满足动态监管的需求。一旦市场结构变化，或者影响因素发生改变，模型的准确性就会发生较大的改变。重新建立模型对于监管的连续性和可控性提出了严峻的挑战。这种方法能够用于理论研究，若真正应用在监管实践中，还是存在较大缺陷。

本研究所提出的基于机器学习的问题平台识别技术，则可以很好地规避上述模型的缺陷。机器学习技术不需要对数据有任何假设，随着训练集样本的增加、指标的扩充，模型的准确率能够不断提升，而且可以很好地适应市场环境的改变，所需要的就是不断细化训练集的指标库。机器学习技术使得监管预警体系的构建有了实现的可能性。

第三节　P2P 预警系统设计及机器学习技术简介

一　P2P 预警系统设计

图 5—1 是本研究所提出的 P2P 平台动态预警系统，由于 P2P 行业开展业务主要基于移动互联网，因而我们在对 P2P 平台进行侦测时，主要还是借助于大数据技术，数据来源广泛而多样，通过实时监测并解析结构化和半结构化甚至非结构化数据，我们可以及时而高效地筛选出关注平台和非关注平台。P2P 平台动态预警系统的构建为监管部门的监管、刑侦部门的有效侦查以及投资者利益的保

护保驾护航。

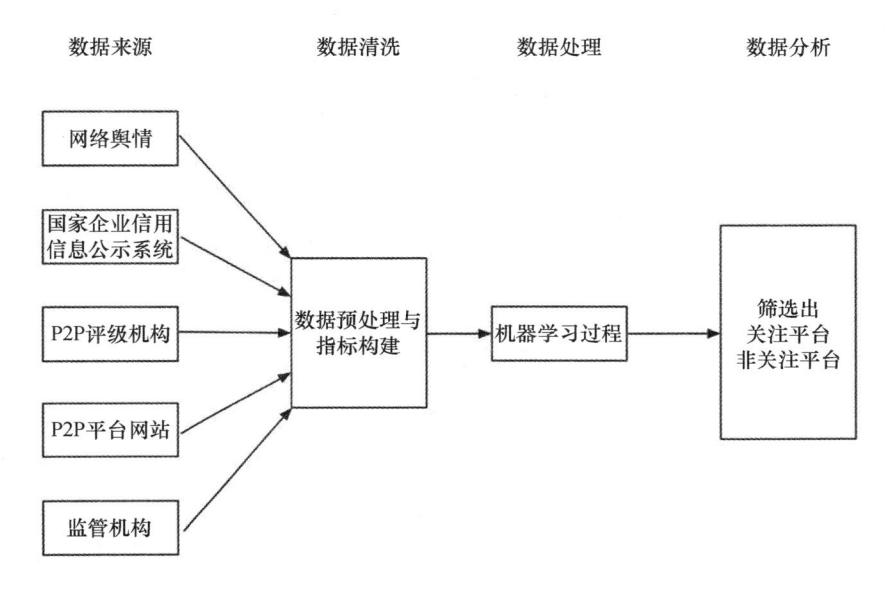

图 5—1　P2P 动态预警系统

```
数据来源            数据清洗         数据处理        数据分析

[网络舆情]
[国家企业信用
 信息公示系统]
[P2P评级机构] →  [数据预处理与  →  [机器学习过程] →  [筛选出
                  指标构建]                            关注平台
[P2P平台网站]                                         非关注平台]
[监管机构]
```

本研究所提出的 P2P 动态预警系统主要是以机器学习这种新型的数据挖掘技术为内核的,因而主要还是针对这种技术探讨将其运用于 P2P 动态预警的可行性,从而为 P2P 动态预警系统的开发提供一些必要的参考。

二　机器学习技术简介

P2P 平台预警的问题,可以转化为:根据训练集中所有平台(包含正常平台、问题平台)已有的信息(包含平台资质、保障手段、投资者评分以及其他可能的指标),形成对正常平台、问题平台的最优划分准则。使用这个划分准则,将测试集中的样本划分为"关注平台""非关注平台"的过程。这实际上可以视为一个有监督的机器学习分类问题。

为了对预测结果进行对比和一致性检验,本研究选取 3 种机器学习方法,即决策树、随机森林、BP 神经网络方法。

（一）决策树算法

决策树算法，其原理是将所有的指标分别按照训练集中的目标分类进行划分，寻找最优匹配的根节点（第一层指标）。根据"根节点"，训练集被分为两类，分别再次寻找最优匹配的二级节点（第二层指标），以此类推，直到将数据划分完毕。测试集的数据样本进入已经确定的决策树，根据样本的各个指标取值，依次走完决策树，到达所预测的最终分类。决策树方法的优点在于原理简单，计算速度快，可以生成符合人们常识，易于理解的分类路径；缺点在于决策树自身的不稳定性，树的形态对于样本选择可能有较强的敏感性，根据不同的抽样样本，可能会产生不同的决策树形态。当然，决策树的预测结果还是能够保持相对稳定的。

（二）随机森林算法

随机森林算法是决策树算法的扩展，通过多次在训练集中随机抽样，选取一部分训练集样本分别建立多个决策树，在面对测试集样本时，合并多个决策树的预测结果，得出测试集的最终预测。随机森林方法的优点在于能够避免决策树形态的不稳定性，易于查看每一种指标的相对重要程度；但是缺点在于计算速度较慢，没有一个明确的、易于理解的分类路径。

（三）BP神经网络算法

BP神经网络算法的原理则更为复杂，其全称为 Error back propagation，即误差逆传播算法。通过模拟大脑中神经元的信息传导规则，多个输入信息输入一个"神经元"，通过某一个加权的算式计算出一个0—1之间的值，如果这个值达到阈限值，则激活该神经元，输出信号，成为下一层神经元的输入信息，再次进行运算，直至最终层，得到预测输入。神经网络可以是单层的，也可以是多层的，每一层的节点也可以是多个。初始的权重是随机给定的，通过与正确结果的对比不断调整权重，使得结果的误差最小，也就是所谓的"逆传播"算法。BP神经网络方法的优点在于对噪声信息有较强的容忍能力，缺点在于训练时间长，预测结果可能达不到全局最优，且决策过程难以产生直觉的可理解性，在训练样本较小时，结果不可信。

机器学习的原理均较为复杂，难以在本研究详述，所幸数据处理过程在本研究的研究中只需要视为"黑箱子"，我们只需要设定合理的参数，使得机器学习的结果达到最佳即可。本研究的数据处理流程如图5—2所示。

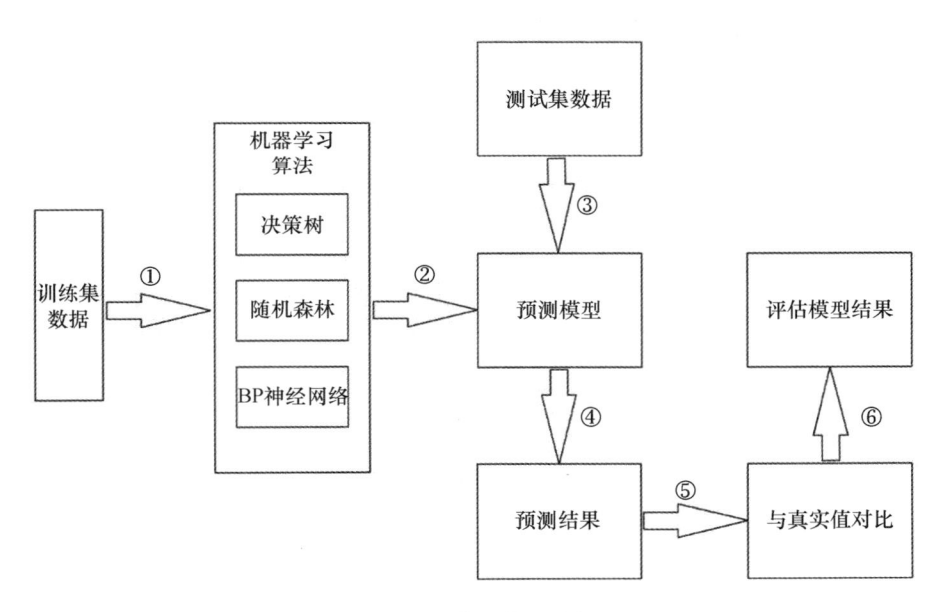

图5—2 数据处理流程

第四节 数据说明

一 数据来源与描述性统计

（一）数据来源

本研究所用数据来源于网贷之家、网贷天眼和多赚网，利用爬虫技术，爬取所有可得的P2P平台数据。数据截止时间为2018年6月30日，共爬取到6084家平台的数据。

(二) 数据描述性统计

数据集包括平台名称、上线时间、问题时间（问题种类包括：停业、转型、提现困难、跑路、经侦介入）、运营天数（根据上线时间和问题时间测算）、平台规模（指注册资金）、平台背景（民营系、国企系、上市公司系、风投系，信息缺失者按照保守原则视为民营系）、关注度（即为关注人数）、资金是否在银行存管、平台是否获得外部融资（风投融资、股东增资）、是否有 ICP 备案、网络诚意项（在百度 V 认证、使用安全 http 通道、开发手机 APP 三者的虚拟变量之和）、有无保障措施（保障措施分为：平台自有资金、平台风险准备金、融资性担保、非融资性担保、保险等）、保障措施数量、是否有风险准备金（信息缺失则视为无风险准备金）、是否有第三方担保（信息缺失则视为无第三方担保）、投资项目类型（车贷、房贷、个人信用贷、中小企业贷、票据抵押、其他，超过 5 种认为其投资项目范围不限）、是否曾发生经营异常（缺失值视为未发生异常）、保障措施信息是否披露、是否有变更记录、负面信息是否披露、投资者印象分（投资者对于平台的评分，有总评、提现、资金闲置时间、服务、体验 5 个方面，为 5 分制，取得分平均值）。

从表 5—1 中可以看出，正常平台相较于问题平台而言，保障得更充足，信息披露水平更高，规模更大，存续期更长，投资者印象更佳，在合规性上也表现得更好。

表 5—1 正常平台与问题平台描述性统计

变量	正常平台					问题平台				
	观测数	最大值	最小值	平均值	中位数	观测数	最大值	最小值	平均值	中位数
运营天数（天）	1826	4031	144	1165.7	1179	4258	2796	0	425.5	336
平台规模（万元）	1826	2521984	100	9094	5000	4258	500000	3	4291	2000
平台背景	1826	1	0	0.7974	1	4258	1	0	0.9805	1
关注度（人数）	1826	45223	0	699.83	94	4258	2715	0	21.38	1

续表

变量	正常平台					问题平台				
	观测数	最大值	最小值	平均值	中位数	观测数	最大值	最小值	平均值	中位数
银行存管	1826	1	0	0.4326	0	4258	1	0	0.0117	0
外部支持	1826	1	0	0.1002	0	4258	1	0	0.0075	0
ICP 号	1826	1	0	0.2798	0	4258	1	0	0.0892	0
网络诚意项（个）	1826	3	0	0.5953	0	4258	3	0	0.5404	0
保障模式	1826	1	0	0.8806	1	4258	1	0	0.4984	0
保障种类（个）	1826	6	0	1.323	1	4258	7	0	0.7363	0
风险准备金	1826	1	0	0.3215	0	4258	1	0	0.2222	0
第三方担保	1826	1	0	0.3297	0	4258	1	0	0.1639	0
项目类型（个）	1826	4	0	1.757	2	4258	4	0	1.004	0
经营异常	1826	1	0	0.1731	0	4258	1	0	0.4479	0
保障信息	1826	1	0	0.9036	1	4258	1	0	0.8504	1
变更记录（次）	1826	207	0	20.4	14	4258	129	0	5	9.744
负面信息	1826	1	0	0.9042	1	4258	1	0	0.8504	1
投资者印象（分）	1826	5	0.8	3.532	3.6	4258	4.700	0	2.496	2.600

二 数据处理

关注人数（由于数据呈现极端分化，按照关注人数排名，前100位设为高公众关注度、101—1000位为中等公众关注度、余下为低公众关注度），平台规模（按照注册资金分类，高于1亿元为大平台，1千万—1亿为中等平台、低于1千万为小平台，未披露注册资金数量的平台一律视为小平台），是否有变更记录（分为3类：超过5次为多次变更、5次以下、无变更，缺失值视为未变更），投资者印象分（4分以上为好，2.5—4分为中，2.5分以下为差），凡发生停业、转型、提现困难、跑路、经侦介入的平台，视为问题平台，计算所有平台的经营时间，依然正常经营的平台，经营时间为上线时间至2018年6月30日的天数，问题平台的经营时间为上线时间至出现问题的时间。

为了模拟动态监管，以及评估模型随时间变化的学习效果，本研究动态产生训练集和测试集，一个月产生一次。而且为了适应平台风险特征相对于时间会发生变化的现象，防止过于久远的问题平台特征对当前的训练准确性产生影响，本研究只选取两年以内发生问题的平台，与当时仍正常经营的平台共同构成训练集。比如2015年1月1日的训练集是该时点之前上线且当时正常经营的平台，以及问题发生时间在2013—2015年的问题平台。而测试集是该时点仍在正常经营的平台，测试结果为在2015年1月1日之后的180天之内，该平台是否转变为问题平台，如果180天之内仍为正常平台（即使之后成为问题平台），则视为正常平台，否则作为问题平台。2015年2月1日则重新产生一次训练集和测试集，以此类推。需要说明的是，由于数据截止时间为2018年6月30日，2018年1月1日之后的测试集不能满足180天的"问题暴露期"要求，预测准确性的评估效果可能会受到影响。

此外，本研究根据训练集产生的时点，计算了实时的平台持续运营时间，如果为正常平台，则持续运营时间为上线时间至产生训练集的时间，如果为问题平台，则为上线时间至转化为问题平台的时间。本研究还设置了一个虚拟变量，即平台是否在当时为"老平台"，如果实时计算的持续运行时间超过1000天，则视为"老平台"。这样设置的原因在于一个能够较长时间持续经营的平台，本身就能代表该平台的风险特质。当然，并未排除老平台也会转化为问题平台的可能性，但是这项指标可能会降低模型判断为问题平台的概率。

本研究动态训练集数据的一个瑕疵，在于少数指标的"时间戳"信息无法获取，比如平台是否披露负面信息、是否获得过外部增资等指标。只有平台发生了变更、披露了负面信息或者得到增资之后，才能产生这些指标。此外，另外投资者印象评分也是动态变化的，我们无法获取此类信息的具体时间，而简单的剔除该类指标又会影响模型的预测能力。由于没有很好的解决办法，本研究假设各个平台一上线就产生了此类指标。幸运的是，每一个训练集中，此类指标发生改变的平台占比非常低，不会对模型的预测结果产生显著的影响。需要特别说明的是，这类问题只在回测评估时产生，在实际的监管应用中是不存在的。因为在实际应用中，这类信息是每期更新的，而监管者只需要关注在当期预测会发生问题的平台。

图 5—3 展示了从 2007 年开始的国内第一家网贷平台"拍拍贷"出现之后，累积上线的 P2P 平台数量和问题平台数量。由于本研究的训练集数据是动态变化的，且变量指标数量较多，无法进行动态的描述性统计。为了呈现我国 P2P 平台的生存情况，按照 P2P 行业的发展阶段，本研究大致划分出 5 个时期，并统计了各个时期新上线平台的生存情况。结果如表 5—2 所示。

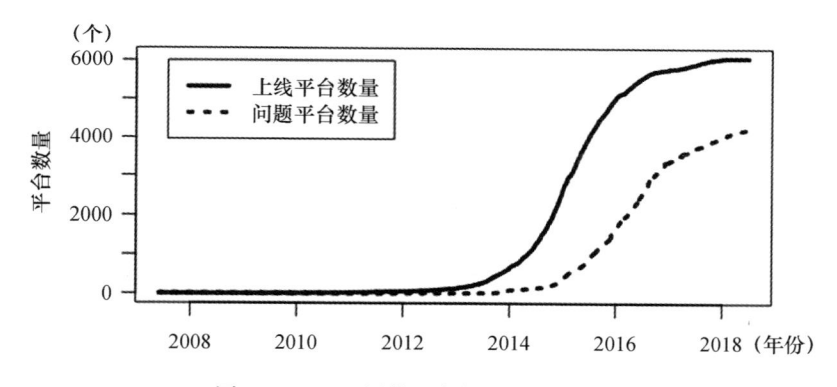

图 5—3 P2P 网贷平台数量随时间变化

注：根据网贷之家、网贷天眼、多赚收录的平台信息整理计算。

表 5—2   P2P 平台存续情况概览

时间段	2007.6—2011.12	2012.1—2013.12	2014.1—2015.7	2015.8—2017.3	2017.4 至今
阶段	萌芽期	成长期	野蛮成长期	规范成长期	整顿期
上线平台数量（家）	60	587	3550	1617	272
大平台占比（%）	18.30	12.09	13.30	19.23	12.50
小平台占比（%）	53.3	56.22	44.03	25.85	11.76
存续 1000 天以上比率（%）	80.00	46.68	32.34	—	—

续表

时间段	2007.6—2011.12	2012.1—2013.12	2014.1—2015.7	2015.8—2017.3	2017.4至今
总存续率（截至 2018 年 6 月 30 日）(%)	33.30	26.91	27.21	32.84	53.68*
问题平台平均存续时间（天）	1404.75	718.66	443.48	260.43	153.44
存续期在 365 天以下者占比（%）	15.00	19.42	33.83	50.03	55.75**

注：标"—"者，该时间段由于上线时间距今不足 1000 天者数量较多，使结果无意义。标"*"者，该时间段新上线平台运营时间较短，可能有问题平台尚未暴露。标"**"者，是按照上线时间超过一年的计算。

从表 5—3 可以看出，在 P2P 平台的不同发展阶段，新上线 P2P 平台的类型是不同的，大平台比例增长保持稳定，小平台增长比例下降，中等规模平台占比不断上升。而平台能够持续经营（超过 1000 天）的比例不断下降，存续期较短（低于一年）的比例不断上升。问题平台平均存续时间也一直下降，显示出 P2P 行业在进入整顿期之前，的确是有着严重的问题，已经到了不得不进行整顿的地步。

第五节　模型效果评估

在本研究的数据中，2013 年之前上线的平台数量较少，不满足机器学习的样本量要求，且 2013 年之前 P2P 平台的发展还处于萌芽阶段，问题平台数量较少，故而本研究的机器学习开始时点设置为 2013 年 1 月 1 日，结束时点设置为 2018 年 6 月 1 日，共计 66 个训练集及对应的测试集。机器学习方法中，参数的设置是一项经验性的工作，本研究选取多个时间节点，测试不同参数下三种方法的预测效果，最终选定恰当的参数进行模型评估。模型学习结果的评估主要参考三个指标，一是检出率，二是准确率，三是成本。设 A

为预测为非关注平台，实际 180 天内未发生问题的平台数量；B 为预测为关注平台，实际 180 天内未发生问题的平台数量；C 为预测为非关注平台，实际 180 天内发生问题的平台数量；D 为预测为关注平台，实际 180 天内发生问题的平台数量。

$$检出率 = D/(C+D) \quad (1)$$
$$准确率 = (A+D)/(A+B+C+D) \quad (2)$$
$$成本 = (B+D)/(A+B+C+D) \quad (3)$$

检出率是指 180 天内发生问题的平台被模型预测出的比率；准确率是指模型预测正确的比率；成本则是指模型预测为关注平台的数量占总测试集的比率，假设对所有平台进行监管，所付出的监管资源为 1，那么成本是指对模型所预测的"关注级"平台进行监管的比例，换句话说，可以节约（1 - 成本）的监管资源。其中最为重要的指标是检出率，结合另外两个指标，就可以对模型的预测效果有一个直观的认识。

三种机器学习方法对测试集中的每一个样本产生的结果是介于 0—1 之间的一个值，表示模型预测该平台是潜在问题平台的概率。测试集的预测结果是一个极度左偏的分布，也就是说对于大多数平台，模型预测认为其为潜在问题平台的概率都是较低的（大多低于 0.2），这是符合经验常识的，毕竟某一时点正常平台转化为问题平台的比例总是较低的。经过多次取样对比真实结果，本研究发现将关注阈值设为 0.3 时（即模型预测结果大于 0.3 的测试样本视为潜在的问题平台，需要监管关注），模型的预测结果能够保证在较高的准确率基础上，得到最佳的问题平台检出率。如果阈值太低，会有大量正常平台被误识别为"关注平台"，而太高的话，则问题平台的检出效果较差。

需要说明的是，检出率并不是越高越好，实际评估模型的预测效果，需要综合考虑这三个指标。一般来说，降低关注阈值，会将更多的平台划分为"关注平台"，这样能够提高模型的检出率，但是会使得更多的正常平台被模型误认为是"关注平台"，使得模型的准确率下降，监管成本上升。所以考虑模型的实际评估效果时，不能单纯只看问题平台检出率。

本研究计算了三种机器学习方法 66 个训练集的预测效果，并设置了一个合并算法，即三种算法中任意一种将某个平台列为关注平台，则视为关注平台。共计 4 种预测方法，其预测结果如图 5—4 所示。

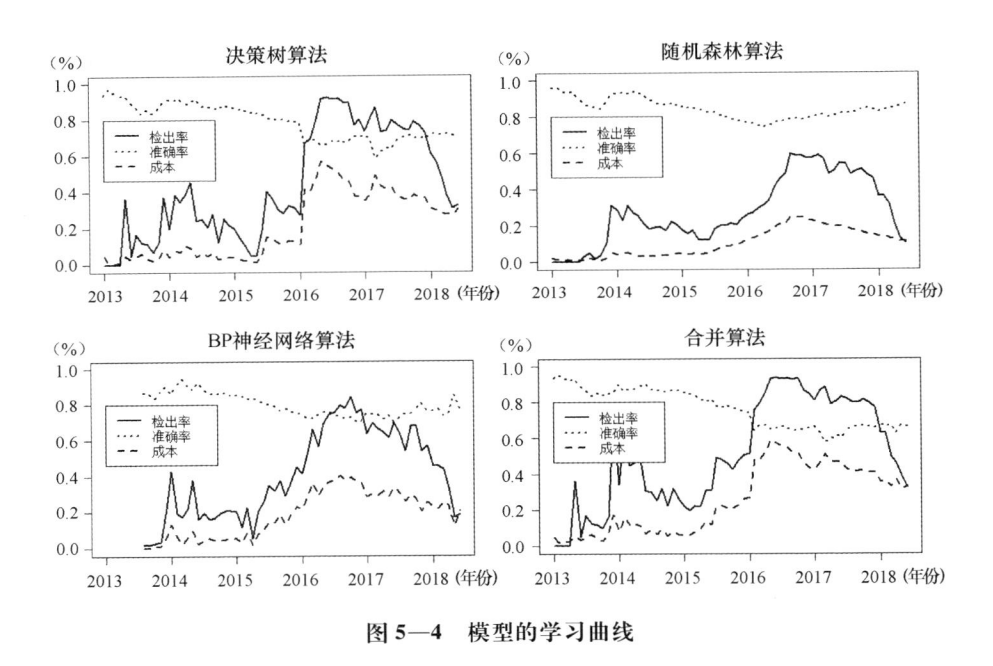

图 5—4　模型的学习曲线

就准确率来说，三种方法相差不大，均在 80% 左右波动。决策树算法原理较为简单，检出率最高，但这不是说决策树算法就是最优的，因为其对应的成本也比较高，相当于扩大关注范围来提高问题平台的检出率。随机森林算法最为保守，检出率最低，但是成本也是最低的。BP 神经网络算法对于数据量的要求较高，在 2013 年开始的一段时间内，由于问题平台样本不足，所有测试集都被归类为"非关注平台"，结果没有意义，所以起始一段时间内 BP 神经网络的预测结果是缺失的。总体来看，BP 神经网络算法检出率和成本介于决策树和随机森林算法之间。将三种方法的预测结果合并之后，准确性有所下降，但是检出率在决策树算法基础上得到一定程度的提升，显示出三种方法预测结果存在一定的差异。

三种算法各有利弊，但是显示出了相同的趋势。2013—2015年，三种算法的检出率均较低，模型的学习效果较差，这是因为训练集中问题平台的样本数量不足造成的。回顾图5—3中问题平台的出现趋势，可以发现，问题平台从2015年才开始大量出现，2016年之后才累积出满足一定检出率要求的训练集样本量，此后模型的训练效果较好。2016年至2017年上半年，模型的准确率较高，检出率也较高，合并算法能达到80%以上的检出率。尽管成本也随之上升，但大多不超过50%，也就是说可以节约至少一半的监管资源，而检测出80%以上的问题平台，总体达成了比较理想的效果。

2017年下半年开始，模型的检出率开始迅速下降，模型开始失效。发生这种现象的原因在于训练集中的指标均为"表层指标"，代表了平台的特征，却无法代表平台的业务和风险特征。2017年之后，监管机构密集出台新的P2P平台监管要求和业务规范，平台的竞争和发展进入新的阶段，一些目的在于"圈钱"和投机的问题平台无法生存，逐步暴露。剩余的平台在表层指标的范畴内基本都是达标的，这一阶段平台出现问题的原因不包含在本研究已有的指标库中，比如贷款坏账率高、平台风险控制能力弱、风险承受力低，又或者是达不到监管所提出的硬性要求。如果需要提升模型的预测力，需要引入更为细致和涉及具体贷款质量、贷款去向、监管合规性等指标，但是此类信息往往不公开披露。

尽管如此，这也不意味着机器学习技术不能在动态监管领域发挥作用，相反，这为监管指标的构建提供了新的思路和衡量标准。如果既有的指标所涵盖的信息不足以识别正常平台和问题平台，必然需要能够反映问题所在的新指标，新指标带来的信息能够提升模型的预测力，则说明新指标的构建是成功的，反之就没有意义。此外，监管机构所拥有的信息远远超过公开可得信息，并可以要求P2P平台提供有必要的新信息，这必然能使基于机器学习的动态预警系统的预测能力大幅度提升。

第六节　结束语

本研究通过爬虫技术搜集6084家P2P平台的数据，对数据进行清洗和处理，采用数据挖掘中的决策树、随机森林、BP神经网络三种方法，构建P2P动态监管模型。通过模型的构建，本研究提出以下三点建议。

第一，加强P2P网贷的信披质量。随着移动互联网的发展与大数据技术的兴起，现有的技术已能够处理海量数据，并能够满足我们实时地对P2P平台进行监管的需求。P2P网贷历经数年的发展，已经摆脱了野蛮发展阶段，正逐步迈向成熟阶段。目前P2P网贷的信息披露并不能够满足监管者和投资者的需求，P2P网贷公司主要通过网贷之家、网贷天眼、互联网金融协会信用信息共享平台等披露相关信息，由于这些公示平台往往采取自愿披露原则，越愿意自主披露信息、公布信息更多的反而是一些优质平台，再加上网贷之家、网贷天眼、平台官网在平台出现问题后相关的数据就下架，而截至2018年6月30日互联网金融协会信用信息共享平台接入的平台数为118家，而P2P网贷平台则有1842家，占比不足6%，这些因素都造成了我们进行实证研究的困难。随着P2P网贷的暴雷事件频起，P2P网贷的信息披露质量不仅关乎P2P行业的良性健康发展，也关乎经济社会的繁荣与稳定。

第二，转变监管机构的监管方向。2013—2017年上半年随着时间推移，问题平台样本增加，三种机器学习算法的预测效果均得到了显著提升。但在2017年下半年之后，模型的预测准确率快速下降。本研究推测，出现这种现象的原因是2017年之后，更严格的监管规则使得问题平台的风险特征发生改变，变得更为隐蔽。现有的指标库不能涵盖问题平台的新特征。这并不意味着基于机器学习的问题平台识别技术就失去实际应用价值，相反，它提供了构建新的指标库的思路和衡量标准。同时，模型预测力下降的现象，说明现有的公开信息已经不足以为 P2P 平台监管者和投资人提供足够的参考，也就是说监管机构应转变监管方向，从资质监管向业务监管转变。随着一系列法律法规和行业规章制度的密集出台，P2P 领域的正常平台和问题平台在合规性的表现上已相差不大，无法单纯的通过某一平台是否满足法律法规的要求来判断是否存在问题，这给我们构建有效的动态监管模型带来了挑战。为了进行强有力的监管，减少社会公众的损失和降低监管成本，监管机构亟待转变监管方向。

第三，提高投资人的风险意识。P2P 行业的投资者将富余的资金通过 P2P 平台借给资金需求者，通过 P2P 平台，不同的借款人和贷款人调剂资金余缺，通过这种机制，投资者获得了远高于银行定存的回报。不可否认，资本是逐利的，哪里有利润的存在，哪里就会有资本的增值扩张，在金融的世界里，投资与回报并存，风险也与收益同在。投资者在把钱投入 P2P 平台时，应该有相应的风险意识，尽管一些平台承诺逾期垫付、风险准备金、担保机构担保等，让投资人以为能够轻轻松松薅羊毛，但是一旦平台出现大规模逾期，投资者还是会出现钱财两空的局面。

本专题参考文献

Duarte J., Siegel S., Young L.,"Trust and Credit：The Role of Appearance in Peer-to-peer Lending", *Review of Financial Studies*, 2012, 25（8）：2455 – 2483.

Freedman S., Jin G. Z.,"The information value of online social networks：Lessons from peer-to-peer lending", *International Journal of Industrial Organization*, 2017, 51：185 – 222.

Lin X., Li X., Zheng Z.,"Evaluating borrower's default risk in peer-to-peer lending: evidence from a lending platform in China", *Applied Economics*, 2017, 49 (35): 1 - 8.

叶青、李增泉、徐伟航:《P2P 网络借贷平台的风险识别研究》,《会计研究》2016 年第 6 期。

王修华、孟路、欧阳辉:《P2P 网络借贷问题平台特征分析及投资者识别——来自 222 家平台的证据》,《财贸经济》2016 年第 12 期。

俞林、康灿华、王龙:《互联网金融监管博弈研究:以 P2P 网贷模式为例》,《南开经济研究》2015 年第 5 期。

吴庆田、罗璨、陈宜瑄:《P2P 网贷平台特征与平台运营的稳健性——基于中国 1706 家 P2P 网贷平台的证据》,《金融理论与实践》2018 年第 4 期。

第六专题

房地产建造周期、住房价格与经济波动[①]

房地产开发建设通常需要较长周期。这一特征事实如何影响住房价格？其与宏观经济波动有何关联？政府如何兼顾控房价和稳增长的政策目标？通过建立包含两类异质性家庭和多生产部门的动态随机一般均衡（DSGE）模型，并引入房地产建造周期，以研究住房建造周期的长短如何改变各类外部冲击对房地产市场以及宏观经济波动的影响。研究发现：（1）建造周期延长会放大需求侧冲击造成的房价波动，却缓解了供给侧冲击造成的影响；（2）我国家庭消费受财富效应影响巨大，导致家庭消费与房价波动密切相关；（3）政府若想兼顾经济增长和稳定房价的政策目标，可以鼓励房地产企业创新，提高住房建造部门的投资回报率，同时适当放松各项审批流程，使房地产企业加快投资，及时增加住房供给。

第一节 问题提出

随着我国经济不断发展，城镇化程度日益提高，居民购房意愿不断增强，住房价格也随之大幅度地上涨。房价高企使得大多数家庭不得不贷款购房，因此积累了大量债务，导致居民承担风险能力

[①] 本专题作者：方志强。作者单位：江西财经大学经济学院。

下降，社会系统性风险增加。此外，房地产市场还存在虹吸效应，大量的投资、投机性资金涌入房地产市场使得房价不断攀升，房地产泡沫加剧、居民财富差距不断拉大、社会不稳定因素急剧增加。这些问题引起了各界的广泛关注和担忧。为了抑制房价的过快上涨，政府经常出台限购（贷）、提高购房首付比率以及提高房贷基准利率等限制住房需求的紧缩政策，但往往收效甚微。由于房地产部门与宏观经济紧密相连，单方面抑制房地产需求会使得经济下行压力加大，政府无法独善其身，很多时候需要通过房地产部门来刺激实体经济增长。更重要的是，由于监管当局审批流程繁琐，导致很多房地产企业不仅拿地困难且周期较长；即便拿地以后，在预计未来房价不断上涨的情况下，也会尽量延缓建造时间甚至捂盘惜售。这就使得新增住房供给远远跟不上需求，从而进一步推高房价，造成政策失效。在房价不断上涨而实体经济不断下滑的双重压力下，政府仅从需求侧入手的政策往往顾此失彼，使得稳增长和控房价的政策目标难以兼顾，因此需要寻找新的突破口。大量事实表明房地产开发周期漫长，包括立项、规划、土地出让、建造、销售到竣工交付等一系列流程，从而延缓了新增住房供给面对冲击时的反应时效。本研究试图从建造周期影响住房供给反应灵敏度的视角来讨论外部冲击如何影响房地产市场以及房地产市场与宏观经济波动的关联，为政策制定提供一个新的思路。

　　国外学者对房价波动的原因以及其与宏观经济波动的关系进行了大量研究。Iacoviello（2005）通过研究发现需求侧的冲击使得住房价格与消费品价格同向移动，而住房作为抵押品其价值会在经济周期中放大冲击对宏观经济波动的影响。Morris 和 Heathcote（2007）把房价分解成土地价格和房屋价格（建造成本），并发现房价波动主要来自土地价格波动。Iacoviello 和 Neri（2010）通过研究发现房地产行业技术进步的缓慢与美国过去四十年房价的高速增长密切相关，且房地产部门对实体经济的外溢效应十分显著。Saiz（2010）利用美国卫星数据发现城市地形能够影响住房供给弹性，而住房供给则与住房价格之间内生性相互影响。Monnet 和 Wolf（2017）利用 20 个 OECD 国家的数据发现 20—49 岁这部分人口的迁移是影响房地产周期的一个重要因素，原因在于他们是购房的主力军。Bahadir 和 Mykhaylova（2014）考虑住房建造周期对房地产市场的影响，并发现需求冲击是影响房地产波动的重要因素。

针对中国房地产市场的研究中，Zhang 等（2013）发现限制土地使用，特别是维持耕地红线的政策会推高房价。Huang（2014）得出地方政府为了完成经济增长目标实施的政策也会推高当地房价。Dong（2016）考察了土地供应对我国城市住房市场的影响，总结出地理和人为土地限制会造成房价快速增长。Zhang 等（2016）发现收入不平等是推动房价收入比上涨和住房空置率上升的重要因素。He 等（2017）通过研究发现来自房地产市场的冲击会对宏观经济波动造成显著影响，同时信贷约束与住房价格相互作用的反馈机制也可以用来解释相当一部分经济波动。而针对中国房价波动与经济波动的国内文献中，况伟大（2008）讨论了对于东部发达城市，可以通过降低预期和抑制投机来稳定房价，而对于中西部城市则应该同时降低预期和房地产开发成本。王勇（2018）发现宏观审慎政策能够显著提高住房偏好等冲击下住房市场的财富效应，从而降低经济硬着陆的风险。梅冬州等（2018）从土地财政的角度分析了我国房价高涨的成因，得出降低地方政府土地收入占当期支出，能降低地价与房价波动带来的经济波动的结论。赵昕东和王勇（2016）研究了住房价格波动对我国居民消费率的影响，发现适当调低住房最低首付比，能够有效提高我国居民消费率。我国其他学者（侯成琪和龚六堂，2012；王频和侯成琪，2017；黄志刚和许伟，2017）也分别从通货膨胀，家庭预期，社会福利等多种角度来分析房价波动和经济波动。

本研究在 Iacoviello（2005）模型的基础上，结合 Bahadir 和 Mykhaylova（2014）的房地产建造周期建模思想，构建了一个多部门动态随机一般均衡（DSGE）模型来讨论中国房地产市场产生波动的原因以及房地产市场与宏观经济波动的动态关联效应。尽管如此，本研究与上述两篇文献还是存在许多不同之处。与 Iacoviello（2005）的不同主要体现在：（1）本研究加入了房地产建造部门以讨论新增住房供给，而 Iacoviello（2005）则是假定固定的住房供给，因此所有的房地产波动都来自需求侧；（2）本研究采用贝叶斯的方法对模型参数进行了估计，而 Iacoviello（2005）则是采用脉冲响应最大似然法。与 Bahadir 和 Mykhaylova（2014）的不同主要体现在：（1）本研究将家庭分为耐心与非耐心从而建立信贷市场，而 Bahadir 和 Mykhaylova（2014）只考虑了一种家庭特征；（2）本研究同时考虑了住房的效用和抵押品价值，而 Bahadir 和 Mykhaylova（2014）只考虑了效用价值。本研究的学术贡献主要体现在以下几点：首先，本研究在模型中引入因房地产建造周期而产生的供给侧摩擦，以讨论房地产市场与实体经济在面对不同冲击时传导机制如何改变；其次，本研究通过设立房地产建造部门并引入技术冲击，为造成房地产市场波动和宏观经济波动提供了一个新的冲击源；最后，本研究建议当局适当缓解房地产建造周期带来的供给侧摩擦，并激励房地产企业及时增加住房供给，为政府兼顾稳增长和控房价政策目标的实现提供了一个新的思路。

第二节　购房需求、土地供给与建房周期

改革开放，特别是 1998 年住房改革以来，我国大量人口从农村涌向城市。城市机会更多，社会福利更好，教育和医疗等配套设施更是远远优于农村。在此背景下，居民在城市购房定居的意愿十分强烈。数据上显示，城镇人口从 2000 年的 4.8 亿[①]增长到 2016 年的 7.9 亿。大量的新增住房需求推高了房价，实际房价[②]（以

[①]　如无特殊说明，本研究选取的数据均来自中国国家统计局网站和中经网。
[②]　用名义房价与通货膨胀指数得到实际房价。

2001年为基准）增长迅速，从2000年的2146元每平方米到2016年的5149元每平方米。如图6—1和图6—2所示（两图的纵坐标左刻度分别表示实际房价增长率和实际房价波动，而右刻度分别表示城镇人口增长率和城镇人口数量波动，横坐标表示年份），我国的城镇人口在不断上升，实际房价也在稳步上涨（除2008—2009年全球金融危机时期外），房价与城镇人口的增长呈现正相关性。波动也不例外，城镇人口的波动与房价的波动，除房改初期之外，高度相关。

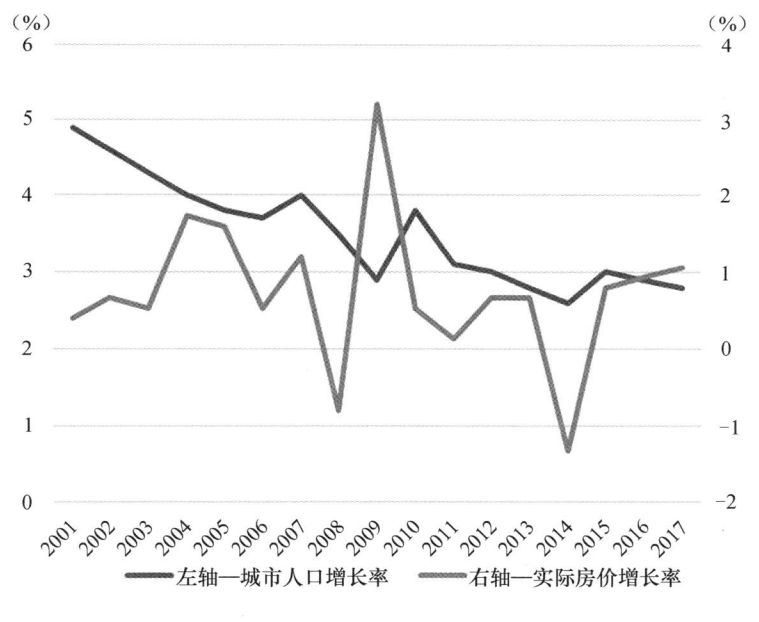

图6—1 城镇人口增长率与实际房价增长率

一方面，我国的城镇人口不断增加，需求不断加大，如果政府制定严格的房地产管控政策，可能会影响家庭需求，影响经济产出，降低社会福利。另一方面，土地财政是我国地方政府主要的财政收入，一旦房价下滑，地方政府的财政收入也会跟着大幅度降低，致使债务攀升，风险增加。两方面原因结合起来导致了我国政府近十年来出台的调控房地产政策效果不佳（相关政策见

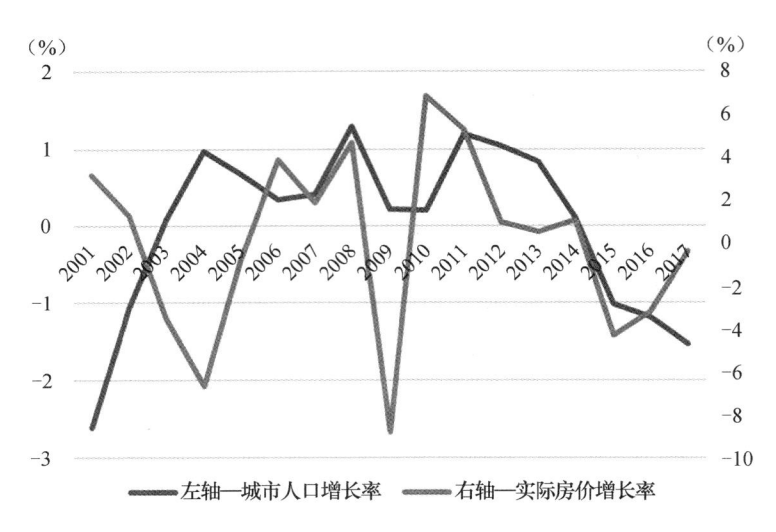

图 6—2　城镇人口与实际房价波动（hp 滤波）

表 6—1）。在需求管理政策和常规的土地供给政策难以稳定房价的情况下，本研究另辟蹊径，通过研究住房建造周期这个特征事实对房价与经济波动的影响，寻求制定兼顾稳定房价与经济增长的政策。

表 6—1　2009—2016 年中国政府出台调控住房的重要政策

时间	政策	主要内容
2009 年	"国四条"	适当增加中低价位、中小套型普通商品住房和公共租赁房用地供应，提高土地供应和使用效率
2010 年	"国十一条"	增加住房建设用地有效供应，提高土地供应和开发利用效率。各地要根据房地产市场运行情况，把握好土地供应的总量、结构和时序
2013 年	"国五条"	增加普通商品住房及用地供应。2013 年住房用地供应总量原则上不低于过去五年平均实际供应量
2016 年	《土地资源"十三五"规划纲要》	房地产较热的一、二线城市，将增加土地供应

大量事实表明房地产企业开发住房项目需要漫长的周期，从土地获取，开工建设，开盘销售到竣工交付投入使用过程中的每一步都需要不等的时间消耗。以拿地作为房地产开发的开端，过去很多企业在拿地后不会马上投入房屋建造，而是囤地待机而动。直到《土地法》出台相关规定要求企业拿地后 2 年内必须开工，否则无偿收回土地。[①] 这样一来，企业一般会在拿地 1 年左右开始建设。但开工后并不意味着能马上拿到预售，最快也要等半年左右才能批下预售许可。开盘后虽然可以完成住房交易，但离竣工住房投入使用还有一段等待时间。可以说整个房地产开发的周期是十分漫长的。从模型设计上看，本研究把整个房地产开发过程看成是供给住房的建造周期。从这一特征事实来看，住房供给的变化是不灵敏，且滞后的；这与住房需求的特点截然相反。针对这一特征事实构建模型讨论房地产市场遇到外部冲击时的反馈是十分必要的。

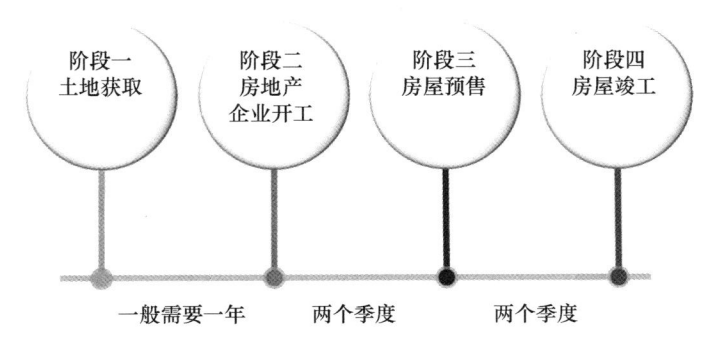

图 6—3　房地产项目开发一般流程

从政府的角度看，为了控制房价过快上涨，当局往往出台限购，提高房贷首付比率和提高房贷利率等针对房地产需求的紧缩政策，但政策效果往往不佳。效果不佳的原因可能就在于没有把供给侧的住房建造周期考虑进去。因为在住房偏好波动较大的同时，房

---

① 参见 http://www.tudinet.com/read/1567.html。

地产企业却面临复杂的审批手续，且漫长的房屋建造过程，使得住房供给在短期无法灵敏变动，这就可能加剧了外部冲击对房地产市场的影响。不仅如此，在房地产企业预料到未来的房价不断上涨的情况下，甚至会主动捂盘惜售，进一步压缩住房供给，推高房价。因此政府制定政策时，在需求侧面临两难的情况下，不如从供给侧入手，激励房地产企业快速积极地应对需求的变化，从而发挥市场在资源配置中的优势。接下来，本研究将通过建立涵盖多部门的DSGE模型以讨论在考虑住房建造周期的情况下外部冲击如何影响房价波动以及政府如何兼顾控房价与稳增长的政策目标。

第三节　模型设立

在新凯恩斯模型框架基础上，本研究构建的模型包括耐心和非耐心两种家庭，生产消费品和建造住房的企业（合并在一起），零售商和政府部门。其中耐心家庭的贴现因子最大，并向非耐心家庭和企业提供贷款。消费品生产企业利用非住房部门资本，住房，以及来自两种家庭异质性劳动等要素生产批发性产品。房地产企业则利用住房部门资本，家庭劳动等要素建造住房。零售企业通过购买批发品以生产最终消费品，并作为引入价格粘性的工具。耐心家庭和非耐性家庭向企业提供劳动来获得报酬并消费零售产品和投资住房。政府部门，主要是货币管理当局则根据经济状况制定货币政策。由于房地产部门以及住房建造周期是本研究的创新点，因此我们首先讨论模型中的生产部门。

一　生产部门

企业使用两种技术生产消费品和住房，通过雇佣劳动和资本，购买中间产品，以生产消费品和新住宅，企业最大化其总消费：

$$\max E_0 \sum_{t=0}^{\infty} \gamma^t C_{c,t}$$

其中，E_0 表示期望算子，γ 是企业的贴现因子，$C_{c,t}$ 表示企业消费，企业受到的约束条件为：

$$\frac{Y_{c,t}}{X_t} + b_{c,t} + q_t IH_t = C_{c,t} + \frac{R_{t-1} b_{c,t-1}}{\pi_t} + W_{c,t}^a L_{c,t}^a + W_{c,t}^b L_{c,t}^b + W_{h,t}^a L_{h,t}^a +$$

$$W_{h,t}^b L_{h,t}^b + q_t IH_{c,t} + IK_{c,t} + IK_{h,t} + \zeta_{k,t} + \zeta_{e,t} \quad (1)$$

其中，$Y_{c,t}$ 表示消费品产量，X_t 表示价格加成，$b_{c,t}$ 表示企业贷款额，q_t 表示实际房价，IH_t 表示新增住房，R_t 表示名义贷款利率，π_t 表示通货膨胀率，$W_{c,t}^a$ 和 $W_{h,t}^a$ 分别表示耐心家庭在消费品部门和房地产部门的实际工资，$W_{c,t}^b$ 和 $W_{h,t}^b$ 分别表示非耐心家庭在消费品部门和房地产部门的实际工资，$L_{c,t}^a$ 和 $L_{h,t}^a$ 分别表示耐心家庭在消费品部门的劳动供给和房地产部门的劳动供给，$L_{c,t}^b$ 和 $L_{h,t}^b$ 分别表示非耐心家庭在消费品部门的劳动供给和房地产部门的劳动供给，$IH_{c,t}$ 表示消费品企业投入的住房，$IK_{c,t}$ 和 $IK_{h,t}$ 分别表示中间品投资和住房投资，并且总投资 $I_t = IK_{c,t} + IK_{h,t}$，$\zeta_{k,t}$ 和 $\zeta_{e,t}$ 分别表示资本调整成本和住房调整成本。其消费品和住房的生产函数为：

$$Y_{c,t} = A_{c,t} (K_{c,t-1})^\mu (H_{c,t-1})^\nu (L_{c,t}^a)^{\alpha(1-\mu-\nu)} (L_{c,t}^b)^{(1-\alpha)(1-\mu-\nu)} \quad (2)$$

公司雇佣劳动力和投入资本，购买中间产品来生产新房子。

$$S_t = A_{h,t} (K_{h,t-1})^{\mu'} (L_{h,t}^a)^{\alpha(1-\mu')} (L_{h,t}^b)^{(1-\alpha)(1-\mu')} \quad (3)$$

其中 $A_{c,t}$ 和 $A_{h,t}$ 分别是消费品部门技术参数和住房品部门技术参数，$K_{c,t}$ 和 $K_{h,t}$ 分别表示消费品部门资本积累和住房部门资本积累，生产部门总资本积累 $K_t = K_{c,t} + K_{h,t}$，$H_{c,t}$ 是生产消费品所需要的住房。因为本研究选取的模型包括两类异质性家庭部门和消费品部门和住房部门两类生产部门，因此总产出 $Y_t = Y_{c,t} + q_t IH_t$。企业受限于借款约束：

$$b_{c,t} \leqslant m_{c,t} E_t q_t + H_{c,t} \frac{\pi_{t+1}}{R_t} \quad (4)$$

在稳态情况下新增投资等于资本折旧，新增住房等于住房折旧：

$$I_t = K_t - (1-\delta) K_{t-1} \quad (5)$$

$$IH_t = H_t - (1-\delta_h)H_{t-1} \qquad (6)$$

其中 $m_{c,t}$ 表示企业的最低抵押贷款率，δ 和 δ_h 分别表示资本折旧率和住房折旧率。

本研究采用 Matteo Iacoviello（2005）提出的消费品投资调整成本和住房投资调整成本的方程：

$$\zeta_{k,t} = \frac{\Psi_K}{2\delta}\left(\frac{I_t}{K_{t-1}} - \delta\right)^2 K_{t-1} \qquad (7)$$

$$\zeta_{e,t} = \frac{\Psi_H}{2\delta}\left(\frac{H_{c,t} - H_{c,t-1}}{H_{c,t-1}}\right)^2 H_{c,t-1} \qquad (8)$$

从供给侧来看，住房建造的实际情况是建筑公司在住房项目建成之前，需要经过一段较长的建造周期。除此之外，当房地产企业预计到住房价格上升的话也会放缓建设过程。因此，我们认为，由于住房建造滞后，t 期规划开工的住房直到 t+k 期才可以出售或投入使用。根据中国二十大房地产企业从土地获取到房屋竣工的时长数据①，其耗时都在一至两年之内，因此，本研究选取的 k 值分别为四期、六期、八期，如下式所示：

$$IH_t = S_{t-k} \qquad (9)$$

二 耐心家庭

耐心家庭（右上标用 a 表示）按以下函数最大化效用：

$$\max E_0 \sum_{t=0}^{\infty} (\beta^a)^t \left(\ln C_t^a + j_t \ln H_t^a - \frac{(L_{c,t}^a)^{\eta_c}}{\eta_c} - \frac{(L_{h,t}^a)^{\eta_h}}{\eta_h}\right)$$

其中，β^a 表示耐心家庭的贴现因子，C_t^a 表示耐心家庭消费品需求，H_t^a 表示耐心家庭住房需求，η_c 和 η_h 分别表示消费品部门劳动负效用和房地产部门的劳动负效用。j_t 表示效用函数中住房的权重。

耐心家庭面临的预算约束为：

---

① 数据来源：中国二十大房地产厂商官网。

$$C_t^a + q_t IH_t^a + \frac{R_{t-1}b_{t-1}^a}{\pi_t} = b_t^a + W_{c,t}^a L_{c,t}^a + W_{h,t}^a L_{h,t}^a + \prod_t + T_t^a \quad (10)$$

其中，b_t^a 表示耐心家庭的实际贷款额，$\prod_t$ 表示来自零售商的利润，T_t^a 表示来自政府的净转移支付，耐心家庭在预算约束下最大化自己的效用。

三 缺乏耐心家庭

缺乏耐心家庭（右上标 b 表示）比耐心家庭的贴现因子更小，所以缺乏耐心家庭会消费掉所有的物资资本，仅保留住房作为抵押品来借贷，除此之外，耐心家庭与缺乏耐心家庭是完全一致的。缺乏耐心家庭按以下函数最大化效用：

$$\max E_0 \sum_{t=0}^{\infty} (\beta^b)^t \left(\ln C_t^b + J_t \ln H_t^b - \frac{(L_{c,t}^b{}^{\eta_c})}{\eta_c} - \frac{(L_{h,t}^b{}^{\eta_h})}{\eta_h} \right)$$

其中，β^b 表示缺乏耐心家庭贴现因子，$\beta^b < \beta^a$。

缺乏耐心家庭面临的预算约束和信贷约束分别是：

$$C_t^b + q_t IH_t^b + \frac{R_{t-1}b_{t-1}^b}{\pi_t} = b_t^b + W_{c,t}^b L_{c,t}^b + W_{h,t}^b L_{h,t}^b + \prod_t + T_t^b \quad (11)$$

$$b_t^b \leqslant m_{b,t} E_t q_{t+1} H_t^b \frac{\pi_{t+1}}{R_t} \quad (12)$$

$m_{b,t}$ 为贷款抵押比率，当缺乏耐心家庭因为没有能力等原因拒绝还款时，耐心家庭可以得到缺乏耐心家庭用作抵押的房地产资产 $m_{b,t} E_t q_t H_t^b \frac{\pi_{t+1}}{R_t}$，缺乏耐心家庭在预算约束和信贷约束下最大化自己的效用。

四 零售商

本研究假设了调整名义价格的隐性成本，如 Bernanke 等（1999），零售层面由连续统（0，1）垄断竞争厂商组成。零售商在完全竞争市场上以 P_t^w 的价格购买中间品 $Y_{c,t}$。

$$Y_{c,t}^f = (\int_0^1 Y_{c,t}(z)^{(\varepsilon-1)/\varepsilon} dt)^{\varepsilon/(\varepsilon-1)} \quad (13)$$

价格指数为：

$$P_t^f = (\int_0^1 P_t(z)^{1-\varepsilon} dt)^{1/(1-\varepsilon)} \quad (14)$$

因此每一个零售商都面临着个人需求曲线：

$$Y_{c,t}(z) = \left[\frac{P_t(z)}{p_t}\right]^{-\varepsilon} Y_{c,t}^f \quad (15)$$

零售商选择一个可以在每一个时期内改变价格的概率为（$1-\theta$）。可以重置价格的零售商将价格定为 $P_t^0(z)$，最优价格满足如下方程：

$$\sum_{k=0}^{\infty} \vartheta^k E_t \left\{ \Lambda_{k,t} \left[\frac{P_t^0(z)}{P_{t+k}} - \frac{x}{x_{t+k}}\right] Y_{t+k}^0(z) \right\} = 0 \quad (16)$$

其中 $\Lambda_{k,t} = (\beta^a)^k \frac{c_t^a}{c_{t+k}^a}$，总的价格水平为：

$$P_t = [\theta P_{t-1}^{1-\varepsilon} + (1-\theta)(P_t^0)^{1-\varepsilon}]^{1/(1-\varepsilon)} \quad (17)$$

五 货币政策

本研究采取的货币政策规则①受到上期利率、通货膨胀率和产出的影响。

$$\frac{R_t}{\overline{R}} = \left(\frac{R_{t-1}}{\overline{R}}\right)^{r_k} \left[\left(\frac{\pi_t}{\overline{\pi}}\right)^{r_\pi} \left(\frac{Y_{t-1}}{\overline{Y}}\right)^{r_y}\right]^{1-rR} e_{R,t} \quad (18)$$

其中，$\overline{R}$、$\overline{\pi}$ 和 $\overline{Y}$ 分别代表稳态的名义利率、通货膨胀率和产出，$e_{R,t}$ 表示货币政策冲击。

六 市场出清

企业消费品产出用于耐心家庭消费，非耐心家庭消费，企业

---

① 关于中国采取的货币政策规则争论不断，本研究采取 Iacoviello（2005），侯成琪和龚六堂（2012），王频和侯成琪（2017）选用的价格型泰勒规则，并且未将资产价格、汇率等目标放在货币政策函数中。

消费和总投资，企业生产的住房被家庭购买和企业自己用于生产消费品。非耐心家庭和企业向耐心家庭借贷，因此市场出清的条件有①：

$$Y_{c,t} = C_t^a + C_t^b + C_{c,t} + I_t \quad (19)$$

$$H_t = H_t^a + H_t^b + H_{c,t} \quad (20)$$

$$B_t^a + B_t^b + B_{c,t} = 0 \quad (21)$$

第四节 参数校准与估计

本研究采用两种方式来给模型中的参数赋值，对于可以根据中国经济的相关数据和国内外已有研究分析的参数，采用校准方法。对于缺乏可信度的参数则利用贝叶斯计量方法进行估计。所有参数均在季度频率的数据基础上进行校准和估计。

一 参数校准

本研究密切关注现存的文献，来设置部分参数值（总结为表6—2）。根据 Iacoviello（2005），本研究将耐心家庭贴现因子设定为0.988，非耐心家庭的贴现因子为0.95，企业的贴现因子为0.98，利润率 x 为1.05，消费品部门劳动负效应和住房部门劳动负效应都设定为1.01，资本和住房调整成本都设定为2，将住房对消费品部门的产出弹性设为0.03。参考黄志刚和许伟（2017）将资本折旧率设定为0.025。参考王频和侯成琪（2017）将住房折旧率设为0.008，抵押贷款比例设定为0.7，将企业贷款比例设为0.7。由于我国的房地产厂商住房建筑耗时一般在一到两年，本研究将讨论延期四期、延期六期和延期八期的情况。

---

① 本研究在附录部分列出了模型的一阶条件，稳态方程和对数线性化方程。

表 6—2　　　　　　　　　　　　　参数取值

参数	含义	取值	来源
β^a	耐心家庭的贴现因子	0.988	Mateto Iacoviello（2005）
β^b	缺乏耐心家庭的贴现因子	0.95	Mateto Iacoviello（2005）
γ	厂商的贴现因子	0.98	Mateto Iacoviello（2005）
δ	资本折旧率	0.025	黄志刚和许伟（2017）
δ_h	住房折旧率	0.008	王频和侯成琪（2017）
x	利润率	1.05	Mateto Iacoviello（2005）
η_c	消费品部门劳动负效应	1.01	Mateto Iacoviello（2005）
η_h	住房部门劳动负效应	1.01	Mateto Iacoviello（2005）
Ψ_k	资本调整成本	2	Mateto Iacoviello（2005）
Ψ_h	住房调整成本	2	Mateto Iacoviello（2005）
ν	住房对消费品部门的产出弹性	0.03	Mateto Iacoviello（2005）

二　参数估计

本研究模型选取四类外生冲击，分别为住房偏好冲击、住房部门技术冲击、消费品部门技术冲击和货币政策冲击。在考虑数据可得性及准确性和模型特点的情况下，本研究选取总产量，住房价格，通货膨胀率，利率四种变量的历史数据。国家统计局从 2001 年第一季度调整了通货膨胀率的统计口径，因此本研究选取的数据从 2001 年第一季度开始，到 2017 年第四季度截止。因为国家统计局在 2011 年停止发布 70 个大中城市的房屋销售价格指数，所以本研究用商品住宅销售额和销售面积的数据得到住房价格。本研究利用环比月度居民消费价格指数计算定基通货膨胀率和环比季度的通货膨胀率，然后取自然对数。① 本研究通过定基价格指数将总产量，和住房价格的名义值换算成实际值。取自然对数后进行 hp 滤波得到总产量和住房价格相对于稳态的对数偏离。本研究将银行间同业拆借的 7 天利率换算成季度名义利率，再通过稳态的名义利率求得

---

① 本研究稳态时的通货膨胀率为零。

利率相对于稳态的对数偏离。所有数据均经过了季节性调整。

本研究根据各待估参数的理论意义以及国内外文献设定参数的先验分布，详见表二。其中因为我国传统习俗等原因对住房偏好程度比美国更甚，本研究参考何青等（2015）将家庭住房偏好设定为0.2。

将各冲击的一阶自反应系数均设定为均值0.8，标准差为0.1的贝塔分布，前者反应中国经济政策较高的惯性，后者反应较高的不确定性，这与王频和侯成琪（2017）一致。其他参数与国内外现有研究取值一致。本研究对参数进行贝叶斯估计，由表二可以看出，参数的后验均值均在合理的取值范围之内。并且本研究对住房偏好等冲击对总产出、实际房价、耐心家庭消费和住房库存的贡献进行历史方差分解，其结果也与国内外文献结果较为吻和。[①]

表6—3　　　　　　　待估参数的先验分布和后验分布

参数	含义	先验均值	先验标准差	无延期后验均值	延四期后验均值	延六期后验均值	延八期后验均值
j	家庭住房偏好	0.200	0.050	0.1893	0.1905	0.1903	0.1914
α	耐心家庭比例	0.700	0.100	0.7085	0.7255	0.7366	0.7490
θ	价格粘性指数	0.800	0.100	0.8479	0.8453	0.8449	0.8336
M_c	企业抵押贷款比例	0.700	0.150	0.5087	0.5810	0.6093	0.6019
M_b	家庭抵押贷款比例	0.700	0.150	0.7561	0.7756	0.7846	0.7810
μ	消费品部门的资本份额	0.500	0.200	0.7407	0.6893	0.6596	0.6197
$μ^c$	住房生产部门的资本份额	0.500	0.200	0.7585	0.8180	0.8285	0.8138

[①] 为了检验本研究模型结果的有效性，本研究将几个重要参数取值进行微调（将企业抵押贷款比例和家庭抵押贷款比例都改为0.8等），以及改变两种冲击的持续性和标准差，结果表明脉冲响应图变化不大，仅仅稍微改变了各经济变量波动幅度，因此结果较稳健。

续表

参数	含义	先验均值	先验标准差	无延期后验均值	延四期后验均值	延六期后验均值	延八期后验均值
r_π	通货膨胀的反应系数	1.500	0.100	1.5388	1.5262	1.5205	1.5175
r_Y	产出缺口的反应系数	0.140	0.100	0.0394	0.0377	0.0390	0.0470
r_R	利率的反应系数	0.800	0.050	0.7734	0.7875	0.7906	0.7930
ρ_j	住房偏好冲击的一阶自反应系数	0.800	0.100	0.8897	0.9065	0.9147	0.9185
ρ_c	消费品部门技术冲击的一阶自反应系数	0.800	0.100	0.9003	0.8941	0.8908	0.8872
ρ_h	住房部门技术冲击的一阶自反应系数	0.800	0.100	0.8468	0.8250	0.8245	0.8146
σ_j	住房偏好冲击的标准差	0.020	2.000	0.0105	0.0117	0.0126	0.0138
σ_c	消费品部门技术冲击的标准差	0.020	2.000	0.0088	0.0086	0.0084	0.0085
σ_h	住房部门部门技术冲击的标准差	0.020	2.000	0.0088	0.0092	0.0092	0.0094
σ_r	货币政策冲击的标准差	0.020	2.000	0.0077	0.0081	0.0080	0.0081

第五节 模型分析

一 脉冲响应函数

本研究想通过模型阐述的机制是，住房部门的建造周期会影响住房市场变量的动态运行。图6—4，图6—5，图6—6，图6—7分别给出了总产出，房价，耐心家庭消费，住房库存等变量在住房偏好冲击、住房部门技术冲击、消费品部门技术冲击、货币政策冲击下的脉冲响应函数。我们将结合四、六和八个周期的延期情况与当期（无延期）的情况进行比较。我们发现，在建造周期延长之后，房屋市场变量对各类外部冲击扰动的响应情况取决于冲击的来源特征。

（一）住房偏好冲击

如图 6—4 所示，在住房偏好的正向冲击下，住房需求上升，房价上升，耐心家庭财富增加，由于耐心家庭受到财富效应的影响，导致耐心家庭的消费上升，总产出上升，住房投资上升，新建的住房增加导致住房库存也有一定程度的上涨。在引入住房建造延期后，一方面，房地产企业住房投资存在滞后，无法及时供应新的住房，由此产生的过度需求会导致房价比没有延期的时候上升更多，耐心家庭消费也更多，总产出也更大；另一方面，由于房地产企业无法准确预测住房偏好冲击的持续性，房地产企业主观上也不敢贸然的大幅度提高新增住房供给，由此导致的住房库存长期来看

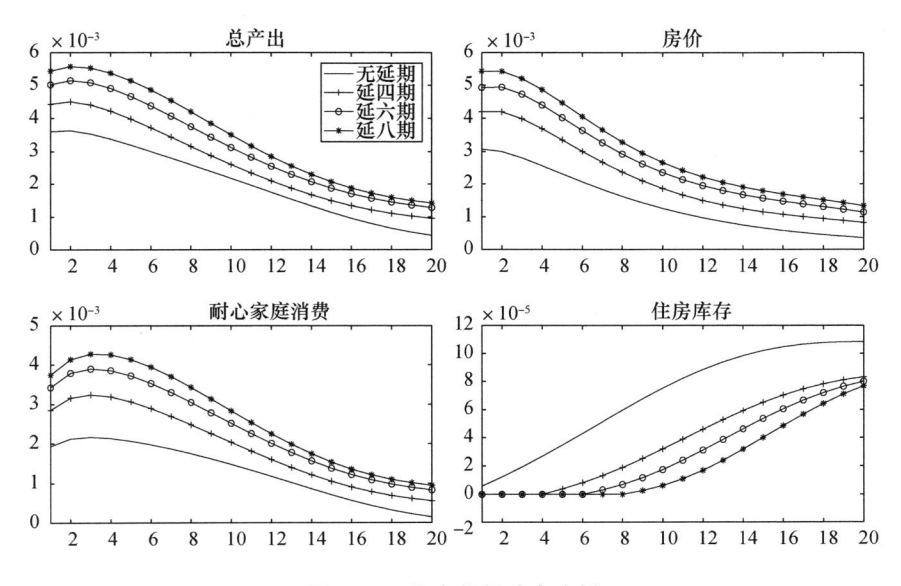

图 6—4　住房偏好冲击分析

注：横坐标单位是季度，纵坐标是各变量偏离稳态的程度。

也相应减少。当建筑延期为六、八个季度时,房地产企业的住房投资滞后更严重,房价上升更多,耐心家庭消费和产出扩张更为明显。

(二) 住房部门技术冲击

可以预见的是,当资本和劳动等生产要素变得更有效率时,总产出增加,房地产企业增加住房投资,导致新建住房增加,房价下降,如图6—5所示。由于财富效应的影响导致耐心家庭消费减少。然而,住房建造周期对房价的影响在模型面临住房部门技术冲击与面临住房偏好冲击时完全不同。我们发现,在引入住房建造延四期的情况下,房价下降程度会比没有延期的时候减弱,这是因为房地产企业的住房投资要在平均四个季度之后才能完成住房建造,新建住房增加减缓,住房库存也相应地更少,从而导致房价下降更少。当建造周期延长为六、八个季度时,房地产企业增加住房投资更缓慢,房价下降程度也更小。

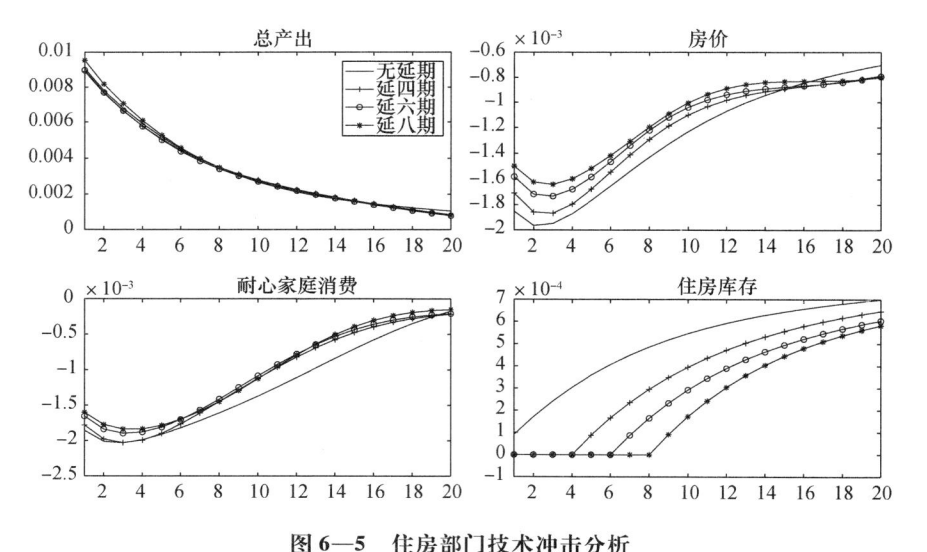

图6—5 住房部门技术冲击分析

注:横坐标单位是季度,纵坐标是各变量偏离稳态的程度。

(三) 消费品部门技术冲击

从图6—6可以看出，在面临正向消费品技术冲击的时候，总产出上升，由于住房投资下降，因此房价上涨。住房需求下降导致住房库存减少，耐心家庭财富上升，由此导致耐心家庭消费增加。在引入四期的住房建造延期之后，与正向的住房技术冲击对房价下降的结果不同的是，消费品部门的技术冲击会激励资本从住房部门向消费品部门流动，导致住房部门流出的资本更少，房价上涨的幅度更小，不仅如此，耐心家庭的消费上升幅度也更小。

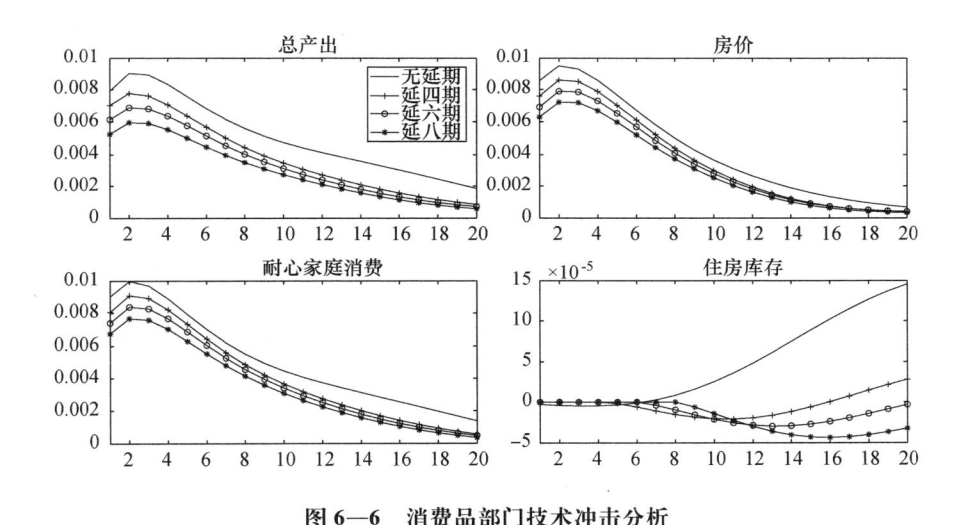

图6—6　消费品部门技术冲击分析

注：横坐标单位是季度，纵坐标是各变量偏离稳态的程度。

(四) 货币政策冲击

从图6—7可以看出，当模型面临负向货币政策冲击的时候，住房投资减少，住房存量下降，住房需求降低导致房价下降，耐心家庭消费下降。而在引入延期之后，住房投资下降过程减慢，住房存量在一段时期后才开始下降，家庭消费与产出下滑程度也减弱。总而言之，住房建造周期延长会在一定程度上放大房价的波动，但减弱住房投资的波动。

图 6—7 货币政策冲击分析

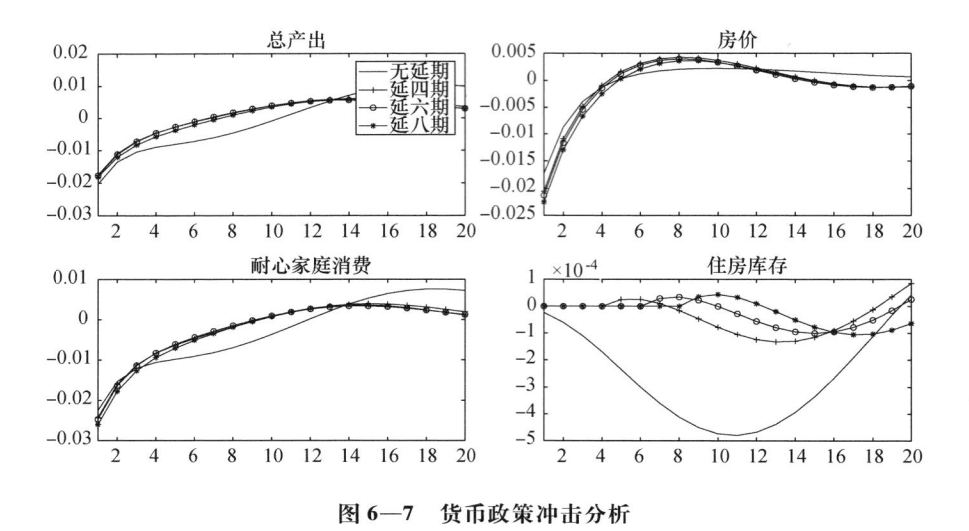

注：横坐标单位是季度，纵坐标是各变量偏离稳态的程度。

由以上脉冲响应图可以看出相对于货币政策冲击，住房建造延期在面对住房偏好冲击、住房部门技术冲击、消费品部门技术冲击时对模型的脉冲响应影响更加强烈。建造延期相当于增加了资本在各部门的调整成本，由此在住房需求旺盛的时候，房地产企业不能及时增加住房供给，导致房价上涨得更多。房地产部门技术进步会使得房地产企业成本降低，利润升高，住房投资加大。而建造周期延长会导致住房供给减缓，新增住房相对更少，以至于房价下降的更少。相对建造延期四期、延期六期和延期八期更放大了房价在面对需求侧冲击时的反应，而缩小了面对供给侧冲击时的反应。

二 方差分解

本研究同时考察并比较了房地产建造无延期，延期四期、六期和八期在对模型经济变量进行 40 期时的方差分解结果。与过往文献相似，货币政策冲击依旧是影响经济波动的最重要因素。但随着延期的增加，货币政策冲击对产出波动的贡献逐渐转弱而对房价波动的影响逐渐增强。住房偏好冲击对产出与房价波动的总体影响虽然不是太大，但随建造周期的延长发生十分显著地变化。在没有延期的时候，住房偏好冲击对产出和房价的贡献分别为 3.65% 和 5.21%，在引入延期四期的时候，住房偏好冲击对总产出和房价的贡献上升到 9.29% 和 9.53%，在延期六期的时候进一步上升到 13.45% 和 13.87%，在延期八期的时候 15.88% 和 16.40%。消费品部门技术冲击对产出与房价波动的贡献起初很强，但随着延期增加逐渐减弱。如房价，在没有延期的时候，消费品部门技术冲击对房价的贡献为 50.09%，在引入延期四期的时候，消费品部门冲击对总产出和房价的贡献下降到 34.13%，在延期六期的时候进一步下降到 28.61%，在延期八期的时候下降到 22.59%。综上说明住房建造周期延长显著地改变了不同冲击对经济波动的贡献度，这对于政策制定者厘清经济波动的来源，特别是通过识别冲击的性质而制定相应政策提供了很好的理论支持与实证检验。

表 6—4　　　　无延期各变量在 40 期的历史方差分解　　　　（%）

	住房偏好冲击	住房部门技术冲击	消费品部门技术冲击	货币政策冲击
总产出	3.65	11.35	20.81	64.18
房价	5.21	3.75	50.09	40.96
耐心家庭消费	1.72	1.49	26.10	70.68
住房库存	1.89	77.80	3.62	16.69

表 6—5　　　　延四期各变量在 40 期的历史方差分解　　　　（%）

	住房偏好冲击	住房部门技术冲击	消费品部门技术冲击	货币政策冲击
总产出	9.29	17.73	21.53	51.45
房价	9.53	2.96	34.13	53.38
耐心家庭消费	5.03	1.75	27.22	66.00
住房库存	1.54	82.33	0.56	15.57

表 6—6　　　　　延六期各变量在 40 期的历史方差分解　　　　　（％）

	住房偏好冲击	住房部门技术冲击	消费品部门技术冲击	货币政策冲击
总产出	13.45	18.16	17.78	50.61
房价	13.87	2.64	28.61	54.88
耐心家庭消费	7.77	1.60	23.91	66.71
住房库存	1.69	83.30	0.20	14.81

表 6—7　　　　　延八期各变量在 40 期的历史方差分解　　　　　（％）

	住房偏好冲击	住房部门技术冲击	消费品部门技术冲击	货币政策冲击
总产出	15.88	19.44	12.96	51.72
房价	16.40	2.35	22.59	58.66
耐心家庭消费	8.88	1.44	18.31	71.37
住房库存	1.71	86.37	0.14	11.79

第六节　结论与政策建议

建造住房存在时间周期是一个普遍被认可但却未充分利用的特征事实。为了更好地理解中国房地产市场和宏观经济的联动关系，我们将这一特征引入到标准的带有房地产部门的 DSGE 模型中。我们通过模型并利用住房建造延期来模拟经济受到住房偏好等 4 种冲击的情形，可以同时观察到房地产波动和经济波动如何受住房建造延期的影响。在引入建造延期之后，房价波动在住房偏好等需求侧冲击会被放大，而在住房技术等供给侧冲击会被缩小。通过对经济变量进行方差分解，结果显示随着延期的增加，货币政策冲击对产出波动的贡献逐渐转弱而对房价波动的影响逐渐增强；住房偏好冲击对产出与房价波动的总体影响不是太大,但随建造周期的延长发生十分显著地变化。因此我们认为,任何刻画房地产市场与实体经济之间关系的模型中,都可能因为忽视住房建造周期而使结果和结论发生偏差。

上述结果给我国最近十几年住房价格高涨提供了新的解释机制。改革开放以来城镇化程度的提高使得我国居民购房意愿上升,从而导致房价上涨,而住房建造延期会放大房价上涨的幅度。政府若想抑制房价过快上涨,就应该从供给侧出发,把住房建造周期考虑进去:在人口净流入,居民购房意愿上升的城市,政府一方面可以通过加快审批流程,稳定房地产企业建筑成本的办法以达到抑制房价过快上涨的目标。另一方面,打击拿地不建或者捂盘惜售的房地产企业,来保持稳定的新增住房供应量。同时还可以设定保障房供给的最低限度,以免造成住房供给量过少。最近我国经济增长压力加大,而房价却不断上涨,系统性风险增加。对于技术创新发达的城市,政府应鼓励房地产企业创新,给予房地产企业相关政策支持,保证住房供给及时、有效,以兼顾稳增长和控房价的政策目标。

本专题附录

一 模型的一阶条件

(一) 生产企业

根据拉格朗日方法求解出一阶条件。企业关于住房 $H_{c,t}$,贷款 $b_{c,t}$,消费品部门投资 $IK_{c,t}$,住房部门投资 $IK_{h,t}$,消费品部门资本积累 $K_{c,t}$,住房部门资本积累 $K_{h,t}$,对耐心家庭消费品和房地产部门的劳动 $L_{c,t}^a$ 和 $L_{h,t}^a$,对非耐心家庭消费品和房地产部门的劳动 $L_{c,t}^b$ 和 $L_{h,t}^b$ 的一阶条件分别是:

$$\frac{1}{c_{c,t}} = E_t\left(\frac{\gamma R_t}{\pi_{t+1} c_{c,t+1}}\right) + \lambda_t R_t \qquad (1)$$

$$\frac{q_t}{c_{c,t}} = E_t\left[\frac{\gamma}{c_{c,t+1}}\left(\frac{vY_{t+1}}{X_{t+1}H_{c,t}} + (1-\delta_h)\right)q_{t+1}\right] + \lambda_t m_{c,t}\pi_{t+1}q_{t+1} \quad (2)$$

$$u_{c,t} = \frac{1}{c_{c,t}}\left[1 + \frac{\Psi}{\delta}\left(\frac{IK_{c,t}}{K_{c,t-1}} - \delta\right)\right] \quad (3)$$

$$u_{c,t} = \frac{1}{c_{c,t}}\left[1 + \frac{\Psi}{\delta}\left(\frac{IK_{h,t}}{K_{h,t-1}} - \delta\right)\right] \quad (4)$$

$$u_{c,t} = \gamma\frac{1}{c_{c,t}}\left\{\begin{array}{l}\frac{\Psi}{\delta}\left(\frac{IK_{c,t+1}}{K_{c,t}} - \delta\right)\frac{IK_{c,t+1}}{K_{c,t}} - \frac{\Psi_k}{2\delta}\left(\frac{IK_{c,t}}{K_{c,t-1}} - \delta\right)^2 + \\ \gamma E_t\left[\frac{\mu Y_{t+1}}{c_{c,t+1}X_{t+1}K_{c,t}} + u_{c,t+1}(1-\delta)\right]\end{array}\right\} \quad (5)$$

$$u_{h,t} = \gamma\frac{1}{c_{c,t}}\left\{\begin{array}{l}\frac{\Psi}{\delta}\left(\frac{IK_{h,t+1}}{K_{h,t}} - \delta\right)\frac{IK_{h,t+1}}{K_{h,t}} - \frac{\Psi_k}{2\delta}\left(\frac{IK_{h,t}}{K_{h,t-1}} - \delta\right)^2 + \\ \gamma E_t\left[\frac{\mu Y_{t+1}}{c_{h,t+1}X_{t+1}K_{h,t}} + u_{h,t+1}(1-\delta)\right]\end{array}\right\} \quad (6)$$

$$W_{c,t}^a = \frac{\alpha(1-\mu-v)Y_{c,t}}{X_t L_{c,t}^a} \quad (7)$$

$$W_{h,t}^a = \frac{\alpha(1-\mu^c)q_t IH_t}{L_{h,t}^a} \quad (8)$$

$$W_{c,t}^b = \frac{(1-\alpha)(1-\mu-v)Y_{c,t}}{X_t L_{c,t}^b} \quad (9)$$

$$W_{h,t}^b = \frac{(1-\alpha)(1-\mu^c)q_t IH_t}{L_{h,t}^b} \quad (10)$$

(二) 耐心家庭

耐心家庭关于住房 H_t^a, 贷款 b_t^a, 消费品和房地产部门的劳动 $L_{c,t}^a$ 和 $L_{h,t}^a$ 的一阶条件分别是

$$\frac{1}{c_t^a} = E_t\left(\frac{\beta^a R_t}{\pi_{t+1}c_{t+1}^a}\right) \quad (11)$$

$$\frac{q_t}{c_t^a} = \frac{j_t}{H_t^a} + (1-\delta_h)E_t\left(\frac{\beta^a q_{t+1}}{c_{t+1}^a}\right) \quad (12)$$

$$W_{c,t}^a = (L_{c,t}^a)^{\eta_L}C_t^a \quad (13)$$

$$W_{h,t}^{a} = (L_{h,t}^{a})^{\eta_{h}} C_{t}^{a} \tag{14}$$

（三）缺乏耐心家庭

缺乏耐心家庭对于住房 H_t^b，消费品和房地产部门的劳动 $L_{c,t}^b$ 和 $L_{h,t}^b$ 的一阶条件分别是：

$$\frac{1}{C_t^b} = E_t \left(\frac{\beta_b R_t}{\pi_{t+1} c_{t+1}^b} \right) + \lambda_{b,t} R_t \tag{15}$$

$$\frac{q_t}{c_t^b} = \frac{j_t}{H_t^b} + E_t \left((1-\delta_h) \frac{\beta^b q_{t+1}}{c_{t+1}^b} + \lambda_{b,t} m_{b,t} \pi_{t+1} q_{t+1} \right) \tag{16}$$

$$W_{c,t}^b = (L_{c,t}^b)^{\eta_c} C_t^b \tag{17}$$

$$W_{h,t}^b = (L_{h,t}^b)^{\eta_h} C_t^b \tag{18}$$

二 稳态值

本研究假设在零通胀稳态条件下，将两种技术参数标准化，并把所有变量都表示成 Yc 的比值。

$$\pi = 1 \tag{1}$$

$$R = \frac{1}{\beta^a} \tag{2}$$

$$\lambda = \frac{(\beta^a - \gamma)}{c_c} \tag{3}$$

$$\lambda_b = \frac{(\beta^a - \beta^b)}{c_b} \tag{4}$$

$$F = \left(1 - \frac{1}{X}\right) Y_c \tag{5}$$

$$K_c = \frac{\gamma \mu}{1 - \gamma(1-\delta)} \frac{1}{X} Y_c = c_1 Y_c \tag{6}$$

$$K_h = \frac{\gamma \mu^c}{1 - \gamma(1-\delta)} qH = s_5 qH \tag{7}$$

$$q = \frac{j}{1 - \beta^a(1-\delta_h)} \frac{c^a}{H^a} = c_3 \frac{c^a}{H^a} \tag{8}$$

$$q = \frac{\gamma \mu}{1 - \gamma(1-\delta_h) - m_c(\beta^a - \gamma)} \frac{1}{X} \frac{Y_c}{H_c} = c_2 \frac{Y_c}{H_c} \tag{9}$$

$$q = \frac{j}{1 - \beta^b(1 - \delta_h) - m_b(\beta^a - \beta^b)} \frac{c^a}{H^b} = c_4 \frac{c_a}{H_b} \quad (10)$$

$$b_c = \beta^a m_c q H_c \quad (11)$$

$$b^b = \beta^a m_b q H^b = \beta^a m_b c_4 C^b \quad (12)$$

$$W_c^b L_c^b = (1 - \alpha)(1 - \mu - v)\frac{1}{x} Y_c = s_2 Y_c \quad (13)$$

$$W_c^a L_c^a + F = (\alpha(1 - \mu - v) + X - 1)\frac{1}{X} Y_c = s_1 Y_c \quad (14)$$

$$W_h^a L_h^a = \alpha(1 - \mu_c)\delta_h q H = s_3 q H \quad (15)$$

$$W_h^b L_h^b = (1 - \alpha)(1 - \mu^c)\delta_h q H = s_4 q H \quad (16)$$

$$C^b = W_c^b L_c^b + W_h^b L_h^b - (1 - \beta^a)m_b c_4 C^b - \delta_h q H^b \quad (17)$$

$$C^b = \frac{s_2 Y_c}{[1 + (1 - \beta^a)m_b c_4 + \delta_h c_4]} + \frac{s_4 q H}{[1 + (1 - \beta^a)m_b c_4 + \delta_h c_4]} =$$
$$c_5 Y_c + c_6 q H \quad (18)$$

$$C^a = \left[\frac{s_1 + (1 - \beta^a)(m_c c_2 + m_b c_4 c_5)}{1 + \delta_h c_3}\right] Y_c + \left[\frac{s_3 + (1 - \beta^a)m_b c_4 c_6}{1 + \delta_h c_3}\right] qH =$$
$$c_7 Y_c + c_8 q H \quad (19)$$

$$\frac{qH}{Y_c} = \frac{c_2 + c_4 c_5 + c_3 c_7}{1 - c_4 c_6 - c_3 c_8} = c_9 \quad (20)$$

$$C^c = \left[\frac{\mu + v}{x} - \delta c_1 - (1 - \beta^a)m_c c_2 - \delta_h c_2\right] Y_c -$$
$$\delta K_h + \delta_h q H = c_{10} Y_c \quad (21)$$

$$\frac{Y_c}{Y} = \frac{c_9 \delta_h}{1 + c_9 \delta_h} \quad (22)$$

三 对数线性化方程

本研究将对数线性化模型表示为以下 5 组方程。

（一）总需求

$$\hat{Y}_c = \frac{c_c}{Y_c}\hat{C}_c + \frac{c^a}{Y_c}\hat{C}^a + \frac{c^b}{Y_c}\hat{C}^b + \frac{IK_c}{Y_c}\widehat{IK}_c + \frac{IK_h}{Y_c}\widehat{IK}_h \quad (1)$$

$$\hat{C}^a = \hat{C}^a_{+1} - \hat{R} + \hat{\pi}_{+1} \tag{2}$$

$$\beta^a \hat{C}^a = \beta^b \hat{C}^a_{+1} - (\beta^a - \beta^b)\hat{\lambda}^b - \beta^a \hat{R} + \beta^b \hat{\pi}_{+1} \tag{3}$$

$$\beta^a \hat{C}_c = \gamma \hat{C}_{c,+1} - (\beta^a - \gamma)\hat{\lambda} - \beta^a \hat{R} + \gamma \hat{\pi}_{+1} \tag{4}$$

$$\hat{C}_c = \hat{C}_{c,+1} - (1 - \gamma(1-\delta))(\hat{Y}_{c,+1} - \hat{X}_{+1} - \hat{K}_c) + \\ \psi(\widehat{IK}_c - \hat{K}_{c,-1} - \gamma(\widehat{IK}_{c,+1} - \hat{K})) \tag{5}$$

$$\hat{C}_c = \hat{C}_{c,+1} - (1 - \gamma(1-\delta))(\hat{q}_{+1} - \widehat{IH}_{+1} - \hat{K}_h) + \\ \psi(\widehat{IK}_h - \hat{K}_{h,-1} - \gamma(\widehat{IK}_{h,+1} - \hat{K}_h)) \tag{6}$$

(二) 住房市场

$$\hat{q} = \beta^a(1-\delta_h)\hat{q}_{+1} + (1 - \beta(1-\delta_h))(\hat{j} - \hat{H}^a) + \\ \hat{C}^a - \beta^a(1-\delta_h)\hat{C}^a_{+1} \tag{7}$$

$$\hat{q} = \gamma_e \hat{q}_{+1} + (1 - \gamma_e)(\hat{Y}_{c,+1} - \hat{X}_{+1} - \hat{H}_c) + \\ m_c(\beta^a - \gamma)(\hat{\lambda} + \hat{\pi}_{+1} + \hat{C}_{c,+1}) + \hat{C}_c - \hat{C}_{c,+1} \tag{8}$$

$$\hat{q} = \gamma_h \hat{q}_{+1} + (1 - \gamma_h)(\hat{j} - \hat{H}^b) + m_b(\beta^a - \beta^b)(\hat{\lambda}^b + \hat{\pi}_{+1}) + \\ \hat{C}^b - \beta^b(1-\delta_h)\hat{C}^b_{+1} \tag{9}$$

$$\frac{qH}{Y_c}\hat{H} = \frac{qH_c}{Y_c}\hat{H}_c + \frac{qH^a}{Y_c}\hat{H}^a + \frac{qH^b}{Y_c}\hat{H}^b \tag{10}$$

(三) 借贷约束

$$\hat{b}_c = \hat{q}_{+1} + \hat{H}_c + \hat{\pi}_{+1} - \hat{R} \tag{11}$$

$$\hat{b}^b = \hat{q}_{+1} + \hat{H}^b + \hat{\pi}_{+1} - \hat{R} \tag{12}$$

(四) 总供给

$$\hat{Y}_c = \frac{\eta}{\eta - (1 - \mu - \upsilon)}(\hat{A}_c + \upsilon \hat{H}_{c,-1} + \mu \hat{K}_{c,-1}) - \frac{1 - \upsilon - \eta}{\eta - (1 - \mu - \upsilon)} \\ (\hat{X} + \alpha \hat{C}^a + (1 - \alpha)\hat{C}^b) \tag{13}$$

$$\widehat{IH} = \frac{\eta}{\eta - (1 - \mu^c)}(\hat{A}_h + \mu^c \hat{K}_{c,-1}) + \\ \frac{1 - \mu^c}{\eta - (1 - \mu^c)}(\hat{q} - \alpha \hat{C}^a - (1-\alpha)\hat{C}^b) \tag{14}$$

$$\hat{\pi} = \beta^a \hat{\pi}_{+1} - \kappa \hat{X} \qquad (15)$$

（五）资本流动

$$\hat{K}_c = \delta \widehat{IK}_c + (1-\delta)\hat{K}_{c,-1} \qquad (16)$$

$$\hat{K}_h = \delta \widehat{IK}_h + (1-\delta)\hat{K}_{h,-1} \qquad (17)$$

$$\hat{H} = \delta_h \widehat{IH} + (1-\delta_h)\hat{H}_{-1} \qquad (18)$$

$$\frac{b_c}{Y_c}\hat{b}_c = \frac{C_c}{Y_c}\hat{C}_c + \frac{qH_c}{Y_c}[\hat{H}_c - (1-\delta_h)\hat{H}_{c,-1}] + \frac{IK_c}{Y_c}\widehat{IK}_c + \frac{IK_h}{Y_c}\widehat{IK}_h +$$

$$\frac{Rb_c}{Y_c}(\hat{R}_{-1} + \hat{b}^c_{-1} - \hat{\pi}) - (1 - s_1 - s_2)(\hat{Y}_c - \hat{X}) - \mu^c \delta_h \frac{qH}{Y_c}(\hat{q} + \widehat{IH}) \qquad (19)$$

$$\frac{b^b}{Y_c}\hat{b}^b = \frac{C^b}{Y_c}\hat{C}^b + \frac{q\hat{H}^b}{Y_c}[\hat{H}^b - (1-\delta_h)\hat{H}^b_{-1}] + \frac{R^b_{-1}}{Y_c}(\hat{R}_{-1} + \hat{b}^b_{-1} - \hat{\pi}) -$$

$$s_2(\hat{Y}_c - \hat{X}) - (1-\alpha)(1-\mu^c)\delta_h \frac{qH}{Y_c}(\hat{q} + \widehat{IH}) \qquad (20)$$

$$\hat{Y} = \left(\frac{\delta_h c_\theta}{1+\delta_h c_\theta}\right)\hat{Y}_c + \left[1 - \left(\frac{\delta_h c_\theta}{1+\delta_h c_\theta}\right)\right](\hat{q} + \widehat{IH}) \qquad (21)$$

其中，上文的一些参数用以下参数表示：

$$\eta_c = \eta_h = \eta \qquad (22)$$

$$\gamma_e = \gamma(1-\delta_h) + m_c(\beta^a - \gamma) \qquad (23)$$

$$\gamma_h = \beta^b(1-\delta_h) + m_b(\beta^a - \beta^b) \qquad (24)$$

$$\kappa = \frac{(1-\theta)(1-\beta\theta)}{\theta} \qquad (25)$$

本专题参考文献

Iacoviello M.,"House prices, borrowing constraints and monetary policy in the business cycle", *American Economic Review*, 2005, 95 (3): 739-764.

Davis M. A., Heathcote, Jonathan, "The price and quantity of residential land in the United States", *Journal of Monetary Economics*,

2007, 54 (8): 2595-2620.

Iacoviello M., Neri S., "Housing market spillovers: Evidence from an estimated DSGE model", *American Economic Journal*, 2010, 2 (2): 125-164.

Albert S., "The Geographic Determinants of Housing Supply", *The Quarterly Journal of Economics*, 2010, 125 (3): 1253-1296.

Monnet E., Wolf C., "Demographic cycles, migration and housing investment", *Journal of Housing Economics*, 2017, 38 (C): 38-49.

Bahadir B., Mykhaylova O., "Housing market dynamics with delays in the construction sector", *Journal of Housing Economics*, 2014, 26 (C): 94-108.

Zhang D. S., C W. L., Ng Y. K., "Increasing returns, land use controls and housing prices in China", *Economic Modelling*, 2013, 31 (C): 789-795.

Huang W. P., "Analyzing the Dynamical Factors of Housing Price in China", *Research in World Economy*, 2014, 5 (1): 59-64.

Dong Y. L., "A note on geographical constraints and housing markets in China", *Journal of Housing Economics*, 2016, 33 (C): 15-21.

Zhang C. C., Shen J., Yang R. D., "Housing affordability and housing vacancy in China: The role of income inequality", *Journal of Housing Economics*, 2016, 33 (C): 4-14.

He Q., Liu F. G., Z. X., Chong, T. L., Terence, "Housing prices and business cycle in China: A DSGE analysis", *International Review of Economics & Finance*, 2017, 52 (C): 246-256.

况伟大：《中国住房市场存在泡沫吗》，《世界经济》2008年第12期。

王勇：《宏观审慎政策调控住房市场的有效性研究》，《当代财经》2018年第3期。

梅冬州、崔小勇、吴娱:《房价变动、土地财政与中国经济波动》,《经济研究》2018年第1期。

赵昕东、王勇:《住房价格波动对异质性自有住房家庭消费率影响研究》,《经济评论》2016年第4期。

侯成琪、龚六堂:《住房价格应该纳入通货膨胀的统计范围吗?》,《统计研究》2012年第4期。

王频、侯成琪:《预期冲击、房价波动与经济波动》,《经济研究》2017年第4期。

黄志刚、许伟:《住房市场波动与宏观经济政策的有效性》,《经济研究》2017年第5期。

何青、钱宗鑫、郭俊杰:《房地产驱动了中国经济周期吗?》,《经济研究》2015年第12期。

第七专题

大数据与绿色发展[①]

长期以来,中国经济的高速发展是以高能耗、高排放、高污染为代价,随着人民群众对美好生态环境的需要日益凸显,绿色发展成为经济转型升级和生态文明建设的必然选择。但如何实现中国经济绿色发展,成为当下首要突破的问题。大数据时代的到来给中国绿色发展指明了方向,本专题从绿色发展和大数据的概念和特征着手,结合中国近年来发展现状,从经济、社会、环境三个角度分析中国绿色发展的可行性及大数据在其中发挥的作用,在此基础上,以贵州省货车帮、滴滴出行等大数据平台对绿色发展影响为例,从实证层面对本研究提出的理论命题加以检验,进一步得出大数据在经济、社会、环境中的应用给绿色发展带来的意义,并结合我国实际情况,有针对性地提出合理运用大数据,稳妥实现绿色发展的建议。结果表明:中国绿色发展是经济、社会、环境三者之间的相互协调,大数据在其中扮演着调和器角色,特别是在资源整合、科学决策、环境监管等方面发挥巨大作用,为绿色生产、绿色生活、生态环境提供了根本保障。

第一节 问题提出

改革开放以来,中国经济保持了多年年均接近10%的高速增

[①] 本专题作者:许宪春、任雪、常子豪。作者单位:许宪春,清华大学经济管理学院、上海财经大学统计与管理学院;任雪,上海财经大学统计与管理学院;常子豪,清华大学经济管理学院。

长。与之伴随的是高能耗、高污染。近些年，在新发展理念的引领下，情况发生了较大的变化。但是，目前中国经济增长仍未从根本上转变高能耗的状况。据世界银行统计，2016年中国经济占全球经济总量的14.84%，而从世界能源统计年鉴上发现，2016年中国能源消耗占全球比重达23%，可见中国经济增长仍是以能源消耗为代价，相应地付出较高的环境污染代价。随着人民日益增长的美好生活需要与不平衡不充分发展之间的矛盾越发凸显，资源消耗多、环境污染重已然是经济发展中的短板所在，优美的生态环境已成为人民对美好生活向往的重要内容。因此，绿色发展既是中国经济发展的必然选择，亦是当下中国突破经济瓶颈的重要路径。

然而，如何实现绿色发展成了目前经济发展的一个巨大挑战。我国原有的靠投资拉动、资源投入、外需拉动的增长模式也越来越受限制，很显然，粗放式发展模式已不再适应，要实现绿色发展，必须寻求一个合适的发展方式和模式。伴随着互联网的迅速发展，大数据的不断发展给绿色经济变革提供了有效途径。大数据是国家基础性战略资源，是21世纪的"富矿"，其本身也是绿色产业，蕴含着巨大的经济社会效益和广阔的发展前景。近年来，在经济转型升级和生态文明建设背景下，大数据在绿色发展中应用成为各界高度关注的焦点。随着《工业制造2025》《促进大数据发展行动纲要》《关于积极推进"互联网+"行动指导意见》等重大发展战略步伐的加快，以数字经济、分享经济、智能制造等为代表的大数据行业得到快速发展，成为中国经济发展的新动能。党的十九大报告更是明确提出"推进互联网、大数据、人工智能和实体经济深度融合"，2018年政府工作报告中再次指出做大做强新兴产业集群，实施大数据发展行动，加强新一代人工智能研发应用，突出反映了大数据在全国经济发展中的核心位置，我们需深刻认识大数据在绿色发展中发挥的作用，充分开发好、利用好大数据在绿色发展中的应用。

为此，本研究从绿色发展与大数据的概念界定出发，通过中国大数据与绿色发展现状,归纳总结出当前我国大数据与绿色发展的关系,研究了货车帮、滴滴等大数据代表企业在绿色发展中的作用,结合我国经济发展实际情况,有针对性地提出合理运用大数据,稳妥实现绿色发展的建议,旨在为破冰中国当前经济发展提供有益参考。

第二节　大数据与绿色发展的概念与特征

一　绿色发展的概念与特征

绿色发展是新时代的主题,也是全球发展中所面临的最大挑战,与绿色发展密切相关的概念如可持续发展、绿色经济、绿色增长等概念。自20世纪70年代起,可持续发展的概念日渐频繁地出现在国际组织、政府文件、学术期刊以及公益宣传等之中。"可持续发展"一词最早出现在1980年由国际自然保护同盟制订的《世界自然保护大纲》中。1987年,WECD①在《我们共同的未来》中正式提出"可持续发展"的概念和模式。② 报告指出"可持续发展是指既满足当代人的需求又不危害后代人满足其需求的发展,是一个资源利用、投资取向、技术发展以及政策变化都协调一致,不断促进满足人类现在和将来需求之潜力的变化过程"。该概念从理论上明确了发展经济同保护环境和资源是相互联系,互为因果的观点。1999年美国国家研究理事会(National Re‐search Council,NRC)在 WECD 基础上,发表了《我们共同的旅途:向可持续性过渡》一文,详细讨论了发展和持续两者间的关系(JianGuo Wu,2013),2002年《约翰内斯堡可持续发展宣言》在可持续发展地球

---

① 世界环境与发展委员会(WECD),即联合国环境特别委员会或布伦特兰委员会(Brundtland Commission)。1982年内罗毕召开的联合国环境管理理事会议上建议设立,1983年的第38届联合国大会通过成立这个独立机构的决议。

② 1987年,以挪威前首相布伦特兰夫人为首的 WECD 的成员受联合国委托,经4年研究和充分论证形成《我们共同的未来》报告。

峰会上阐述了可持续发展的"三支柱"（three pillars）或"三重底线"（triple bottom line）概念，清楚地反映出环境保护、经济发展与社会平等三者间的关系（如图7—1所示），突出表明了实现可持续发展关键在于正确平衡好三者的关系。

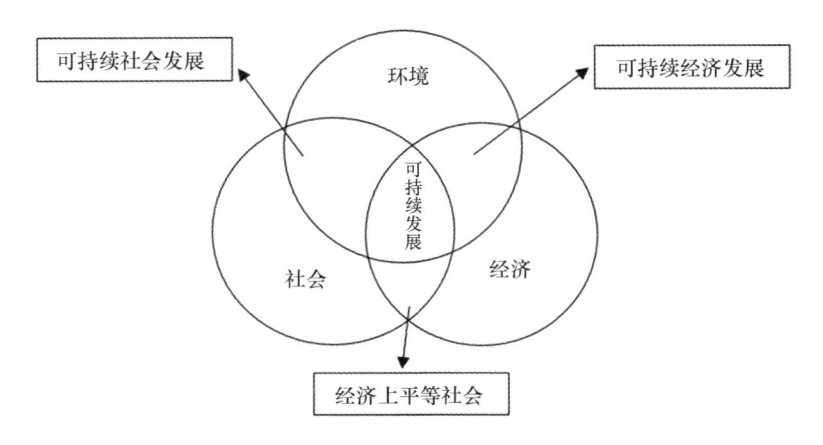

图7—1　可持续发展的"三支柱"或"三重底线"关系

随着可持续发展的深入推进，绿色经济开始逐渐进入人们的视线。1989年"绿色经济"一词首次在《绿色经济蓝图》的报告中出现，报告认为将环境融入资本的投资中是解决经济增长和环境之间矛盾的有效途径之一。2010年，联合国环境规划署正式给出绿色经济的定义，认为绿色经济指的是一种能够改善人类福祉和社会公平，同时大大降低环境风险和生态稀缺的经济（王海芹，2016）。随后，绿色增长作为绿色经济衍生概念也随之被提及。2005年联合国亚洲及太平洋经济社会委员会召开第五届环境与发展部长会议，会上提出绿色增长是强调环境可持续性的经济进步和增长，用以促进低碳的、具有社会包容性的发展。[①] 2011年OECD（经济合作与发展组织）也给出了绿色增长的定义："促进经济增长和发展，同时确保自然资产继续提供我们的福祉所依赖的资源和环境服务。"

---

① 参见亚太环境与发展部长会议《绿色增长汉城倡议》，2005年。

改革开放以来，中国经济得到高速发展，长期以来，忽略环境保护，与之相伴的是生态环境的不断恶化，大规模的粗放式的经济建设导致了气候变暖、雾霾污染、森林草地等自然生态环境破坏、生物多样性减少等一系列环境问题日益凸显，美好的生态环境成为人民群众的强烈诉求。为积极应对环境问题，避免出现生态危机，中共十五大明确提出"正确处理经济发展同人口、资源、环境的关系"，至此中国开启了寻求绿色、可持续发展道路。党的十七大报告首次提出"建设生态文明，基本形成节约资源和保护生态环境的产业结构、增长方式、消费模式"，并在十七届四中全会中，首次将生态文明建设纳入到经济、政治、文化、社会建设的战略方针中，形成"五位一体"总体布局，标志着国家实施绿色发展的决心和毅力。党的十八大以来，习近平总书记提出坚定不移贯彻创新、协调、绿色、开放、共享的发展理念，要把生态文明建设放在突出位置，融入经济、政治、文化、社会建设中去，实现中国永续发展，至此绿色发展在全国形成广泛共识。2015年10月，党的十八届五中全会正式通过了《中共中央关于制定国民经济和社会发展第十三个五年计划》，正式将改善生态环境，实现绿色发展作为全面建成小康社会的关键期的重点任务。

世界银行和国务院发展研究中心联合课题组[①]认为，绿色发展是指经济增长摆脱对资源使用、碳排放和环境破坏的过度依赖，通过创造新的绿色产品市场、绿色技术、绿色投资以及改变消费和环保行为来促进增长。这意味着经济发展是可以与环境污染脱钩，形成良性循环，而绿色发展也将成为未来经济发展的新模式。王玲玲、张艳国（2012）等认为绿色发展是在生态环境容量和资源承载能力的制约下，通过保护自然环境实现可持续科学发展的新型发展模式和生态发展理念。胡鞍钢（2014）则认为绿

---

① 参见世界银行和国务院发展研究中心联合课题组《2030年的中国：建设现代、和谐、有创造力的社会》，2012年。

色发展是可持续发展的延伸，是以合理消费、低消耗、低排放、生态资本不断增加为主要特征，是经济系统、社会系统、自然系统三者间的相互协调。

综上所述，绿色发展是以效率、和谐、可持续为目标的经济和社会发展方式，是资源节约、环境友好型的发展模式，旨在让经济发展与污染排放减少、资源节约及环境改善之间形成相互促进关系。绿色发展作为可持续发展的一种表现模式，也具有自身的特点。一是绿色发展的系统协调性。绿色发展是经济、社会、环境间的调和器，实现绿色发展需要涉及集群绿色升级，环境治理、资源的循环再利用等多个领域。二是绿色发展的全球共担性。高污染、高能耗、高排放的粗放式发展阻碍了全球经济健康发展，环境污染乃是全球各个国家共同面临的巨大挑战，实现经济可持续，是关乎每个国家的切身利益，推行绿色发展，并非凭一己之力而为之，需多方共同努力，才可达到最终目标。三是绿色发展的实践性。绿色发展涉及包括生产和消费的方方面面，作为发展中国家，中国具有得天独厚的后发优势，具有较大的实践市场，通过对传统产业转型升级，发展绿色产业，实现绿色消费。

二 大数据的概念与特征

近年来，随着云计算、移动互联网和物联网等网络新技术的应用、发展与普及，人类社会进入了数据爆发式增长的时代，海量数据的产生与流转成为常态，大数据在经济、金融、生物遗传等各个领域的发展引起了各界的高度关注（Fan et al. 2014）。目前，对于大数据还未有一个较为严格的定义（Chae，2015），全球知名咨询公司麦肯锡在《大数据：创新、竞争和生产力的下一个前沿领域》中首次提出"大数据"概念，其认为大数据是大小超出常规的数据库工具获取、存储、管理和分析能力的数据集，同时强调，并不是说一定要超过特定 TB 级的数据集才算是大数据（方巍、郑玉等；2014）。维基百科指出大数据是指利用常用软件工具捕获、管理和处理数据所耗时间超过可容忍时间的数据集。① 也就是说大数据是一个体量特别大，数据类别特别大的数据集，且这样的数据集无法用传统数据库工具对其内容进行抓取、管理和处理。至此，大数据开启了继云计算、物联网之后的又一次颠覆性技术革命。在此基础上，国内外学者对大数据的特点进行了较为全面梳理，他们认为所谓的大数据，并非仅仅是数据的量大，而是数据的价值大，大数据分析的核心，是从数中获取价值，即从大数据中获取更准确、更深层次的知识，而非对数据的简单统计，因此数据体量巨大（Volume）、数据类型多（Variety）、处理速度快（Velocity）、价值密度低，商业价值高（Value）、数据真实性（Veracity）等成为大数据的经典特征（Wamba et al., 2015; White, 2012; Mark & Douglas, 2012）。

从全球范围来看，我国大数据产业的蓬勃发展得益于以下几个显著的特点。一是数据体量大。我国是全球人口最多的国家，拥有着庞大的互联网网民和移动通信用户体系，同时，我国又是制造业大国，给智能制造提供了海量数据源基础，在此优势下，中国大数据拥有了一个巨大的数据粮仓。二是数据品种丰富。我国以分享经济、电子商务、网络视频、智能制造、手机移动支付等一系列大数据代表产业已在世界前列，在这些产业的背后拥有一套完整且丰富的数据库。三是政府高度重视大数据。在党的十九大报告以及中央经济工作会议报告上明确提出推动互联网、大数据、人工智能和实体经济的深入融合，大数据的发展已上升至国家战略层面。

从国内自身发展上看，在新发展理念的引领下，大数据在中国得到了长足的发展，也给予了其新的特点。

一是大数据成为推动经济转型发展新动力。大数据影响未来信息产业格局，对经济发展质量具有深刻影响。一方面，以数据流引领技术流、人才流、物质流、资金流，逐步改变社会分工协作的组

---

① 参见维基百科（http://en.wikipedia.org/wild/Big data）。

织模式，促进生产组织方式的集约和创新，激发商业新模式，催生互联网等新业态，促进业务创新增值，提升企业核心价值。另一方面，大数据改变了传统的生产方式和经济运行机制，通过社会生产要素的网络化共享、集约化整合、协作化开发和高效化利用来提升经济运行水平和效率。

二是大数据成为重塑国家竞争优势的新机遇。数据是国家重要的基础性战略资源，正引领新一轮科技创新，对全球生产、流通、分配、消费活动以及经济运行机制、社会生活方式和国家治理能力产生重要影响。现阶段，我国大数据规模已初现优势，特别是以网络购物、移动支付、共享经济等为代表的数字经济新业态、新模式蓬勃发展，在国民经济发展中发挥重要作用。

三是大数据成为提升政府治理能力的新途径。当前，我国正面对国内结构性问题突出、风险隐患显现、经济下行压力加大的多重复杂困难。而大数据应用能揭示传统技术方式难以展现的关联关系，推动政府数据开放共享，促进社会事业数据融合和资源整合，将极大提升政府整体数据分析能力，为有效处理复杂社会问题提供新的手段。

第三节 大数据与绿色发展现状

一　经济由高速增长向中低速转变，传统对经济增速放缓的影响最大

在过去中国长期依赖资源过度开发拉动经济高速发展，特别是第二、第三产业出现长期的高增长，基本保持两位数增长，2008年金融危机后，在中央采取的系列措施下，凭借投资拉动，第二产业出现了小幅回升趋势，但受到生态环境约束强化、人口要素、外部拉动弱化等因素的影响，中国经济由过去9%左右的高速增长逐步下降为6%左右的中低速增长，如图7—2所示，中国经济增长率从2010年的10.6%下降到2016年的6.7%，下降了3.9个百分点。

其中，第一产业增加值增长率从 4.3% 下降到 3.3%，下降了 1.0 个百分点。第二产业增加值增长率由 12.7% 下降到 6.1%，下降 6.6 个百分点。第三产业增加值增长率由 9.7% 下降到 7.8%，下降 1.9 个百分点。显然，第二产业的增长率下降幅度最大，对经济增长的影响最大。在今后一段时间内，面对错综复杂的国际形势，中国将长期处于中低速经济增长减速换挡期，此时亟待通过创新形成的新动能、新优势来寻求经济增长的新突破。

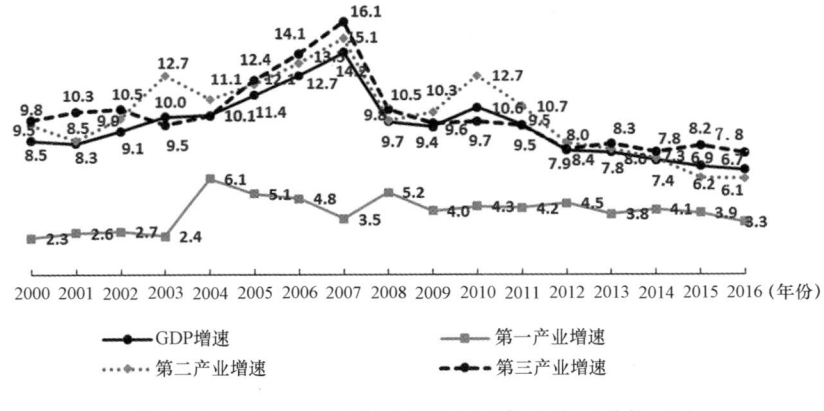

图 7—2 2000—2016 年中国经济增长趋势（单位：%）

从需求结构的角度来看，消费需求、投资需求和出口需求共同导致了经济增长率的放缓，其中投资需求起到了最重要的作用。如图 7—3 所示，2010 年前，中国经济主要依靠投资拉动，主要投资于工业、房地产等行业，2000—2010 年的十年间，中国投资均保持两位数增长，平均增速达 13.6%，这种长期高速增长的背后是资源利用率低，呈现明显的高投入、高消耗、低质量、低效益的粗放型特征，对生态环境产生的压力较大。自 2010 年以来，消费需求和投资需求的增长率均呈下降趋势，但投资需求增长率的下降趋势更明显，产生更大的对经济增长率的影响。这主要是由于我国原有的靠投资拉动、资源投入、外需拉动的增长模式越来越受限制，特别是在国际金融危机爆发后，一方面，世界经济出现持续低迷，

2008—2016年全球经济年均增长由前十年的4.13%下降为2.85%,其中,贸易增速由年均11%大幅下降至-0.21%,成为全球经济低迷的主要原因,明显弱化了外部需求对中国经济的拉动;另一方面,随着我国的人口红利的逐渐消失,劳动力供求出现了显著的乏力,而工资却在不断上涨,低廉的劳动力已不再是优势。在此背景下,迫切需要转变发展方式,优化经济结构,转换增长动力,此时,绿色发展成为当下突破经济瓶颈的重要渠道。

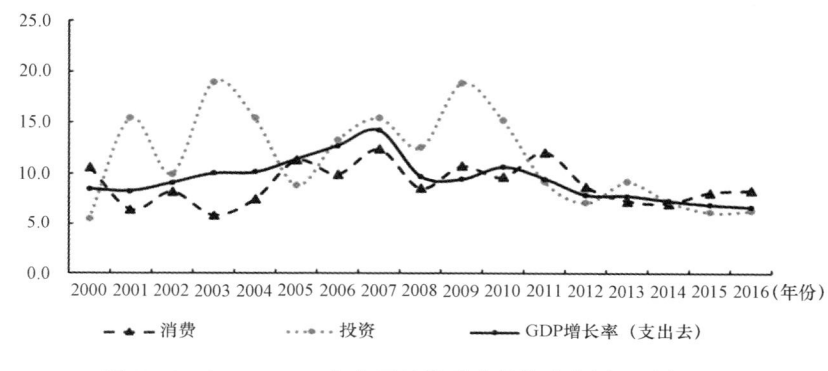

图7—3 2000—2016年中国经济需求结构变化图(单位:%)

二 中国能源消耗逐年上升,环境污染远高于发达国家

如前所述,中国经济的高速发展是以高能耗、高污染和高排放为代价,在全球化的当下,环境质量的急剧失衡会给中国带来巨大的影响。如图7—4和图7—5所示,随着中国经济特别是工业经济的快速发展,能源消耗和CO_2排放呈现出快速增长的趋势,在1997年前后中国CO_2排放有所放缓,单位GDP能耗逐年下降,这主要是由于当时中国已开始意识到经济健康可持续发展的重要性,开始着手关闭包括钢铁、水泥等高污染小型企业,现代企业改革也激励企业引进节能减排技术,节约能耗降低成本,使得中国能耗和CO_2排放得到显著的抑制。然而,2003年后随着房地产业、汽车工业等快速崛起,基础设施的持续加大,带动建材、非金属矿物、金属加工

业、采掘业、石油、化工、设备制造业等高污染重工业发展快速升温，使得中国能源消耗和 CO_2 排放再次大幅增长，2005 年中国 CO_2 排放量已超过美国，成为全球 CO_2 排放量最高的国家，随后中国的 CO_2 排放量继续持续升高，2014 年排放量已远高于美国 CO_2 排放。事实上，如今的中国正面临着加快实现工业、城镇化进程与调整产业结构和转变增长方式的双重压力下，节约能源、保护环境已成为经济可持续发展的重要组成部分，实现绿色发展是转变发展方式，促进经济向好发展的唯一选择。

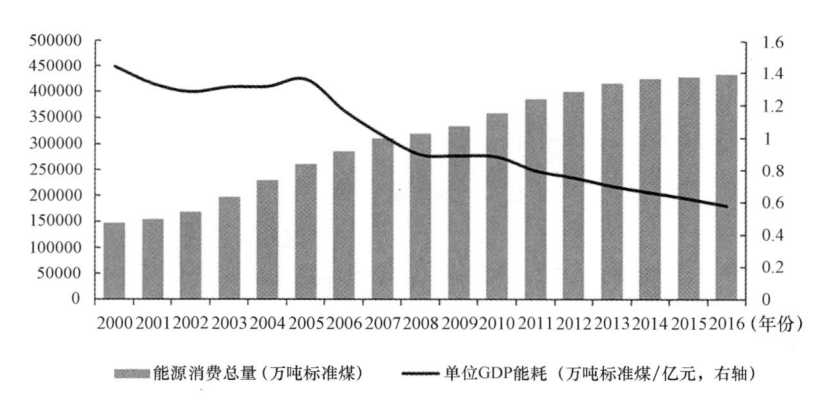

图 7—4　中国能源消耗变化趋势

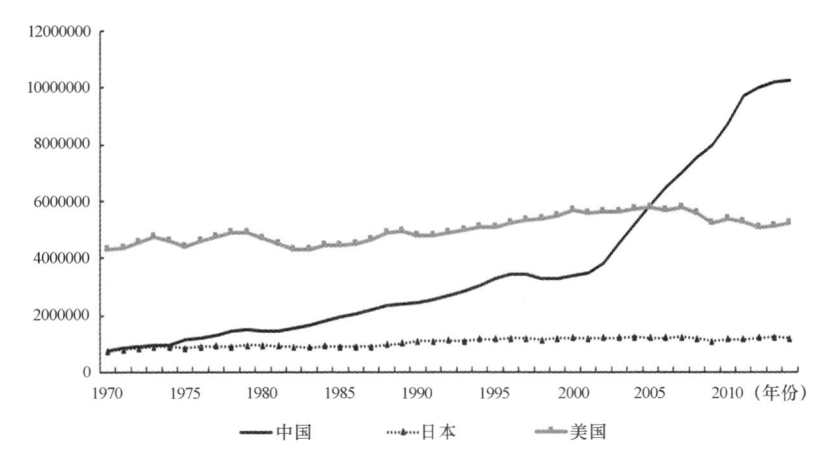

图 7—5　中、美、日三国 CO_2 排放情况（单位：千吨）

三 大数据产业助推经济发展,高质量高效率经济增长模式成趋势

规模以上行业的增加值占工业增加值的 90% 以上,决定了工业增加值的增长趋势。如图 7—6 所示,从 2004—2016 年高技术制造业及装备制造业增速上看,发现高技术制造业和装备制造业增速均远高于规上工业增速,这意味着除了高技术制造业和装备制造业以外的传统产业显著降低了规模以上产业的增长率,否则,上述行业的增长率将不会低于高科技制造业和装备制造业。显然,由上文分析,三次产业中第二产业增长率下降对经济增长率的影响最大。从第二产业内部中看,工业增长率的下降对第二产业增长率的下降影响最大。从规模以上的产业来看,传统产业增长率的下降对于规模以上产业增长率的下降具有重要意义。

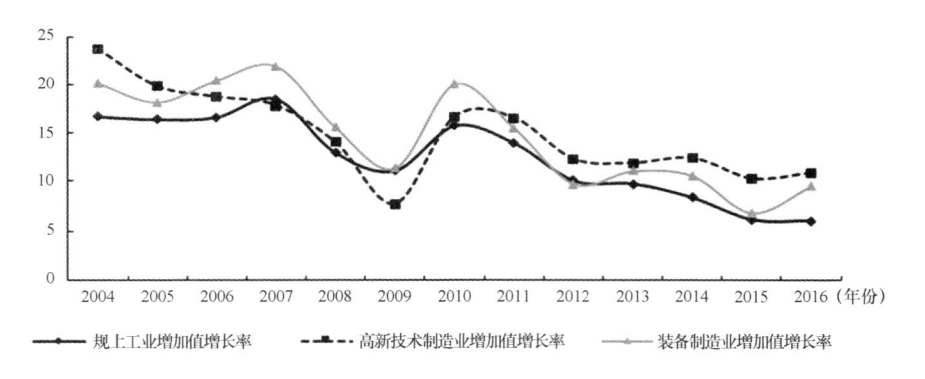

图 7—6 2004—2016 年新旧动能历年变化趋势(单位:%)

中国经济的提质增效需要通过创新技术、新产品和新业态的发展来实现。近年来,在经济下行的情况下,高技术制造业仍保持着两位数增长态势,发展潜力巨大。目前,发展资源密集型行业已不再适应新时代中国经济发展的大趋势,需要限制高污染、高能耗、高投入的产业发展,大力发展新兴产业,用高新技术和先进适用的技术改造传统产业,淘汰落后工艺、技术和设备,真正使创新形成

的新经济动能成为推动我国经济增长的不竭动力，不断增强我国经济创新力和竞争力，实现产业的集群绿色升级、资源的循环再利用和梯级利用。

综上所述，传统的经济发展方式已在中国行不通，节约能源、保护环境，实现中国绿色发展是今后一段时间内所需要共同努力的。而实现中国绿色发展的关键途径在于利用新动能促发展，为此着力研究以大数据为代表的中国经济新动能对绿色发展的具体影响，有利于从根本上把握绿色发展的实质问题。

第四节　大数据与绿色发展关系研究

生态环境保护的成败归根结底取决于经济结构和经济发展方式，绿色发展是生态文明建设的必然要求，代表了当今科技和产业的变革方向。随着大数据、云计算、互联网、智能化等现代信息通信技术的日益发展和深入应用，特别是网络购物、移动支付、共享经济等大数据产业的蓬勃发展，与我国建设网络强国、数字中国、智慧社会息息相关，正助力经济走上高质量发展道路，给绿色发展带来重大机遇。为此，着力研究大数据与绿色发展关系问题，深入探讨大数据应用对绿色发展的作用，是破解绿色发展难题的关键和助推绿色发展的重要保障。

绿色发展的实现需经济、社会和环境共同协调作用，大数据则在其中扮演着调和剂的作用，通过大数据在经济、社会及环境等领域的应用，助力中国绿色发展，而这主要体现在绿色生产、绿色生活和美好环境上。具体而言，大数据对绿色发展的影响主要是通过推进大数据的资源全面整合共享、加强大数据科学决策、完善大数据的公共服务平台、创新生态环境监管模式，使得资源提质增效，科学技术创新和环境治理见效，为绿色发展提供有力保障，最终形成包含绿色生产与绿色生活两种方式的绿色发展模式，人民所向往的美好环境（详见图7—7）。

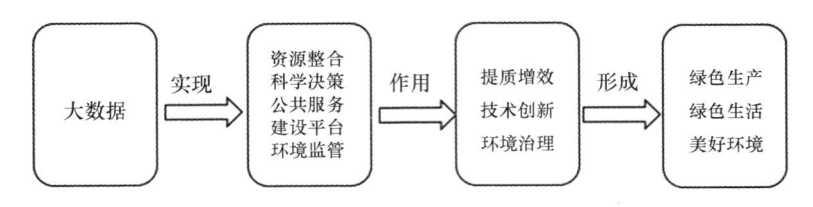

图 7—7 大数据与绿色发展关系

一 大数据解决信息孤岛问题，资源整合增效促绿色

从技术开发到企业孵化，再到加速产业布局，大数据犹如雨后春笋，为中国经济注入新动能，伴随着物联网、云计算、大数据的新经济体系的创新和发展。近年来，我国结合自身特色，通过互联网手段形成数据经济模式，如智能机器人、无人机、5G 视频、VR 自行车、人工智能诊疗等一项项展品的背后都是大数据应用技术的成果。作为大数据应用的突出领域，数字化制造是在数字化技术和制造技术融合背景下，在虚拟现实、数据库、计算机网络、物联网和多媒体等支撑技术的支持下，对产品信息、工艺信息和资源信息进行分析、规划和重组，实现对产品设计和功能的仿真以及原型制造，进而快速生产出达到用户要求性能的产品整个制造全过程（谢雄标等，2015）。一方面，数字化制造通过收集、整理生产、交易、消费等系列数据，对产品信息、资源信息进行分析、规划和重组，有效地解决了信息资源的归属、采集、开发等方面存在的信息部门化、碎片化、信息不对称的问题，数据资源得到有效的整合，极大地改善了企业管理的效率。另一方面，大数据利用企业经营分析和科学决策，对企业绿色发展发挥着巨大作用，这主要表现在冗余资源[①]上。企业通过前期收集的大数据，对客户潜在需求、对产品生产做详细的分析，对业务运营做智能监控，对客户精准营销，对企

---

① 冗余资源是组织的一种可被随意使用的储备资源，它的存在可以使组织在较小的压力下对政策与战略做出变革。

业内部细化管理，实现资源的优化配置，降低成本，增加生产能力，为企业绿色发展提供保障。

二 大数据推动技术创新，建立公共服务平台助绿色

随着节能、绿色生活、减少消费浪费等新观念的提出，"分享经济"一词随即出现。分享经济是以互联网为媒介，以大数据为依托的新型服务模式，个体将闲置的资源通过互联网技术在公共服务平台上提供给有需求的用户，以达到社会资源共享（许宪春，2016）。如货车帮、AirBnB①、Uber②、滴滴出行等促进对等交易的新平台。分享经济的出现，打破了企业对企业（B2B）、企业对个人（B2C）的传统交易模式，而这种公共服务平台不仅为企业带来巨大的经济效益，也极大地促进了绿色发展。一是数据服务平台通过不同用户需求，在海量的数据中分析匹配出与之相似的供给，极大地提高了资源配置的效率。二是如同货车帮、滴滴出行等公路运输、生活出行等平台，一方面通过高效的地理定位数据，根据过去行车的经验为出行车辆定制最佳的行车路线，避免了出行车辆少走弯路少跑路的现象，另一方面通过平台的匹配，用户减少了只用车的出行，雇佣车减少了空驶率，这对于节能减排、控制污染做出了巨大的贡献，为人民美好生活创造了良好生活环境。

三 大数据保护生态环境，建设环境监管体系护绿色

尊重自然、顺应自然、保护自然是人类生产生活中的必然要

---

① AirBnB（Air Bed and Breakfast 的缩写），是一家联系旅游人士和家有空房出租的房主的服务型网站。成立于 2008 年 8 月，总部位于美国加利福尼亚州的旧金山市。该网站可以为用户提供各式各样的住宿信息。

② Uber（优步）是美国的一家创业公司，成立于 2009 年，总部位于加州旧金山市。Uber 主要提供在线租车服务，乘客与司机通过移动 App（App 是 application 的缩写，通常专指手机上的应用软件，或称手机客户端）链接，达到租车、拼车等目的，目前已在全球 100 多个城市开展业务。Uber 在快速成长的同时，也受到很多的争议和批评，包括受到多起非法营运车辆的指控等。2014 年 Uber 正式进入中国市场，2016 年由滴滴出行收购 Uber 中国的品牌、业务、数据等全部资产。

求，绿水青山才是金山银山，中国高速发展的三十余载，过度依赖物质资源消耗、过多依赖规模粗放扩张、过多依赖高能耗高排放产业的发展模式使得我国生态环境问题越来越复杂。加大生态环境的保护，扩大环境治理力度，实现环境质量明显改善的目标越来越紧迫，生态环境监管的难度也越来越大。面对如此错综复杂的环境问题，单凭传统的管理手段和财力物力已很难应对当前的环境矛盾（王建民，2016）。大数据在环境中应用，给绿色发展提供了一个较好的路径。一方面，很多地方管理部门的环境数据都由这一套完整的数据库管理系统，但由于信息孤岛问题，导致了部门信息资源流通不畅，信息资源利用率并不高，通过大数据在政府部门的应用，将闲置部门数据库协同，将信息部门化，整体化，打破部门信息壁垒，整合生态环境大数据的信息，利用全部门大数据科学分析环境问题；另一方面，物联网、大数据是创新环境监管的技术引擎，依托大数据平台对环境行进实时监控，利用平台数据对环境发展方向进行实时预测，形成完整的监管体系，有助于把握生态环境的变动情况，助力环境绿色发展。

第五节　大数据与绿色发展案例分析

一　滴滴出行

滴滴出行是全球领先的移动出行平台，为5.5亿用户提供出租车、快车、专车、豪华车、公交、小巴、代驾、企业级、共享单车、外卖等全面的出行和运输服务，目前覆盖城市超过400个。滴滴出行运用大数据实现了公司的不断成长，也助推了经济的绿色发展。

（一）大数据在滴滴出行业务中的应用

滴滴出行作为移动出行平台，与同类竞争对手神州、首汽等不同，后者均为重资产型，拥有自己的司机与车辆，而滴滴出行在其运营基础几乎都是大数据，属于典型的重数据、轻资产型。

滴滴出行业务种类繁多，但每项业务均离不开大数据的支持。

滴滴快车，用户输入起点终点，系统自动分派最合适的司机前往接送。业务主打"快"字，平台海量订单提高了司乘匹配成功的机率，减少了接单时间。其中，快车（拼车），用户输入起点终点并选择拼车服务，系统将自动分派司机接送，同程也会被分派接送路线相似的其他乘客，节省单个乘客的出行费用。此项服务基于大数据，将路线相近的多组乘客进行即时匹配，节省出行费用，提高司机收入，有效缓解拥堵。

滴滴出租车业务，用户输入起点终点，出租车司机自主抢单，成功后前往接送。运用大数据，提供信息平台，解决司乘信息不对称问题，并提前对出租车进行智能调度，降低空载率，提高城市交通效率。

滴滴小巴业务，用户输入起点终点，司机接单后，按照系统指定路线，在站点接送乘客，到达站点前司乘不联系，类似于公交。利用大数据规划路线，建立虚拟站点，司机在站点接送，降低司机沟通成本，有效提高了小巴的运行效率。

以上业务均基于滴滴对于大数据的积累与处理。在大数据的基础上，通过智能派单与智能调度，滴滴实现了资源的合理配置。智能派单：每次分配订单，都是一次系统的决策过程，求解最优分配策略使得全局收益最大，最快接驾，降低空驶，满足更多乘客出行需求。智能调度：运用大数据，进行预测与调度，利用深度学习模型预测未来若干时间后的供需差，为司机调度服务，未来 30 分钟供需缺口预测精度已经达到 85%。

如今，滴滴出行的数据规模已经达到了每日订单数量约 3000 万，每日新增轨迹原始数据 106TB 以上，每日数据处理量达 4875TB 以上，包括交通路况、用户行为、司机驾驶行为、车辆数据等多个维度。

（二）滴滴出行与绿色发展

滴滴出行对大数据的应用，一方面改变着人们的出行方式；另一方面，也使人们的生活更加绿色，从而助力了绿色发展。

1. 减少空驶，降低能耗，减少污染

早期出租车司机往往通过扬招的形式进行拉客。而滴滴出行运用大数据，考虑综合实时路况、司机实时位置、乘客乘车历史等因素，进行司乘匹配，辅之路线规划，有效减少空驶等造成的能耗与污染。

2. 提高供需匹配效率

由于人们出行目的地的随机性，往往会出现地区间出行供需的不均衡，从而影响出行效率，使得人们不得不选择私家车出行。然而，在滴滴出行的智能调度下，系统会根据需求方的出行习惯，预测用户目的地，"猜你想去"，从而预测各地区的需求量，同时由于大数据的精准预测，降低用户发单时的输入时间成本。确定需求后，系统依托丰富的大数据和强劲的算法，通过智能派单提前调度司机，提高需求密集地区的供给数量，使得司机每小时接单量上升了33%，司乘沟通时间成本下降了15%，司乘平均沟通时间不足1分钟，零通话比例达到了35%。

3. 优化城市公共交通

智慧信号灯：滴滴出行在大数据的基础上推出"智慧信号灯"了，这一交通信号灯的运行建立在指挥交通云上，结合滴滴的起止点数据和来自政府的传统交通数据源，通过预测模型，智能信号灯可基于区域内交通流量，合理调节管控道路资源和通行速度，有效优化了城市道路使用状况，提高了出行效率。同时，通过大数据分析，滴滴可以监测实时交通路况，并在大屏幕上向司机提供交通引导，以此减轻交通拥堵。截至2017年年底，滴滴已建立智能信号灯1200多个，平均拥堵缓解10%—20%。

潮汐车道：滴滴出行利用大数据优势，采用浮动车轨迹参与确定潮汐车道，采用拉链车，通过车辆行驶改变道路隔离墩的位置，改变路段车道设置，如使路段单向各三车道变成四车道和两车道，使双侧失衡指数下降20%—40%，从而起到疏解交通拥堵的作用。

如图 7—8 所示，从《中国统计摘要》的数据来看，2000 年以来，中国私人汽车拥有量逐渐增加，虽然近年来由于限购政策，私人汽车拥有量增速放缓，但全国私人汽车拥有量到 2016 年年底已有一亿六千多万辆之多，这意味着汽车带来的城市交通压力越来越大。而滴滴出行运用大数据，设计智慧信号灯，预测潮汐车道，为司机提供交通引导，有效缓解了人们追求生活质量和城市绿色发展之间的矛盾。

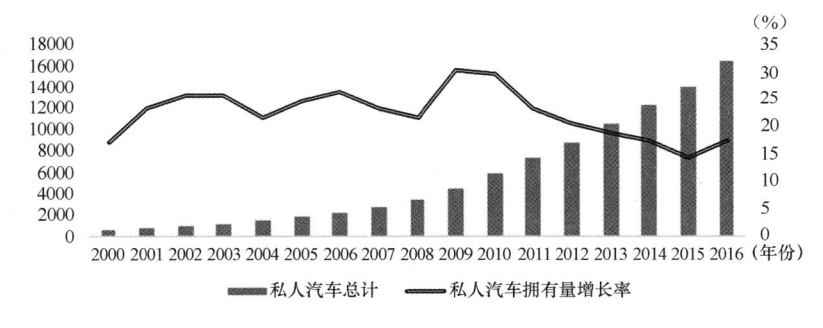

图 7—8　全国私人汽车拥有量及增长率（单位：万辆）

滴滴出行采用浮动车轨迹参与确定路段的潮汐车道，结合大数据分析，更加精准地衡量道路潮汐特性。采用拉链车，通过车辆行驶改变道路隔离墩的位置，使该路段单向各三车道变成四车道和两车道，从而起到疏解交通拥堵的作用。

4. 减少城市的停车场需求量

随着私人汽车拥有量的增多，停车场的需求量也在上升。如图 7—9 所示，以上海市为例，2009—2016 年，上海市经营性停车场（库）车辆停放车次增长显著，反映了城市停车场需求量的增长。但是，私人汽车中很大一部分使用率并不高，主要是为满足上下班通勤需要，其余时间处于闲置状态，这无疑是一种资源浪费。而滴滴出行推出的快车等功能显著提高了汽车使用率，减少汽车闲置，缓解了停车场需求增长与城市土地资源稀缺的矛盾。

2017 年，滴滴出行平台全年完成 74.3 亿次出行服务，通过大数据的挖掘和分析运用，搭建了一套智慧交通调度体系，更加合理调度交通运力，提高了城市交通的效率，让出行变得更高效、便捷，助力绿色发展，相信在未来，我国的交通出行在大数据的支持下将变得更加绿色、高效。

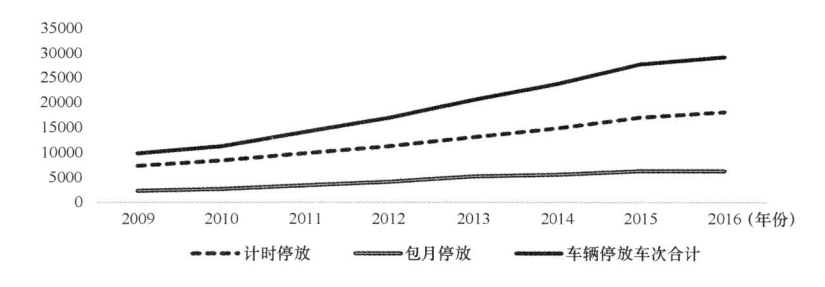

图7—9　2009—2016年上海市经营性停车场（单位：库）运营情况（单位：万辆次）

5. 节能减排测算

为估算大数据对于绿色发展的促进作用，针对滴滴出行所在的出租车客运行业，本研究进行了节能减排测算。具体公式为：

$$油耗节约 = 客运总里程 \times 空载率减少量 \times 出租车单位里程平均耗油量$$
$$碳排放减少量 = 油耗节约 \times 单位汽油碳排放量$$

以2016为例，根据《中国城市客运发展报告》进行估算，我国全年出租车客运里程1552.50亿公里。根据《滴滴出行企业公民报告》中最高空驶率降低率36%与滴滴有关新闻报道，保守估计空驶率降低在30%。由此计算出若中国出租车客运行业全面推行大数据匹配，将减少空驶里程约310.5亿公里，进而按照出租车百公里平均耗油8升估算油耗节约量为183.3万吨。单位汽油碳排放量根据汽油燃烧方程式计算，1L汽油完全燃烧碳排放量约为2.254kg。从而计算出大数据匹配将减少我国出租车客运行业碳排放量约 559.9 万吨。

二 货车帮

货车帮是拥有全国 520 万货车司机会员的、中国最大的公路物流互联网信息平台，建立了中国第一张覆盖全国的货源信息网，并为平台货车提供综合服务，致力于做中国公路物流基础设施。与滴滴出行建立于传统出租车行业的发展模式不同，货车帮旗下的一系列 APP 创立了货车车货匹配及相关一系列服务的新型经营模式，以大数据为基础，为推行绿色经济在本行业内做出了重要贡献。

（一）大数据在货车帮旗下产品中的使用

贵阳货车帮科技有限公司主要拥有线上、线下和大数据三类产品，具体包含"货车帮"APP、"货车帮——货主"APP 及电脑客户端、货车 ETC 业务以及全国公路物流指数等产品，全线产品的运营全部依托于大数据技术的使用，旨在让中国 3000 万货运司机生活得更好，以为中国建设公路物流基础设施为使命，运用大数据技术，为货车车主和货主提供匹配郊野信息的高效平台，极大提升了车货匹配效率，极大地减少了货车等待的时间成本、司机的食宿成本，货主的时间和仓储费用。

此外，货车帮还为货车司机提供货车 ETC 卡办理服务，旨在为货车司机节省过路费。在这项业务的办理中，货车帮同样依托于建立在大数据基础之上的司机信用评价体系与个人信息系统，更有效率、更有针对性地进行业务办理。

全国公路物流指数则是货车帮旗下最重要的大数据产品，联合阿里云大数据团队共同打造，就我国领土范围内公路物流货物运输流向、货物分布情况、车辆分布情况进行了全面分析，对于其他业务更有效率更绿色环保地推广意义重大。

如今，货车帮每日请求量接近 1.5 亿次，每日处理大数据量超过 20TB，每日货源信息超过 500 万条。拥有诚信司机会员 520 万，拥有认证货主会员 125 万。

（二）货车帮与绿色发展

2016年，中国物流总费用占GDP14.9%，约为欧美国家的两倍，相对于物流行业更为成熟的发达国家，我国物流成本仍旧处于一个较高的水平。此外中国85%以上大型货车为个体户，货车空载率高达40%，平均找货卸货时间3—5天，经营混乱，效率低下。货车帮通过大数据整合，极大减少了公路物流运输的资源浪费，提升了行业效率。

1. 缓解车主货主信息不对称

货车帮为物流运输服务的需求者和供给者提供了匹配信息的大数据平台，缓解了车主货主之间信息不对称的问题。货车帮通过大数据技术及相关算法的使用，在为货主提供货源信息登记平台以外，对于车主和货主的要求进行精准预测，为车主提供最优的备选货车运输方案，为货主提供符合自身要求的货源信息。

大数据的使用使得供求双方的大规模信息交互成为可能，在很大的程度上降低了成本，提高了效率，促进了绿色经济发展：对于司机而言，由于找货时间大幅缩短，使得运输总成本下降了6.3%，而对于货主而言，货物的仓储时间大幅缩短使得仓储成本减半。

2. 建立货运行业信用体系

实名认证：货车帮平台将车主信息上传数据库，同时对车主交易完成情况进行记录，对每次匹配进行评级打分，并将此信誉积分记录到相应的车主或货主的档案内。通过在大数据工作体系下的个人信誉叠加，对个人的信誉及交易质量进行分析对比，从而筛选出高信誉度个体，淘汰低信誉度个体，目前已经有超过3.5%的低信誉车主被禁止使用货车帮平台，从而避免了在货运过程中的损失，提高了经济效益。

保险保障：货车帮提供在线货运保险制度，支持在线即时购买和在线理赔，通过大数据将全部车辆信息与状况和相应保险公司对接，对不同车辆的订单进行风险评级。评级不同的订单会被划分成不同的类别，推荐最适合此类别的保险种类，并且即时数据传输，保证每一辆货车都具有相应的保险，这在有效转移风险的同时保证了整个行业的信用水平，保障了交易的进行，从而增加了交易的成功率。

基于货车帮在大数据体系下建立的行业信用体系，注册认证成为货车帮诚信司机会员已经超过 520 万人。而加入的车主违约水平在不断下降，如图 7—10 所示，从 2015 年的 1.79% 到 2016 年的 1.22%，而到 2017 年，违约率水平已经降低到 0.8%，在三年时间内违约发生率下降了一半，体现出货车帮的整体行业信用体系已经基本建立，大数据为货车帮带来了更多的货源和车主，有助于物流业经济效益的改善及发展，提高了经济体系的可持续发展。

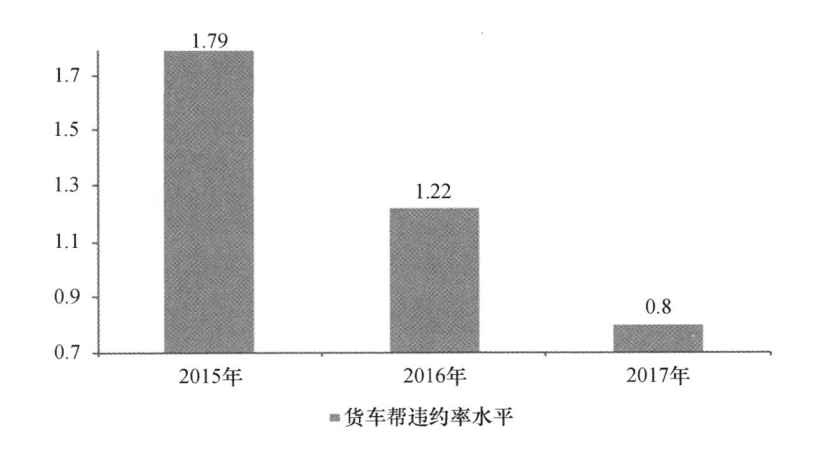

图 7—10　货车帮 2015—2017 年违约率水平（单位:%）

3. 降低空驶率，促进节能减排

货车帮在大数据的基础上整合了货车与货源信息，促进了车货匹配效率，使货主的货物得以迅速运输，更使车主的车能够更有效地得到利用，进而减少空驶率，促进了节能减排，推进了绿色物流。

4. 节能减排测算

本研究同样估计了大数据匹配对公路货运行业节能减排的贡

献，具体公式为：

油耗节约 = 货运卡车数量 × 日均里程数 × 天数 × 空载率减少量 × 货运卡车单位里程平均耗油量

碳排放减少量 = 油耗节约 × 单位柴油排放量

同样以 2016 为例，根据《交通运输行业发展统计公报》，2016年我国拥有货运卡车 1368.62 万辆，与运满满所测算的我国货运卡车平均日行里程 200 公里，以及货车帮所公布的货运 APP 空载率降低率 26%（从原来的 40% 降至 16%），可计算大数据匹配可减少我国货运卡车里程 2597.6 亿公里。按照货车平均吨位为 10t，每百公里平均柴油油耗 17L，可得油耗节约 3710.1 万吨，从而减少碳排放量 1.16 亿吨。

第六节　关于大数据与绿色发展的建议

一　加快推进大数据应用范围，助力绿色发展

我国大数据应用发展虽然迅速，但行业相对集中，并且集中在 BAT 等大公司，应加强大数据应用的领域范围和企业范围，充分发挥企业的主观能动性，让各行各业都能有领头羊企业带动该行业的大数据发展，通过大数据提高该行业的生产效率，促进节能减排，全方位多角度的助力我国绿色发展的进程。

二　健全大数据监督管理制度，避免利用大数据扰乱绿色发展环境

大数据之于绿色发展是一把双刃剑，大数据满足了人们多元化、个性化的信息需求，通过定制化、智能化的信息传播机制，实现了用户与信息的快速精确匹配，大大降低信息传播和获取的成本，是生产生活更加绿色。但是，由于大数据能够精准定位用户需

求、全面了解用户信息，为"价格歧视"等非正常的生产经营手段提供了便利且隐蔽的途径。针对利用大数据扰乱发展环境的行为，健全大数据监督管理是根本之策，对影响公众基本权利、涉及重大社会公共利益的算法，通过监管对大数据使用重点环节进行强有力的监督，稳定绿色发展环境。

三 推进大数据融合，共同服务绿色发展

大数据在一定范围内是边际价值递增的资本，目前众多部门及企业都拥有自己的大数据库。推动各大数据相互融合，共同更好地服务于绿色发展，实现生产生活各领域智能化管理运行，提高生产生活效率，减少污染排放，将大数据的价值进行最充分的挖掘。

四 推动大数据开发应用工作，以绿色发展大数据带动绿色发展研究

大数据不仅仅能带来生产生活效率上的提高，大数据本身也能创造新的大数据、推动新思想、新技术的形成。目前，推动大数据开发应用工作已经在国家统计局正式启动，国家统计局—清华大学数据开发中心作为首个试点单位，经推进微观大数据开发应用工作。而在很多企业，也都拥有自己的数据研究团队。未来，若能更全面的推动大数据开发应用工作，以绿色发展大数据带动绿色发展研究，那么大数据在助力绿色发展的道路上将迈出更大的一步。

本专题参考文献

Chae, B. K., "Insights from Hashtag Supply Chain and Twitter Analytics: Considering Twitter and Twitter Data for Supply Chain Practice and Research", *International Journal of Production Economics*, 2015, 165, 247–259.

Fan, J., Han, F., & Liu, H., "Challenges of big data analysis", *National science review*, 2014, 1 (2), 293–314.

Jianguo Wu, "Landscape sustainability science: ecosystem services and human well-being in changing landscapes", *Landscape Ecology*, 2013, 28 (6): 999-1023.

Mark, A. B., & Laney, D., "The Importance of 'Big Data': A Definition", *Gartner*, 2012, Jun, 21.

Wamba, S. F., Akter, S., Edwards, A., Chopin, G., & Gnanzou, "How big data'can make big impact: Findings from a systematic review and a longitudinal case study", *International Journal of Production Economics*, 2015 (DOI: 10.1016/j.ijpe.2014.12.031).

White, M., "Digital workplaces: vision and reality", *Business Information Review*, 2012, 29 (4), 205-214.

王海芹、高世楫:《我国绿色发展萌芽、起步与政策演进: 若干阶段性特征观察》,《改革》2016 年第 3 期。

王玲玲、张艳国:《"绿色发展" 内涵探微》,《社会主义研究》2012 年第 5 期。

胡鞍钢、周绍杰:《绿色发展: 功能界定、机制分析与发展战略》,《中国人口·资源与环境》2014 年第 1 期。

方巍、郑玉、徐江:《大数据: 概念、技术及应用研究综述》,《南京信息工程大学学报》(自然科学版) 2014 年第 5 期。

谢雄标、吴越、严良:《数字化背景下企业绿色发展路径及政策建议》,《生态经济》2015 年第 11 期。

许宪春:《新经济的作用及其给政府统计工作带来的挑战》,《经济纵横》2016 年第 9 期。

王建民:《〈生态环境大数据建设总体方案〉政策解读》,《环境保护》2016 年第 14 期。

中华人民共和国交通运输部:《中国城市客运发展报告 (2016)》, 人民交通出版社 2017 年版。

滴滴出行:《滴滴出行企业公民报告》, 滴滴出行发布, 2017 年。

第八专题

中国地方绿色发展评估：基于政府宣传大数据的测度[①]

第一节 引言

党的十八大以来，绿色发展在中国特色社会主义事业总体布局中的地位日益凸显。党的十八大将生态文明建设纳入经济、政治、文化、社会、生态建设"五位一体"的总体发展布局，并提高到国家长远发展核心战略的高度。党的十八届五中全会进一步地将"绿色发展"列为五大发展理念之一，生态文明也首次被写入五年规划的十个目标任务中。党的十九大进一步将建设生态文明提升为"千年大计"，明确指出"我们要建设的现代化是人与自然和谐共生的现代化，既要创造更多物质财富和精神财富以满足人民日益增长的美好生活需要，也要提供更多优质生态产品以满足人民日益增长的优美生态环境需要"。[②]绿色发展已成为习近平新时代中国特色社会主义思想的核心内容之一。习近平总书记也多次在各种讲话、报告、谈话、指示、批示中，强调贯彻新发展理念，推动形成绿色发展方式和生活方式（见表8—1）。在习近平总书记绿色发展理念的引导下，中国环境治理体制机制改革走向"深水区"。中央政府陆

[①] 本专题作者：渠慎宁。作者单位：中国社会科学院工业经济研究所。
[②] 习近平：《决胜全面建成小康社会 夺取新时代中国特色社会主义伟大胜利——在中国共产党第十九次全国代表大会上的报告》，人民出版社2017年版，第50页。

续出台各类文件，保障绿色发展政策法规体系不断完善，执法督政机制不断突破，市场手段调节不断增多。

表8—1　党的十八大后习近平总书记关于绿色发展的重要讲话和指示节选

时间	来源	主要内容
2013年4月10日	《在海南考察工作结束时的讲话》	经济发展不应是对资源和生态环境的竭泽而渔，生态环境保护也不应是舍弃经济发展的缘木求鱼……加快构建绿色生产体系，大力增强全社会节约意识、环保意识、生态意识
2013年5月24日	《在十八届中央政治局第六次集体学习时的讲话》	推进生态文明建设，必须全面贯彻落实党的十八大精神，以邓小平理论、"三个代表"重要思想、科学发展观为指导，树立尊重自然、顺应自然、保护自然的生态文明理念……把生态文明建设融入经济建设、政治建设、文化建设、社会建设各方面和全过程
2013年7月18日	《致生态文明贵阳国际论坛二〇一三年年会的贺信》	中国将按照尊重自然、顺应自然、保护自然的理念，贯彻节约资源和保护环境的基本国策，更加自觉地推动绿色发展、循环发展、低碳发展
2013年9月7日	在哈萨克斯坦纳扎尔巴耶夫大学演讲时的答问	中国明确把生态环境保护摆在更加突出的位置。我们既要绿水青山，也要金山银山。宁要绿水青山，不要金山银山，而且绿水青山就是金山银山。我们绝不能以牺牲生态环境为代价换取经济的一时发展
2014年3月7日	《在参加十二届全国人大二次会议贵州代表团审议时的讲话》	绿水青山和金山银山决不是对立的，关键在人，关键在思路……如果其他各方面条件都具备，谁不愿意到绿水青山的地方来投资、来发展、来工作、来生活、来旅游？从这一意义上说，绿水青山既是自然财富，又是社会财富、经济财富
2014年12月9日	《在中央经济工作会议上的讲话》	生态环境问题归根到底是经济发展方式问题，要坚持源头严防、过程严管、后果严惩，治标治本多管齐下，朝着蓝天净水的目标不断前进
2015年5月27日	《在华东七省市党委主要负责同志座谈会上的讲话》	协调发展、绿色发展既是理念又是举措，务必政策到位、落实到位……要科学布局生产空间、生活空间、生态空间，扎实推进生态环境保护，让良好生态环境成为人民生活质量的增长点，成为展现中国良好形象的发力点

续表

时间	来源	主要内容
2015年12月20日	《在中央城市工作会议上的讲话》	城市发展不仅要追求经济目标,还要追求生态目标、人与自然和谐的目标,树立"绿水青山也是金山银山"的意识,强化尊重自然、传承历史、绿色低碳等理念,将环境容量和城市综合承载能力作为确定城市定位和规模的基本依据
2016年2月1日—3日	《在江西考察工作时的讲话》	绿色生态是最大财富、最大优势、最大品牌,一定要保护好,做好治山理水、显山露水的文章,走出一条经济发展和生态文明水平提高相辅相成、相得益彰的路子
2016年3月10日	《在参加十二届全国人大四次会议青海代表团审议时的讲话》	在生态环境保护建设上,一定要树立大局观、长远观、整体观,坚持保护优先,坚持节约资源和保护环境的基本国策,像保护眼睛一样保护生态环境,像对待生命一样对待生态环境,推动形成绿色发展方式和生活方式
2016年5月30日	《为建设世界科技强国而奋斗》	绿色发展是生态文明建设的必然要求,代表了当今科技和产业变革方向,是最有前途的发展领域……不仅要从政策上加强管理和保护,而且要从全球变化、碳循环机理等方面加深认识,依靠科技创新破解绿色发展难题,形成人与自然和谐发展新格局
2017年5月26日	《在十八届中央政治局第四十一次集体学习时的讲话》	推动形成绿色发展方式和生活方式,是发展观的一场深刻革命……坚决摒弃损害甚至破坏生态环境的发展模式,坚决摒弃以牺牲生态环境换取一时一地经济增长的做法,让良好生态环境成为人民生活的增长点、成为经济社会持续健康发展的支撑点、成为展现中国良好形象的发力点
2017年6月21日—23日	《在山西考察工作时的讲话》	坚持绿色发展是发展观的一场深刻革命。要从转变经济发展方式、环境污染综合治理、自然生态保护修复、资源节约集约利用、完善生态文明制度体系等方面采取超常举措,全方位、全地域、全过程开展生态环境保护

资料来源:作者整理。

然而,我国绿色发展目标的实现,不仅要靠中央政府层面的理念推广,更需要地方政府层面的落实。在落实过程中,地方绿色发展宣传是生态文明建设的重要一环,也体现出各地政府对绿色发展、对习近平新时代中国特色社会主义思想的重视程度。地方政府主要领导对绿色发展理念的表态和讲话，正是地方绿色发展宣传的最核心表现。在当前全面深化改革的背景下，一方面，通过了解各地区主要领导对绿色发展理念的宣传情况，可以更好地掌握我国各地区绿色发展的推进动态，为中央布局绿色发展区域政策，加快建设"美丽中国"提供参考。另一方面，通过比较各地区政府绿色发展宣传状况之间的差异，可对当前绿色发展政策的上下传导机制进行判断，找出地方执行过程中存在的不足，理清绿色发展政策的推进脉络，为政策更好地落地实施提供建议。

政策的传导机制一直都是国内外学者较为关心的问题。当上级政府出台一个政策时，下级政府对该政策的服从程度可分为完全政策执行、不完全政策执行以及介于两者之间的政策执行（Chung，2000）。在完全政策执行模式中，下级政府与上级政府之间的利害关系较为一致，因此行动也较为积极；在不完全政策执行模式中，下级政府与上级政府之间存在明显的利害冲突，因此执行动力较弱；而介于两者之间的模式称为"跟风模式"，即下级政府不想赶在上级政府的前面执行，但也不想落在最后。Schofield 和 Sausman（2004）进一步指出若完全政策执行的地区越多，"跟风"行为出现得越早，中央政策的落实速度将越快，反之若不完全政策执行的地区越多，则速度越慢。在具体政策执行的过程中，Sabatier（1986）将执行路径分为"自上而下的路径"和"自下而上的路径"。自上而下的路径强调政策制定者是主要参与者，关注点集中于执行人员和政策受众群体的行动在多大程度上与政策制定的意图一致。相比之下，自下而上的路径强调政策受众群体和政策执行者是主要参与者，并认为政策实际是由地方层面推动制定。这两种路径均存在一些弊端：自上而下的路径对政策执行细节以及执行者所掌握的知识技能影响重视不足，忽视了政策执行过程的复杂性；而自下而上的路径忽视了上层政策制定者的资源统筹协调和制度构建作用，过于强调地方因素对政策执行的影响（Matland，1995）。由此可见，两个路径的主要区别在于自上而下路径更关注宏观层面，以政策制定为考虑重点，自下而上路径更关注微观层面以执行问题为考虑重点（见表8—2）。据我们所掌握的文献，当前中国绿色发展政策的传导机制问题尚未有学者研究，本研究试图对此进行深入分析。

表8—2　　　　　　　　自上而下与自下而上路径比较

	自上而下路径	自下而上路径
主要特征	从上级政府到下级政府、私人部门间的传导	从下级政府、私人部门向上级政府层面的传导
主要目的	如何掌控系统实现政策制定者的政策设想	通过各个利益相关者之间的互动达成一致共识
评判标准	结果导向制，以执行上级任务为基准	过程导向制，发掘问题所在向上级反馈
执行特征	行政等级制指导	去中心化地解决问题

资料来源：Sidney, M., *Handbook of Public Policy Analysis: Theory, Politics, and Methods*, New York: CRC Press, 2007.

本研究将基于大数据分析方法，对中国31个省区市下的320个地级市和2860个区县的绿色发展宣传情况进行统计，并给出中国绿色发展百强区县和百强市排名。在此基础上，我们将对百强区县和百强市的区域分布特征进行比对分析，挖掘出各地区绿色发展政策的宣传策略和传导机制，从中发现当前绿色发展宣传的问题所在，并给出相应的改进建议。本研究以下的结构为：第二部分为大数据测度思路和方法；第三部分为基于政府宣传大数据的中国区县绿色发展排名；第四部分为基于政府宣传大数据的中国地级市绿色发展排名；第五部分为中国绿色发展政策上下传导机制评估；最后为结论和政策建议。

第二节　大数据测度思路和方法

我们采用大数据挖掘与分析技术，分类收集整理了除港澳台外全国 31 个省区市下的 320 个地级市和 2860 个区县（包括各省地级市的下属区、县、旗和县级市以及直辖市下属的区县）的主要政务网站（包括但不限于当地政府各级部门的官网、政务新闻网等），并以"两山理论""两山论""绿色青山+金山银山""绿色发展""绿色转型""生态文明"等作为关键词，搜索统计 2013 年后各地级市和区县最主要领导（地级市下仅限于市委书记、市长、州委书记、州长、盟委书记、盟长，区县下仅限于区委书记、区长、市委书记、市长、县委书记、县长、旗委书记、旗长）就这些关键词进行的公开讲话次数。统计时间为 2013 年 1 月至 2018 年 5 月。

以区县为例，在 65 个月 2860 个区县主要领导讲话的大数据搜集过程中，我们特别运用了能反映"讲话质量"的大数据筛选技术。首先，本研究收集的领导讲话选取仅限于各区县的"一把手"和"二把手"（即党委和政府的最高长官）。对于"区委副书记""副区长""市委副书记""副市长""县委副书记""副县长"等容易附带搜索到的词频讲话，我们在数据库里进行了记录和排查。通过对讲话人员级别的限制筛选，可反映出当地最高党政领导对绿色发展的重视力度。其次，本研究收集的领导讲话来源仅限于各区县的政府官网和政务新闻网（包括宣传部门的新闻网站与当地政府机关报网站）。由于政府官网和政务新闻网是各地党政舆论的主要宣传阵地，这些网站上的绿色发展宣传不仅具备权威性和官方性质，而且在当地有着较大的党政商界舆论影响力。再次，我们特别注意判断仅在文中偶尔提及、但主题跟绿色发展无关的讲话，并加以筛选去除。如当一篇领导讲话中涉及绿色发展相关的关键词词频低于 3 次时，该次讲话会进入我们的"低相关度"讲话数据库中。

再通过大数据技术复核，若主题确实与绿色发展相关，则予以保留，若主题与绿色发展不相关，则给予剔除。在这些技术手段的保障下，我们选取的领导绿色发展讲话数据同时具备了权威性、真实性和可靠性。

在搜集后的数据整理过程中，我们以31个省（市、区）为单个统计单元，按月对下属地级市每个区县的主要领导绿色发展讲话次数进行记录。以北京为例，北京下属区县共计16个，2013—2018年5月总计达226次（见表8—3）。各区主要领导关于绿色发展的讲话次数参差不齐，最高的石景山区次数达到51次，最低的海淀区次数仅为1次。与此同时，可发现自2016年后，各区讲话次数明显增加。2017年，北京各区讲话次数达到91次，2018年前5个月更是达到了71次。由此内推，我们可以记录下全国31个省市所有区县主要领导的绿色发展讲话次数。

表8—3　党的十八大后北京各区主要领导绿色发展讲话次数

北京	2013年	2014年	2015年	2016年	2017年	2018年（1—5月）	总计
昌平区	2	—	—	—	2	1	5
朝阳区	—	—	1	1	4	5	11
大兴区	—	1	2	—	—	1	4
东城区	—	—	—	1	—	1	2
房山区	—	1	—	—	1	3	5
丰台区	—	—	—	—	2	2	4
海淀区	—	—	—	—	1	—	1
怀柔区	—	2	3	—	15	7	27
门头沟区	—	—	1	2	18	—	21
密云区	—	—	—	3	11	5	19
平谷区	—	8	3	3	13	22	49
石景山区	—	8	3	9	14	17	51
顺义区	—	—	—	4	1	5	10

续表

北京	2013年	2014年	2015年	2016年	2017年	2018年（1—5月）	总计
通州区	—	—	—	3	4	—	7
西城区	1	—	1	1	2	2	7
延庆区	—	—	—	—	3	—	3
总计	3	20	14	27	91	71	226

注："—"表示数据缺失。

资料来源：作者整理。

第三节　中国区县绿色发展排名：基于宣传大数据的测度

利用上述方法，我们整理得出 2013 年 1 月—2018 年 5 月全国 31 个省（区、市）2860 个区县主要领导关于绿色发展讲话的所有数据。可发现，我国地方区县主要领导关于绿色发展的讲话次数由 2013 年 1 月的 21 上升至 2018 年 5 月的 1392 次（见图 8—1）。各地讲话次数的发展可分为三个阶段：（1）2013 年 1 月至 2015 年 11 月。在这段时期，讲话次数始终处在 50 以下的水平；（2）2015 年 12 月至 2017 年 10 月。即从党的十八届五中全会至十九大之间，讲话次数上了一个平台，开始突破 100，最高在 2017 年 10 月到达了 601 次的高位；（3）2017 年 11 月至今。即从十九大后，讲话次数更上一个台阶，稳定保持在 1000 以上的规模。在 2018 年 3 月，即 2018 年"两会"结束后，达到了 1666 次的阶段性高点。

从省级层面看，2013 年 1 月—2018 年 5 月，浙江、湖北、甘肃、广东、安徽、山东、江苏、河南、黑龙江、贵州的讲话次数在 31 个省（区、市）中处于前十位（见表 8—4）。其中，浙江共计 1231 次位列第一，湖北、甘肃分别以 1006 次、912 次位居二、三位。从总数上看，排名靠前的以东部沿海地区和长江、黄河沿线的地区为主。由于各省市的区县数量不同，省级讲话次数总量并不能反映出该地区的讲话频次和重视程度，需要用各省市的区县平均讲话次数来体现。通过测算 31 个省市的区县平均讲话次数，可发现浙江、北京、湖北、甘肃、重庆、江苏、安徽、天津、广东、贵州等省市排名靠前。其中，浙江区县平均讲话次数约 14 次，稳居全国第一，北京、湖北分别以约 13 次和 11 次位居二三位，区县平均讲话次数分布仍呈现出东部沿海和长江、黄河沿线为主的态势。

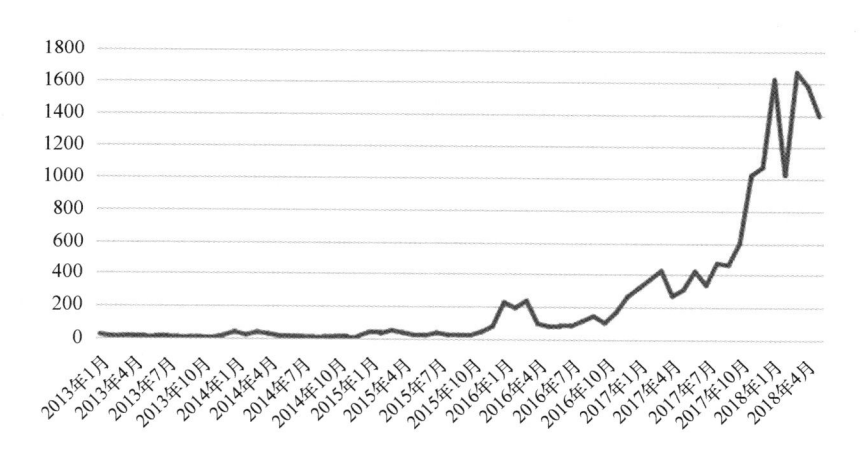

图 8—1　全国各地区县主要领导绿色发展讲话次数变化趋势

资料来源：作者整理。

表 8—4　党的十八大后中国绿色发展讲话总数省（区、市）排名

排名	地区	讲话总数	统计区县个数
1	浙江	1231	89
2	湖北	1066	98
3	甘肃	912	90
4	广东	899	122
5	安徽	898	104
6	山东	866	141

续表

排名	地区	讲话总数	统计区县个数
7	江苏	862	98
8	河南	856	154
9	黑龙江	740	126
10	贵州	645	90

资料来源：作者整理。

通过对 2013 年 1 月至 2018 年 5 月全国 31 个省（区、市）2860 区县主要领导讲话的数据整理，可以得出党的十八大后中国绿色发展宣传百强区县排名（见表 8—5）。在这段时期内，浙江庆元县主要领导关于绿色发展方面的讲话次数最多，达到 102 次，排名全国第一。甘肃张家川回族自治县和重庆黔江区分别以 87 和 70 次的数据位列第二、三位。前十名中的其他区县还包括甘肃古浪县、浙江磐安县、江苏昆山市、甘肃舟曲县、浙江云和县、江苏响水县和北京石景山区，讲话次数均在 50 次以上。同时，前 50 名的区县均保持在 30 次以上，前一百名的区县均保持在 22 次以上。纵观前一百名的区县，浙江数量最多，达到 15 个，湖北拥有 11 个，位居第二，江苏拥有 9 个，位居第三（见表 8—6）。拥有百强区县较多的前十位省市还包括安徽、甘肃、广东、贵州、重庆、江西和北京等。由于各省市下属的区县数量不一，区县数量较多的省市可能会拥有更多的百强区县，因此需要通过测算各地百强区县占比来反应各地区县的"拔尖"情况。测算结果表明，北京百强区县占比最高，达到 18.75%，浙江其次，达到 16.85%，重庆第三，为 13.16%（见表 8—7）。天津、湖北、江苏、安徽、甘肃、贵州、广东分布位居四至十位。从结构上看，无论是百强区县数量还是占比，东部沿海、长江和黄河流域省市仍是绿色发展宣传的排名靠前地区。

表8—5　　党的十八大后中国绿色发展宣传百强区县排名

排名	区县名称	所属省（区、市）	讲话次数	排名	区县名称	所属省（区、市）	讲话次数
1	庆元县	浙江	102	50	武夷山市	福建	29
2	张家川回族自治县	甘肃	87	50	南川区	重庆	29
3	黔江区	重庆	70	53	远安县	湖北	28
4	古浪县	甘肃	66	53	张家港市	江苏	28
5	磐安县	浙江	62	53	兴山县	湖北	28
5	昆山市	江苏	62	53	猇亭区	湖北	28
7	舟曲县	甘肃	61	53	太湖县	安徽	28
8	云和县	浙江	56	53	通河县	黑龙江	28
9	响水县	江苏	51	53	甘谷县	甘肃	28
9	石景山区	北京	51	53	河东区	天津	28
11	平谷区	北京	49	61	盱眙县	江苏	27
12	义乌市	浙江	47	61	金湖县	江苏	27
13	南乐县	河南	46	61	怀柔区	北京	27
13	呼图壁县	新疆	46	61	东乡族自治县	甘肃	27
15	灌云县	江苏	44	61	恩平市	广东	27
15	蔡甸区	湖北	44	61	巢湖市	安徽	27
17	西湖区	浙江	43	67	凯里市	贵州	26
18	绵竹市	四川	42	67	集贤县	黑龙江	26
18	景宁畲族自治县	浙江	42	67	建瓯市	福建	26
18	静海区	天津	42	67	大余县	江西	26
21	永川区	重庆	41	71	台山市	广东	25
21	五莲县	山东	41	71	綦江区	重庆	25
23	夷陵区	湖北	40	71	宁陕县	陕西	25
24	漳县	甘肃	39	74	婺城区	浙江	24
25	兴县	山西	37	74	湘乡市	湖南	24
25	奇台县	新疆	37	74	三原县	陕西	24
25	卢氏县	河南	37	74	嵊泗县	浙江	24

续表

排名	区县名称	所属省（区、市）	讲话次数	排名	区县名称	所属省（区、市）	讲话次数
28	连南瑶族自治县	广东	36	74	南岸区	重庆	24
28	淳安县	浙江	36	74	萝北县	黑龙江	24
38	大埔县	广东	36	74	吉安市	吉林	24
31	武穴市	湖北	35	81	石首市	湖北	23
31	泗阳县	江苏	35	81	望江县	安徽	23
33	伊通满族自治县	吉林	34	81	松滋市	湖北	23
33	罗田县	湖北	34	81	全南县	江西	23
33	安溪县	福建	34	81	龙泉市	浙江	23
36	松阳县	浙江	33	81	莲都区	浙江	23
36	柯城区	浙江	33	81	旌德县	安徽	23
36	浮梁县	江西	33	81	霍山县	安徽	23
39	兴宁市	广东	32	81	贵定县	贵州	23
39	歙县	安徽	32	81	大丰区	江苏	23
39	蕲春县	湖北	32	91	镇海区	浙江	22
39	湄潭县	贵州	32	91	永丰县	江西	22
43	绥阳县	贵州	31	91	玉屏县	贵州	22
43	文昌市	海南	31	91	小金县	四川	22
43	枞阳县	安徽	31	91	浉河区	河南	22
46	休宁县	安徽	30	91	祁阳县	湖南	22
46	通山县	湖北	30	91	玛纳斯县	新疆	22
46	开平市	广东	30	91	旅顺口区	辽宁	22
46	建湖县	江苏	30	91	岚县	山西	22
50	余杭区	浙江	29	91	安丘市	山东	22

注：尽管北京、上海、重庆和天津4个直辖市的区比地级市下属的区县行政级别要高，但从人口和区域面积等方面看，4个直辖市的区与地级市的区县较为接近。此外，学术界也较少将直辖市下属区的下一级——街道办为单位参与百强区县进行排名，故我们在百强区县排名中仍将直辖市的下属区列入。

资料来源：作者整理。

表 8—6　　各省（区、市）拥有的百强区县数量排名　　（个）

排名	省（区、市）	百强区县数量	排名	省（区、市）	百强区县数量
1	浙江	15	10	黑龙江	3
2	湖北	11	10	新疆	3
3	江苏	9	15	湖南	2
4	安徽	8	15	吉林	2
5	甘肃	6	15	山东	2
5	广东	6	15	山西	2
7	贵州	5	15	陕西	2
7	重庆	5	15	四川	2
9	江西	4	15	天津	2
10	北京	3	22	海南	1
10	福建	3	22	辽宁	1
10	河南	3			

资料来源：作者整理。

表 8—7　　各省（区、市）拥有的百强区县占比排名　　（%）

排名	省（区、市）	百强区县数量	排名	省（区、市）	百强区县数量
1	北京	18.75	13	吉林	3.64
2	浙江	16.85	14	福建	3.30
3	重庆	13.16	15	新疆	2.88
4	天津	12.50	16	黑龙江	2.38
5	湖北	11.22	17	河南	1.95
6	江苏	9.18	18	陕西	1.80
7	安徽	7.69	19	山西	1.72
8	甘肃	6.67	20	湖南	1.59
9	贵州	5.56	21	山东	1.42
10	广东	4.92	22	四川	1.10
11	海南	4.17	23	辽宁	0.99
12	江西	3.92			

资料来源：作者整理。

第四节 中国地级市绿色发展排名：基于宣传大数据的测度

利用同样的方法，我们可对2013年1月至2018年5月全国31个省（区、市）的320个地级市的主要领导（市委书记、市长、州委书记、州长、盟委书记、盟长）关于绿色发展方面的讲话进行统计，分别得出党的十八大后的省级排名和市级排名（见表8—8）。经统计，在这段时期内贵州黔东南州主要领导关于绿色发展方面的讲话次数最多，达到728次，位居全国第一。湖北宜昌市和四川广元市分别以586和413次的数据位列第二、三位。前十名中的其他区县还包括四川巴中市、贵州黔西南州、湖北荆门市、江苏宿迁市、浙江丽水市、湖北咸宁市、四川乐山市，讲话次数均在240次以上。同时，前五十名的地级市均保持在107次以上，前一百名的地级市均保持在64次以上。通过比较地级市和区县之间前一百名的宣传数据，可发现，地级市的宣传力度要明显大于区县。区县中排名第一的庆元县讲话次数在地级市中仅能在50名以外，地级市排名第99位的常德市讲话次数在区县排名中能进入前十位。这表明，地级市对绿色发展的重视程度普遍高于区县。绿色发展理念在自上而下的传导过程中，到了区县这一基层层面的宣传力度有所减弱。

表8—8　　　党的十八大后中国绿色发展宣传百强市排名

排名	区县名称	所属省（区、市）	讲话次数	排名	区县名称	所属省（区、市）	讲话次数
1	黔东南州	贵州	728	51	南京	江苏	105
2	宜昌	湖北	586	51	九江	江西	105
3	广元	四川	413	53	自贡	四川	104
4	巴中	四川	369	53	衢州	浙江	104
5	黔西南州	贵州	348	55	遂宁	四川	102

续表

排名	区县名称	所属省（区、市）	讲话次数	排名	区县名称	所属省（区、市）	讲话次数
6	荆门	湖北	307	56	铜川	陕西	100
7	宿迁	江苏	261	57	六盘水	贵州	99
8	丽水	浙江	251	58	铜陵	安徽	98
9	咸宁	湖北	246	59	宣城	安徽	97
10	乐山	四川	244	59	安阳	河南	97
11	张掖	甘肃	224	59	无锡	江苏	97
12	恩施	湖北	223	59	文山州	云南	97
13	宜宾	四川	218	63	淮南	安徽	96
14	池州	安徽	217	63	江门	广东	96
15	十堰	湖北	215	63	四平	吉林	96
16	湘西州	湖南	214	66	西安	陕西	91
17	襄阳	湖北	208	67	潍坊	山东	88
18	雅安	四川	205	68	滁州	安徽	86
19	海口	海南	202	69	铜仁	贵州	84
20	吉安	江西	187	70	唐山	河北	83
21	沧州	河北	184	70	徐州	江苏	83
22	晋城	山西	180	72	三门峡	河南	82
23	泰州	江苏	178	72	连云港	江苏	82
24	六安	安徽	175	74	广安	四川	81
25	黄冈	湖北	174	75	昆明	云南	79
26	绵阳	四川	168	76	南宁	广西	77
27	廊坊	河北	163	76	鄂尔多斯	内蒙古	77
28	深圳	广东	155	78	金昌	甘肃	76
29	甘孜州	四川	152	78	肇庆	广东	76
30	承德	河北	151	78	益阳	湖南	76
31	通化	吉林	149	81	伊春	黑龙江	75
31	宝鸡	陕西	149	81	巴彦淖尔	内蒙古	75
33	盐城	江苏	139	83	仙桃	湖北	74
35	淮北	安徽	136	84	清远	广东	73
35	广州	广东	136	85	平凉	甘肃	72
35	兴安盟	内蒙古	136	85	黔南州	贵州	72

续表

排名	区县名称	所属省（区、市）	讲话次数	排名	区县名称	所属省（区、市）	讲话次数
37	成都	四川	131	85	常州	江苏	72
38	遵义	贵州	130	88	苏州	江苏	71
39	安庆	安徽	127	89	青岛	山东	70
39	白山	吉林	127	90	湛江	广东	69
41	阿坝州	四川	125	90	张家界	湖南	69
42	郴州	湖南	124	92	淮安	江苏	68
43	汉中	陕西	121	92	镇江	江苏	68
44	鹤壁	河南	118	92	新余	江西	68
44	郑州	河南	118	92	内江	四川	68
44	安康	陕西	118	96	宜春	江西	66
47	长沙	湖南	113	96	昌吉州	新疆	66
48	杭州	浙江	111	98	三明	福建	65
49	西宁	青海	108	99	焦作	河南	64
50	阜阳	安徽	107	99	常德	湖南	64

注：北京、上海、天津、重庆4个直辖市未列入排名。
资料来源：作者整理。

纵观前一百名的地级市，四川数量最多，达到13个，江苏拥有11个位居第二，安徽拥有9个位居第三（见表8—9）。拥有百强市较多的前十位省份还包括湖北、广州、贵州、湖南、河南、陕西、河北等。这与区县统计同样存在一定差异，百强区县最多的浙江并未进入地级市数量最多的前十位。由于各地区下属的地级市数量不一，地级市数量较多的地区可能会拥有更多的百强市，因此需要通过测算各地百强市占比来反应各地区地级市的"拔尖"情况。测算结果表明，江苏百强市占比最高，达到84.62%，四川其次，达到61.90%，安徽和贵州第三，为60%（见表8—10）。陕西、湖北、湖南、吉林、河北、江西分布位居五至十位。从结构上看，与百强区县类似，东部沿海、长江和黄河流域的省份仍是地级市中绿色发展宣传的排名靠前地区。

表8—9　　　　　　各省（区）拥有的百强市数量排名　　　　　　（个）

排名	省市	百强市数量	排名	省市	百强市数量
1	四川	13	12	吉林	3
2	江苏	11	12	内蒙古	3
3	安徽	9	12	浙江	3
4	湖北	8	16	山东	2
5	广东	6	16	云南	2
6	贵州	6	18	福建	1
6	湖南	6	18	广西	1
8	河南	5	18	海南	1
8	陕西	5	18	黑龙江	1
10	河北	4	18	青海	1
10	江西	4	18	山西	1
12	甘肃	3	18	新疆	1

注：北京、上海、天津、重庆4个直辖市未列入排名。
资料来源：作者整理。

表8—10　　　　　　各省（区）拥有的百强市占比排名　　　　　　（％）

排名	省市	百强区县数量	排名	省市	百强区县数量
1	江苏	84.62	13	浙江	27.27
2	四川	61.90	14	内蒙古	25.00
3	安徽	60.00	15	海南	25.00
3	贵州	60.00	16	甘肃	23.08
5	陕西	50.00	17	福建	16.67
6	湖北	47.06	18	云南	15.38
7	湖南	46.15	19	青海	12.50
8	吉林	37.50	20	山东	11.76
9	河北	36.36	21	山西	9.09
10	江西	36.36	22	新疆	8.33
11	河南	29.41	23	黑龙江	7.69
12	广东	28.57	24	广西	7.14

资料来源：作者整理。

第五节　中国绿色发展政策上下传导机制评估

通过对百强区县排名和百强市排名的比较分析，可发现各地区拥有的百强区县数量及排名与百强市的并不完全一致，这就意味着绿色发展宣传在上下传导的过程中出现了资源错配现象，即市级层面的宣传并未被区县层面继承和发扬。有的地区市级层面宣传力度很大，但区县宣传力度一般，而有的地区市级层面宣传力度一般，区县却宣传力度很大。在此，我们将前者称为"自上而下宣传不畅地区"，后者称为"自下而上逆向影响地区"。对于百强区县数量和排名与百强市的较为匹配的地区，我们将其称之为"上下宣传平衡地区"。

根据表8—11中的分类，可见江苏、安徽、湖北、广东、河南、江西、吉林、山东、海南等地的百强区县数量及排名与百强市基本一致，属于"上下宣传平衡地区"。其中，江苏、安徽、湖北、广东和河南的百强区县与百强市数量均处于前十，表现出了在全国领先的宣传水平。而"自上而下宣传不畅地区"包括四川、湖南、陕西、河北、内蒙古和云南。其中，四川的百强市数量全国第一，百强区县数量却仅有2个，排名全国第15位，反差较为明显，这表明四川市级层面的宣传并未被区县所重视，基层对绿色发展的执行力度有待提高。此外，河北、内蒙古和云南均有百强地级市，但却没有百强区县，同样反映出基层对上面精神的领会与重视程度不足。相比之下，浙江、甘肃、福建、黑龙江、新疆、重庆、山西和辽宁的百强区县数量及排名要明显强于其百强市层面的，属于"自下而上逆向影响地区"。浙江是其中的最典型地区，浙江百强区县数量和排名全国第一，百强市却仅2个，排名第15名。这表明，证据的绿色发展理念推动更多的是靠基层普及，地级市层面并不需要宣传太多即可达到较好的效果。

表 8—11　　　　　中国绿色发展宣传上下宣传传输效果

	省（区、市）	百强市数量	市级排名	百强区县数据	区县排名
上下宣传平衡地区	江苏	11	2	9	3
	安徽	9	3	8	4
	湖北	8	4	11	2
	广东	6	5	6	5
	河南	5	8	3	10
	江西	4	11	4	9
	吉林	3	13	2	15
	山东	2	16	2	15
	海南	1	20	1	22
自上而下宣传不畅地区	四川	13	1	2	15
	湖南	6	7	2	15
	陕西	5	9	2	15
	河北	4	10	—	—
	内蒙古	3	14	—	—
	云南	2	17	—	—
自下而上逆向影响地区	浙江	3	15	15	1
	甘肃	3	12	6	5
	福建	1	18	3	10
	黑龙江	1	21	3	10
	新疆	1	24	3	10
	重庆	—	—	5	7
	山西	—	—	2	15
	辽宁	—	—	1	22

注：北京、上海、天津、重庆 4 个直辖市未列入排名，"—"表示未上榜。

资料来源：作者整理。

一般而言，对于一项政策计划，地方政府选择自上而下还是自下而上的执行路径取决于政策面临的环境（Berman，2008）。当大环境较为稳定、技术进步较为明确、外部冲击较小、群体冲突较小时，应当选择自上而下的路径；而当大环境并不稳定、技术不确定性较强、存在外部冲击、群体冲突较大时，应当选择自下而上的路径。我国因为地域较大，各地的经济基础、资源禀赋、生态状况存在较大差异，因此绿色发展政策执行过程更为复杂。首先，上级政府做出的重大决策有时便较为模糊，这是为了兼顾各方面的利益和需求（陈玲，2011）。这样就导致了执行过程中下级政府部门有着较大的自主权，可以就绿色发展政策"因地制宜"地调整。同时各地根据在具体执行过程中出现的各种意想不到的问题，对绿色发展政策进行修改或微调，从而造成了政策效果的多样性和多元化。其次，我国政策的执行环节较为复杂，存在"多头管理""封闭王国"等乱象，这使得最高层以下的政治体制存在分离化和碎片化的特征（Lieberthal等，1988）。这就意味着某些省级或部级政府缺乏靠自己的影响力发起或推广绿色发展政策时，其他一些利益不同部门或利益受损集团会想方设法进行阻挠。绿色发展政策的执行有赖于各级政府部门之间的妥协，基本共识在政策执行过程中需要不断创造和维护。在这样一种具有高度"商谈性"的体制中，绿色发展政策执行充满了不确定性，唯有在辖区内有着较大权威的地方政府有能力执行上级决策。再次，我国一些市县级地方政府为了满足其自身发展目标，同时遭受避免上级政府层面利益冲突带来的政治风险，通常会对上级要求进行"地方改良"，以此满足地方相关群体的利益（Sinkule，1995）。由此导致了当上级要求的绿色发展跟地方利益一致时，地方政府就可能会"卖力地执行"，而当上级要求的绿色发展与地方利益有冲突时，地方政府就可能会"巧妙地逃避"。这些因素的影响下，绿色发展政策在某些地区宣传效果较好，某些地区又不够理想。

第六节 结论及政策建议

本研究基于政府宣传大数据的挖掘与分析，对中国 31 个省（区、市）下的 320 个地级市和 2860 个区县的绿色发展情况进行了评估。结果发现，在百强区县排名中，浙江、湖北、江苏、安徽、甘肃、广东、贵州、重庆、江西和北京等地拥有的百强区县数量较多。而在百强市排名中，四川、江苏、安徽、湖北、广州、贵州、湖南、河南、陕西、河北等地拥有的百强市数量较多。从区域分布方面看，无论是在地级市还是区县的绿色发展排名中，东部沿海、长江和黄河流域的省份均是排位靠前地区。通过对比百强区县排名和百强市排名，本研究还发现各地区拥有的百强区县数量及排名与百强市的并不完全一致。四川、湖南、陕西等地的地级市层面宣传明显强于区县层面，而浙江、甘肃、福建等地的区县层面宣传明显强于地级市层面。这也表明我国绿色发展宣传在上下传导的执行过程中出现了一定程度的资源错配现象。

为了更好地在全国范围内推动绿色发展宣传工作开展，落实绿色发展理念在基层的实施，我们提出以下建议。首先，加大中西部和东北地区的宣传工作。当前绿色发展宣传开展较好的地区主要集中于东部沿海和长江黄河流域，经济发展相对滞后的中西部与东北地区宣传力度有待提高。尽管中西部与东北地区的经济发展诉求更为迫切，但这并不意味着经济发展与绿色发展不能同时实现。特别是对于后发展地区而言，东部地区所经历的"先污染后治理"教训已足够深刻，中西部和东北地区在承接东部重化工业转移时必须更得落实绿色发展理念，不能放松环境保护方面的监管。其次，对于"自上而下宣传不畅地区"，应该重视对基层实际情况的考察。"自上而下宣传不畅"的主要原因在于基层政府与上级政府之间的利益诉求不一致，导致行动出现偏差。对此，上级政府应该积极了解基层的困难与问题，并给予相应的支持、调解与劝导，一味地强压只会让基层政府"应付了事",不能让绿色发展理念真正深入人心。再次,对于"自下而上逆向影响地区",应该重视对基层执行方向的总体把控。尽管基层对绿色发展理念普及较好值得肯定,但基层的宣传有时会经"地方改良"后偏离了中央的路线方针与战略部署。当出现这种情况时,必须要上级政府及时"扭转方向",以保证与中央精神的一致性。这也对上级政府自身的理解、落实与宣传提出了要求,基层宣传情况较好并不意味着上级政府不用宣传,相反上级政府更得精准理解绿色发展理念来把握好宣传的大方向。对于绿色发展宣传较好的基层,上级政府应一方面对其宣传方式和内容进行审阅,以保证宣传的科学性和方向性不出现问题,另一方面在审阅后的基础上对其经验进行推广复制,以此向其他地区形成示范效应,并形成规范的基层宣传模式。

本专题参考文献

Chung, J., *Central Control and Local Discretion in China*, Oxford: Oxford University Press, 2000.

Schofield, J. and C. Sausman, "Symposium on Implementing Public Policy", *Public Administration*, 2004, 82 (2).

Sabatier, P., "Top – down and Bottom – up Approaches to Implementation Research: A Critical Analysis and Suggested Synthesis", *Journal of Public Policy*, 1986, 6 (1).

Matland, R., "Synthesizing the Implementation Literature: the Ambiguity – Conflict Model of Policy Implementation", *Journal of Public Administration Research and Theory*, 1995 (2).

Sidney, M., *Handbook of Public Policy Analysis: Theory, Politics, and Methods*, New York: CRC Press, 2007.

Berman, P., "Designing Implementation to Match Policy Situation", *Rand Working Paper* 6211, 2008.

Lieberthal, K. and M. Oksenberg, *Policy Making in China: Lead-*

ers, *Structures, and Process*, Princeton, New Jersey: Princeton University Press, 1988.

Sinkule, B. and L. Ortolano, *Implementing Environmental Policy in China*, London: Praeger Publishers, 1995.

陈玲:《制度、精英与共识:寻求中国支撑过程的解释框架》,清华大学出版社2011年版。

第九专题

基于大数据分析的中国环境污染关注度研究[①]

随着我国环境污染形势日益严峻，社会公众对污染问题的关注日渐高涨。本研究利用百度指数考察了污染关注度在污染类型、区域层面、城市层面的差异。研究发现中国网民对"PM2.5""雾霾"的关注度最高，而"水污染""土壤污染"的关注度还非常有限；如果涉及"土壤污染"或者"水污染"时，那么网络用户的搜索行为通常体现为：先关注"土壤污染"或者"水污染"，再关注"大气污染"，反之则不然；从区域差异来看，PM2.5 关注度最高的是华北区域，而"大气污染""水污染""土壤污染"关注度排在首位的均是华东地区；从城市差异来看，环境污染关注度最高的是北京、上海，而且其关注度排名前十的城市网民对"绿色发展"的关注度也位列全国前十。为此，亟须以现有持续强烈的环境污染关注度为基础，建立完备的公众参与环境污染治理制度，从而使公众成为推动环境污染治理和建设美丽中国的主导力量；同时也要注意网络关注度仅反映了部分群体的认知与态度；此外，"水污染""土壤污染"的网络关注度与现实之间的失衡也需要引起政府和媒体的高度关注。

[①] 本专题作者：史丹、陈素梅。作者单位：中国社会科学院工业经济研究所。

第一节 引言

改革开放以来，我国在保持经济高速增长的同时也面临着环境不断恶化的压力。从世界范围来看，我国甚至被称为污染之都（Watts，2005）；七个城市[①]被列入世界十大污染城市行列之中（杨继生等，2013）；据环保部和中国工程院（2011）估测，中国有超过3亿人使用的水受到污染，1/3的水系未能达到政府规定的安全标准。而且，严峻的环境污染直接威胁公众健康与社会稳定，已造成严重的社会福利损失。以2007年为例，我国由于大气污染致使劳动力供给减少和医药支出增加，造成的GDP损失达到3614.68亿元，居民福利降低2276.49亿元（Chen & He，2014）。实际上，发达国家在其近百年的工业化进程中，不同阶段出现的环境问题在中国同时出现，长期积累的环境问题尚未解决，新的环境问题又不断产生。人们愈发意识到以牺牲资源和环境为代价的工业化必将导致不可估量的后果。尤其是在互联网时代，随着经济发展水平和居民受教育程度的提高，信息（特别是网络信息）可获得性的增强，环境污染引发社会公众的关注和热议，对环境健康权力的诉求也日渐迫切。自1996年以来，环境群体性事件一直保持年均29%的增速，1995—2006年环境信访的总数增长了10倍之多，2011年重大环保事件更是比上年同期增长120%，中国已经进入了环境群体性事件的高发期。[②] 因此，碧水、蓝天已成为建设美丽中国的基本诉求，全面探讨社会公众对环境污染的关注度是非常值得研究的课题，在为环境污染防治政策的制定和完善提供了决策参考的同时，还有助于维护社会稳定，进一步提升公众对生态环境满意度。

---

① 七个城市包括太原、北京、乌鲁木齐、兰州、重庆、济南、石家庄。资料来源：https://www.echinacities.com/news/Seven-of-the-Worlds-10-Most-Polluted-Cities-are-in-China。

② 资料来源：http://www.china.com.cn/news/2012-10/27/content_26920089_3.htm。

按照污染要素划分，中国环境污染主要包括大气污染、水污染、土壤污染等。"十二五"以来，中国环境保护的形势逐渐转好，污染减排取得明显成效，COD 与 SO_2 排放量逐年下降。不过，与当前污染减排形势持续好转不相称的是环境污染群体性事件的频繁发生，一些区域性污染问题随着工业化进程的加快进一步加重。区域性大气雾霾、PM2.5 指数超标等大气污染形势十分严峻，工业废水偷排、生活污水未经处理排入河流、农药化肥不合理使用等方面造成地下水体及局部海域水体大面积污染，重金属、持久性有机污染物、放射性污染物对土壤的影响也开始显现，这些污染问题在短期内难以得到有效改善，并受到人们的广泛关注。综合分析当前环境污染形势，我国已经进入了常规污染物得到有效控制但改善缓慢、环境形势不容乐观的新时期。2015 年 4 月 14 日，环保部公开了《环境保护公众参与办法（试行）》（征求意见稿），这是我国首个统领性的公众参与环境保护的办法，将公众参与视为环境保护中不可或缺的重要力量，且认为环保公众参与是公民的一项基本权利，需要得到法律的保证。究竟普通大众对大气污染、水污染、土壤污染的关注程度是否存在差异？是否与现实存在失衡？这种公众诉求是一时之热还是具有持续性？各地区之间是否存在差异？这些问题都是值得追踪并探讨的。

目前，有关环境污染关注度的国内外研究已有不少，多数基于一定区域内开展的问卷调查或来访次数、来信总数、人大建议数、政协提案数等官方数据作为公众诉求的度量指标，集中于讨论公众诉求对环境污染治理的影响。如 Wang（2000）选择中国 1500 家工厂为对象并以小区压力作为衡量公众参与的指标，分析得出小区压力显著降低污染。Wang & Di（2002）通过中国 85 个城镇的实证分析发现，地方政府对环境污染治理的偏好会受到上级政府干预以及本辖区居民抱怨的影响。然而，李永友和沈坤荣（2008）实证研究显示我国公众的环保行为没有被纳入我国环境关注的框架内，公众的环境质量诉求还无法在环保执法中得到满足，因而无法对环保执法起到积极的改善作用。闫文娟等（2012）进一步指出，公众参与在全国样本下是显著的，但是分区域的静态面板中，公众参与则不显著。王岭（2011）通过实证分析指出，公众参与在提高企业防治污染支出时对降低环境污染有效，而环境信访对工业三废的影响是不显著的。综合上述文献，有关我国现阶段公众参与对污染治理的影响一直尚未得出统一的定论。

尽管如此，但值得肯定的是，促进公众参与在污染治理中发挥的作用越来越受到学界的关注。于是，近年来有关公众环境参与的影响因素也成为政府与学者关注的焦点。Dasgupta & Wheeler（1997）根据中国1987—1993年29省的数据，利用面板随机效应模型分析指出，公众申诉的关键在于污染的严重程度，并且公众申诉件数与教育水平呈正相关。王凤（2008）采用随机抽样的方法对陕西省内的城乡居民进行了访谈式调查，进而实证检验陕西公众环保行为的现状和影响因素，发现环保重要性、环保知识、受教育程度对公众环保行为的影响显著正相关，收入、年龄、环保意义变量的影响都不显著。曾婧婧和胡锦绣（2015）基于省级面板数据分析了社会经济状况、环境污染状况以及政府环境规制对于公众环境参与的影响，发现工业废水的排放量以及突发环境事件对于公众参与的影响明显高于工业废气及固体废物污染，说明人们对水资源污染的敏感程度要远高于其他两者。邓彦龙和王旻（2017）进一步发现公众诉求的环境治理效应仅存在于东部沿海地区，而在中西部内部地区则不显著，为此需要根据环境质量改善对公众诉求的异质性反应来制定差异化的引导和机理机制。显然，上述基于传统统计数据的环境污染关注度实证研究为政府制定环境治理政策提供了有益的借鉴。

事实上，由于信息技术的突飞猛进，互联网已成为中国网民获得信息、传播信息、分享信息以及表达民意诉求的重要渠道（Herold & Marolt，2011）。确切地说，互联网是继图书、报纸、杂志、唱片、广播、电影和电视之后出现的第八种大众媒体，同时，它也是一种以数字信息技术为基础，集交互性与即时性、海量性与共享性、多媒体与超文本、个性化与社群化等诸多特征、功能和优势于一体的新媒体（张兴祥、洪永淼，2017）。根据世界互联网统计中心（Internet World Stats）公布的数据，截至2017年12月，中国网民规模达7.72亿，居全球首位，互联网普及率达到55.8%，超过全球平均水平4.1个百分点。[①]网民在互联网上搜索信息并产生丰富的数据，这些数据被搜索引擎记录下来并且具有对用户行为敏感性的特征，学者可以通过对这些数据的探索来发现网民的行为特征，进而能够实现商业、金融、经济等领域的信息预测。Choi & Varian（2009）通过开创性的研究实证表明谷歌搜索数据对预测美国汽车销售量、住房销售以及旅游趋势等方面有很大的价值；随后Ginsberg等（2009）利用谷歌搜索引擎数据能够提前两周探测到流行病爆发。

同样地，互联网络提供了越来越多的海量数据，为公众环境关注度研究拓展了新的研究主体与研究思路。郑思齐等（2013）利用Google搜索功能构建度量公众对环境污染问题关注度指标，并基于2004—2009年中国86个城市的面板数据实证发现公众环境关注度能够有效推动地方政府更加关注环境治理问题，通过环境治理投资、改善产业结构等方式来改善城市的环境污染状况；吴柳芬和洪大用（2015）利用百度指数描述了在雾霾治理政策制定过程中公众参与的意见及行为所形成的社会压力呈现为一种持续壮大的推力；高广阔和李丹黎（2017）通过百度指数和阿里指数，运用多元回归模型实证研究了全国31个省份雾霾关注度差异的影响因素，发现雾霾关注与受教育程度、环境空气质量和人均可支配收入关系显著。此外，近年来也有些学者利用大数据手段对公众环境关注度的影响进了进一步的延伸分析，从行为学角度实证探讨了公众环境关

[①] 世界互联网统计中心统计范围已超过243个国家和地区，提供最新的有关世界互联网使用量、人口统计、旅游统计和网络市场的调查数据。资料来源：https://www.internetworldstats.com/top20.htm。

注度与潜在移民数量、移民目的国（Qin & Zhu，2018）、防霾口罩及净化器销售量（Liu et al.，2018）、股票市场价格（Hu et al.，2014；孙毅鹏和刁节文，2017）等方面的关系。显然，海量的大数据样本更加合理地度量了公众对环境问题的关注程度，从而能够进一步准确分析其对个体决策行为的影响。然而，当下我国环境污染形势严峻，治理大气污染、水污染以及土壤污染迫在眉睫。政府作为治理污染政策的制定主体，在有限的污染治理资金约束下，如何将这三类污染进行优先排序会显得至关重要，这也是在以往的研究中没有得到应有的重视。理论上，环境污染损失的货币化是直观判断我国现阶段不同污染类型的严重程度，也直接决定着污染治理政策的偏好；同时，公众对不同环境污染的关注度直接关系到政府公共服务的精准性，也是必不可少的考量因素。因此，本研究以互联网用户对环境污染的关注度作为研究的切入点，运用网络数据分析不同类型环境污染的社会关注度及其地区差异，并结合不同类型环境污染的经济损失成本，进行环境污染治理的优先排序，为相关政策制定提供依据。

本专题的结构如下：在第二节我们将介绍说明所采用的数据来源及研究方法；第三节运用大数据分析网络关注度的污染类型差异；第四节进一步剖析环境污染关注度的地区差异；最后总结研究结论并提出政策建议。

第二节 数据来源与方法

一 数据来源

百度是全球最大的中文搜索引擎，也是中国流量第一大搜索引擎网站，拥有 6 亿用户，覆盖中国 97.5% 的网民。百度指数作为以百度海量网民行为数据为基础的数据分享平台，以关键词为统计对象，科学分析并计算出各个关键词在百度网页搜索中搜索频次的加权和，提供自 2006 年 6 月至今任意时间段的 PC（Personal Computer）端搜索指数、2011年1月至今的移动端无限搜索指数，指数每日更新，即时反映网民在互联网上对某一关键词的关注热度和随事件变化情况。除此之外，百度指数还以各大互联网媒体报道的新闻中与关键词相关的、被百度新闻频道收录的数据为基础，提供了自2011年1月至今的反映不同关键词在过去一段时间里的"媒体关注度"。综合利用搜索指数与媒体指数，能够即时分析关键词搜索趋势、洞察网民关注变化、监测媒体舆情趋势等，还可以剖析具体行业市场变化情况。与以往传统数据和方法（问卷调查、抽样调查等）相比，利用百度指数开展数据监测有着无可比拟的优势（如海量性、客观性、即时性等），因而近年来得到越来越多的学者关注，并被运用于舆情分析（张兴祥和洪永淼，2017；王云娣，2017）、旅游（张斌儒等，2015；黄先开等，2013；Yang et al.，2015）、经济预测（李方一等，2016；周开国等，2014；陈立双和王叶思丝，2018）、房屋销售量（Qin et al.，2018）、电动汽车销售量（Zhang et al.，2017）等众多领域。

考虑到自美国大使馆PM2.5爆表事件后，雾霾成为公众讨论的热点话题。为此，本研究利用百度指数搜索平台，以"PM2.5""雾霾""大气污染""水污染""土壤污染"为搜索关键词，选取搜索指数整体趋势与媒体指数开展环境污染的网民关注度、媒体关注度分析。考虑到整体指数是PC搜索指数和移动指数的加权和，本研究的事件跨度为2011年1月至2018年4月。

二 研究方法

以中国大陆31省区市为研究范围，通过对"PM2.5""雾霾""大气污染""水污染""土壤污染"的网民关注度、媒体关注度的统计分析，探讨全国范围内不同污染类型关注度与实际污染情况的差异；进一步分析环境污染关注度的时空分异规律，并选取重点省份作为研究区域，分析省区内关注度的地区差异及其与各地级行政单位政治地位、经济发展情况的相关程度。

第三节 网络关注度的污染类型差异

一 指数趋势解读

通过百度指数搜索，我们采集了 2011 年 1 月 1 日至 2018 年 4 月 30 日 "PM2.5" "雾霾" "大气污染" "水污染" "土壤污染" 5 个关键词的周数据，共 384 个样本点。考虑到百度指数是绝对搜索量，我们对上述 5 个关键词采用独立搜索。表 9—1 为变量的描述性统计。

表 9—1　　　　　　　百度指数：变量的描述性统计

	观察值	均值	标准差	最小值	最大值
大气污染	384	457	148	154	909
雾霾	384	3694	8198	76	87697
PM2.5	384	6518	6956	38	58988
水污染	384	577	205	166	1409
土壤污染	384	241	75	44	431

注：数据样本是从 2011 年 1 月 1 日至 2018 年 4 月 30 日的周数据。

从表 9—1 的指数值看，"PM2.5" 最高，指数均值达到 6518；其次是 "雾霾" "水污染"，指数均值分别达到 3694、577；"大气污染" 次之，指数均值为 457；"土壤污染" 最低，指数均值只有 75。指数均值大小表明这 5 个关键词受关注的热度依次降低。也就是说，中国网民对 PM2.5、雾霾的关注度最高，而水污染、土壤污染的关注度还非常有限。

考虑到 PM2.5 是指环境空气中空气动力学当量直径小于等于 2.5 微米的颗粒物，能够较长时间悬浮于空气中，是雾霾天气的重要组成部分，为此，我们将关键词 "PM2.5" 与 "雾霾" 搜索指数进行对比，正如图 9—1 所示，可以直观地看出，社会公众对 PM2.5 的关注度更为敏感；而且，两者的变动趋势存在高度的一致性。通常而言，社会公众可以凭借直觉感受判断雾霾天气的发生与否，但雾霾天气的严重程度及危害程度往往需要依靠PM2.5浓度来进一步判断。也就是说，PM2.5搜索指数更能体现社会公众的诉求。为此，本章将选取"PM2.5""大气污染""水污染""土壤污染"4个关键词做进一步分析。接下来，我们将4个关键词指数制作成指数走势图。因百度指数是绝对搜索量，4个关键词的数值相差悬殊，故将它们分开制作，图9—2、图9—3显示了四者在百度搜索平台上随时间变化的趋势。

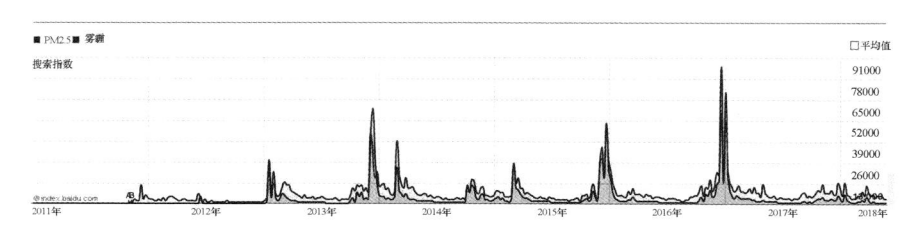

图9—1 关键词"PM2.5"与"雾霾"搜索指数对比

由图9—2可以看出，从2011年1月开始，中国网民对"大气污染""水污染""土壤污染"3个词的关注度呈现不规则的波浪式起伏状态。其中，"水污染"一词的关注度在2012年2月7日达到一个搜索指数3632的高峰（A点），由于百度指数趋势未提供明确的背景信息，我们只能根据所掌握的资讯作如下推测，其背景是江苏镇江水源水受苯酚污染，造成饮水异味，引起了社会公众对"水污染"较高的关注度。而在2014年4月17日，对"土壤污染"一词的关注度达到了历史峰值（搜索指数685，C点），其背景是环境保护部和国土资源部发布《全国土壤污染状况调查公报》，调查结果显示，全国土壤环境状况总体不容乐观，部分地区土壤污染较重，耕地土壤环境质量堪忧，工矿业废弃土壤环境问题突出，对农产品质量安全和人体健康构成了严重威胁。[①] 此次公报的发布引起

---

① 资料来源：《全国土壤污染状况调查公报》，环境保护部网站（http://www.zhb.gov.cn/gkml/hbb/qt/201404/t20140417_270670.htm）。

了社会公众对土壤污染的高度重视。同样地,"大气污染"的关注度在 2013 年 10 月达到了历史峰值(搜索指数为 1051,B 点),其背景是自 2013 年 10 月 1 日起,全国 40 个城市发布大气污染实时监测数据,网民可实时获取大气污染监测数据,并且同年 10 月底,从东北到华北、华中地区,出现大范围雾霾天气,空气质量重度污染。大体来看,公众对土壤污染的关注度最低,对大气污染、水污染的关注度较高。从波动趋势来看,三种污染类型的搜索指数变化存在较为明显的一致性。从波动幅度来看,大气污染数值最高,其次是水污染,而土壤污染变化幅度最小。

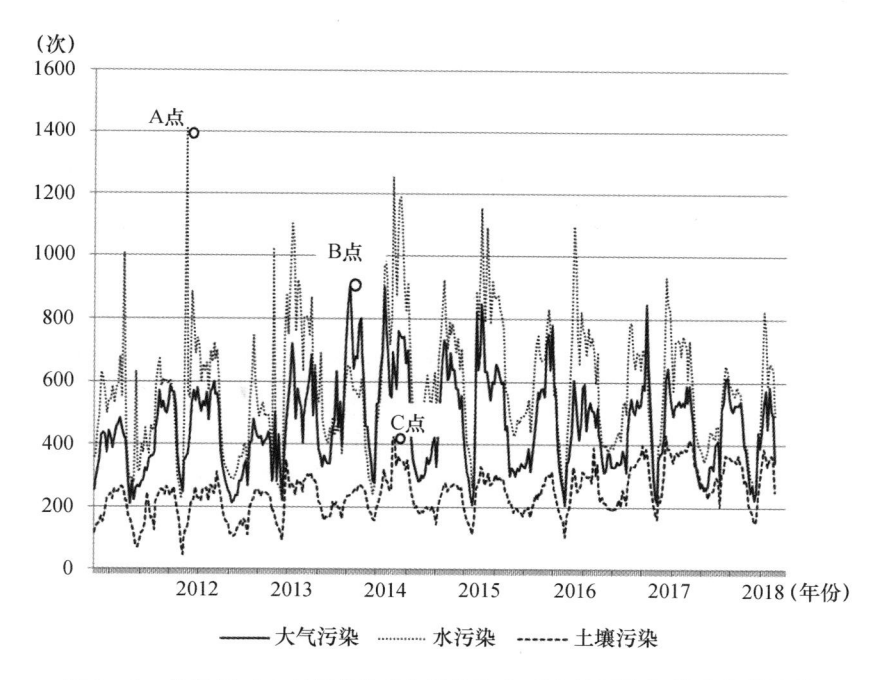

图 9—2 关键词"大气污染""水污染"和"土壤污染"搜索指数趋势

注:样本期内"水气污染""大气污染"和"土壤污染"搜索指数峰值分别为 A 点、B 点、C 点。其中,A 点背景是,2012 年 2 月 7 日江苏镇江水源水受苯酚污染;B 点背景是,自 2013 年 10 月 1 日起,全国 40 个城市发布大气污染实时监测数据,同年 10 月底,从东北到华北、华中地区,出现大范围雾霾天气,空气质量重度污染;C 点背景是,2014 年 4 月 17 日,《全国土壤污染状况调查公报》发布,总体状况不容乐观。

![图9—3 关键词"PM2.5"搜索指数趋势]

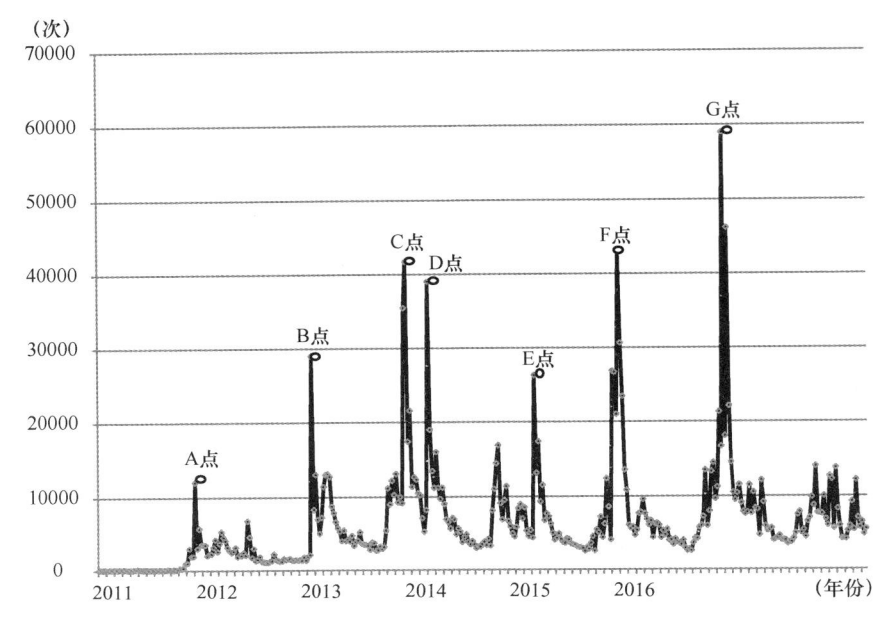

图 9—3　关键词"PM2.5"搜索指数趋势

注：样本期内，关键词"PM2.5"搜索指数呈现多个波峰波谷。其中，A 点背景：2011 年 12 月 3—9 日，美国驻华大使馆发布的 PM2.5 监测数据再次爆表，超过最高污染指数 500。B 点背景：2013 年 1 月中上旬，全国中东部地区持续大范围雾霾笼罩，PM2.5 浓度爆表。C 点背景：12 月 7—13 日，霾橙色预警发布，东部地区持续严重雾霾。D 点背景：2014 年 2 月 22—28 日，中东部地区大部分省份出现灰霾，约占国土面积的七分之一。E 点背景：2015 年 2 月 28 日—3 月 6 日，柴静纪录片《穹顶之下》引发社会公众对雾霾和 PM2.5 的关注和讨论。F 点背景：2015 年 12 月 19 日—12 月 25 日，全国多地 PM2.5 浓度爆表，个别地区出现超过 900 微克每立方米的极端峰值污染浓度。G 点背景：2016 年 12 月 17 日—23 日，全国过半省份遭"霾伏"，多地 PM2.5 爆表，其中石家庄 PM2.5 指数超过 1000。

再看图 9—3，关键词"PM2.5"的关注度呈现明显的波动状态，而且波动的幅度较大。从时间节点上看，"PM2.5"一词的关注度在 2011 年 12 月 3—9 日达到一个小高峰（搜索指数 12063，A 点），其背景是美国驻华大使馆发布的 PM2.5 监测数据再次爆表，超过最高污染指数 500，引发了网民对 PM2.5 的质疑；随后，在 2013 年 1 月中上旬又达到了一个小高峰（搜索指数 29010，B 点），我们推测其背景是全国中东部地区持续大范围雾霾笼罩，PM2.5 浓度爆表；在 2013 年 12 月 7—13 日、2014 年 2 月 22—28 日，分别达到了搜索指数 41726、39049 的小高峰（C 点、D 点），其背景是我国中东部地区大部分省份出现严重雾霾天气；在 2015 年 2 月 28 日—3 月 6 日，又达到搜索指数 26310 的小高峰（E 点），我们推测是 2015 年 2 月 28 日柴静发布纪录片《穹顶之下》，聚集了雾霾及空气污染的深度调查，引发社会公众对雾霾和 PM2.5 的再次关注和热烈讨论；而后在 2015 年 12 月 19—25 日，全国多地 PM2.5 浓度爆表，个别地区出现超过 900 微克/立方米的极端峰值污染浓度，使得"PM2.5"搜索指数达到 42985（F 点）；在 2016 年 12 月 17—23 日，"PM2.5"关注度达到历史峰值，搜索指数高达 58988，相当于样本其平均搜索数值的 9 倍（6519），我们推测是由于全国过半省份遭"霾伏"所引起，多地 PM2.5 爆表，其中石家庄 PM2.5 指数超过 1000，社会公众对 PM2.5 的关注上升到了高度关注甚至恐慌的地步。可喜的是，经过强有力的大气污染防治工作，2017 年全国空气质量得到明显好转，PM2.5 浓度同比下降 6.5%，社会公众对 PM2.5 的关注度也没有出现类似以往的"异峰"突起情况。这也间接表明政府在雾霾治理方面的公共服务满意度取得了一定的提升。

二　网络关注度的相关性与实证佐证

（一）相关性检验

利用 Eviews 软件，我们对百度指数搜索的"大气污染""水污染""土壤污染"和"PM2.5" 4 个关键词指数进行相关性检验，结果如表 9—2 所示：

表 9—2　　　　　　　　百度指数的相关性检验

	大气污染	PM2.5	土壤污染	水污染
大气污染	1			

续表

	大气污染	PM2.5	土壤污染	水污染
PM2.5	0.5118*** (0.0000)	1		
土壤污染	0.6840*** (0.0000)	0.3520*** (0.0000)	1	
水污染	0.7698*** (0.0000)	0.2279*** (0.0000)	0.6397*** (0.0000)	1

注：*、**、***分别表示在10%、5%、1%的显著性水平下是显著的，括号内的数值表示 P 值。

从表9—2可以看出，"PM2.5"与"大气污染""土壤污染"与"大气污染""土壤污染"与"PM2.5""水污染"与"大气污染""水污染"与"PM2.5""水污染"与"土壤污染"六组关键词的关注度之间，均存在显著的相关性。这再次印证了上文从图9—2中反映出的三种污染类型搜索指数变化存在较为明显的一致性。而且，从检验系数看，"水污染"与"大气污染"关注度的相关关系最强，其次是"土壤污染"与"大气污染"，最弱的是"水污染"与"PM2.5"。那么，在网络传播时代，社会公众对这4个关键词的关注是否存在因果关系？我们需要作进一步的解读与佐证。

（二）关注先后顺序的佐证

理论上，对于时间序列数据而言，判断行为 A 是否会有助于引起行为 B 的发生，最常用的计量统计工具是进行格兰杰因果检验。然而，在互联网信息时代，网民搜索信息十分便捷，搜某一关键词的行为很有可能会在下一分钟搜另一相关关键词。然而，现有我们能够掌握的百度搜索指数是以日为单位，无法进一步精准到每分钟的搜索量。在此背景下，单纯的格兰杰因果检验无法判断网络用户关注"大气污染""水污染""土壤污染""PM2.5"4个关键词的先后顺序。

事实上，我们采集到的"数据"（即样本点），是网民搜索行为的"记录"，它们并不是孤立存在的，网民的搜索具有某种内在的行为逻辑，而且呈现出一定的规律性，这是网络大数据之所以具有挖掘价值的根本性原因。为了解释百度网民关注3种污染及"PM2.5"的行为逻辑，我们借助百度指数的"需求图谱"来追踪搜索这4个关键词之后的"去向"。"去向检索词"反映了网民在搜索某个关键词之后还有哪些搜索需求，即下一步通过百度指数搜索哪些东西（检索词）。比如，网民在搜索"大气污染"或"水污染"后，接下来他们还会搜索什么。通过追踪"去向检索词"，我们发现，网民在搜索"水污染"一词后，再检索的关键词"大气污染"排名靠前，而"土壤污染"搜索量排名靠后；在搜索"大气污染"一词后，再搜索"水污染"的排在第7位，但排在前十位的大部分都是关于大气污染防治及危害的信息；在搜索"土壤污染"一词后，排在前两位的依次是搜索"大气污染""水污染"。由此可见，从全国范围上来看，网民一旦关注了"水污染""土壤污染"中的一种污染类型，基本上随后最为可能搜索的关键词是"大气污染"，其次是"水污染"，而"土壤污染"一词的搜索可能性会很小。而搜索"PM2.5"的百度网民，再搜索的词基本上是自相关的，如"PM2.5实时查询"等，在排名前十的热词中，没有出现相互交叉搜索的现象，与"大气污染""水污染""土壤污染"基本上不搭界。

由以上分析可知，我国网络用户在关注环境污染时，如果涉及"土壤污染"或者"水污染"时，那么其搜索行为通常体现为：先关注"土壤污染"或者"水污染"，再关注"大气污染"，颠倒过来的情况较为少见。这表明我国社会公众所关注的环境污染类型中，最为在意的仍是大气污染。

（三）关注顺序的原因剖析

实际上，我国水污染、土壤污染形势堪忧。王金南等（2006）在研究绿色国民经济核算时，评估出2004年我国环境污染损失达

5118.2亿元，其中，水污染与大气污染的环境成本分别占55.9%、42.9%。以山东省为例，杨丹辉和李红莉（2010）发现水污染经济损失（356.98亿元）是大气污染（187.03亿元）的1.9倍。张晓（2014）进一步指出水污染问题是当前我国最为紧迫的环境安全问题，这表明尽管中国环境污染形势日益严峻，但社会公众对环境质量的诉求仍体现在大气质量上，水污染和土壤污染给予的关注不足。中国网民之所以重"大气污染"轻"水污染""土壤污染"，归纳起来至少有以下3个方面的原因。

首先，以美国等发达国家利益战略意图为导向，国际舆论偏中国大气污染、轻水污染和土壤污染。以2010年11月17日为开端，美国驻北京使馆检出了史无前例的PM2.5指数595，以"beyond Index（爆表）"来形容。一时之间，国外舆论掀起了我国雾霾的热议，改善大气质量的公民意识也日渐抬头。实际上，美国等发达国家并不关注哪一类环境污染对于我国的紧迫程度与危害严重性，而更为关注的是在中国发展进程中，能源的使用是否威胁到国际既得利益国家集团的近期与远期利益（张晓，2014）；除此之外，与水污染、土壤污染相比，唯独治理大气污染与应对全球气候变化的碳减排行动有着高度的协同关系，我国在巨大的大气污染国际舆论压力下，优化产业结构，推广清洁能源，力促节能减排，从而势必会担负起国家强制减排体系下的碳减排重担。换句话说，有关我国大气污染的国际舆论始终贯穿着非常明确的以美国等发达国家利益为中心的战略意图和政策选择。对此，社会公众必须有清醒的认识，不能以他们的价值趋向作为判断准则的出发点，不能轻视我国水污染与土壤污染的严重程度。

其次，国内网络舆论压力朝"大气污染"一边倒。为了掌握有关这三种污染类型的媒体曝光程度，我们借助于百度指数中的媒体指数数据进行分析。它是以各大互联网媒体报道的新闻中，与关键词相关的被百度新闻频道收录的数量，采用新闻标题包含关键词的统计标准。如果媒体的新闻报道数量越多，说明媒体对此关键词的关注度越高。如图9—4所示，样本期（2011年1月1日—2018年4月30日）内，在百度新闻频道收录的新闻中，关键词"大气污染"的曝光程度远远要超过"水污染"和"土壤污染"，尤其是"土壤污染"的曝光程度微乎其微，基本上可以忽略不计。受媒体宣传的引导，社会公众对大气污染的关注热情必然会远远高于另外两类污染。

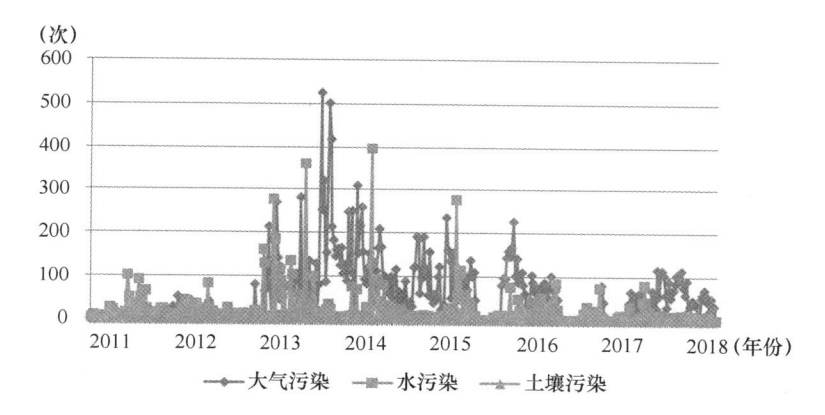

图9—4　"大气污染""水污染"和"土壤污染"媒体指数趋势

再次，大气污染与水污染易直观感受，土壤污染不易感受，较隐蔽。通常地，人们可以通过视觉、嗅觉等就能感受到大气污染、水污染，如水体发臭发黑、大气灰霾，但土壤污染往往比较隐蔽，需要通过土壤样品分析、农产品监测、甚至人畜健康的影响研究才能确定，从产生到发生危害通常时间较长，具有滞后性，从而不易被发现。而且，与大气污染、水污染相比，污染物在土壤中更难迁移、扩散和稀释，从而不断在土壤中累积，通过作物吸收、食物链、皮肤接触和呼吸等途径，产生农产品超标、人体健康损害等后果。[①]因此，在缺乏有效媒体传播渠道的情况下，社会公众难以仅凭直观感受来判断这三类污染的严重程度、轻重缓急。

事实表明，这实质上是一种水污染、土壤污染关注度与现实之

---

① 参见新华网（http://www.xinhuanet.com/2016-06/01/c_1118969694.htm）。

间的不平衡性，即污染关注度上的偏倚和失衡，从而导致水污染、土壤污染问题日趋严重。

第四节 网络关注度的地区差异

从全国范围来看，网络用户对"大气污染""环境污染""水污染""PM2.5"的关注存在着显著差异。而我国幅员广阔，各地区社会经济与人文环境等方面千差万别，那么，这三类环境污染及"PM2.5"的关注度在各代表性地区又存在哪些差异？为此，我们将以各省区市2011年1月1日—2018年4月30日的百度指数平均值为基础进行阐述与解读。

一 区域层面的差异

由图9—5所示，总体来看，在大气污染、土壤污染、水污染方面，华东区域网民关注度均排在首位，华北地区网民的关注度次之；在PM2.5方面，华北区域网民的关注度最高，其次是华东地区，而东北、西北地区网民关注度最小。郑思齐等（2013）发现，互联网用户数量越多，公众对网络媒体会越熟悉，从网络媒体上了解信息或表达观点的机会会越多；环境污染越严重，民众对该问题的关注度会越高；经济越发达、人力资本水平越高和年轻人比重越高的城市，对环境污染的关注度会越高。显然，这一论断能够解释我们所观察的环境污染关注度的地区差异。

从环境污染类型的关注度差异来看，所有区域的公众对PM2.5关注度远远高于水污染、大气污染、土壤污染，尤其是雾霾持续笼罩的华北地区PM2.5搜索指数达550，由此可见PM2.5污染物过度排放已引起了华北区域网民的高度关注。然而，包括水污染十分严重的华东和华中地区也是如此，PM2.5的网络关注度远远仍然超过水污染。显然，这表明部分区域存在水污染关注度与现实之间的失衡。

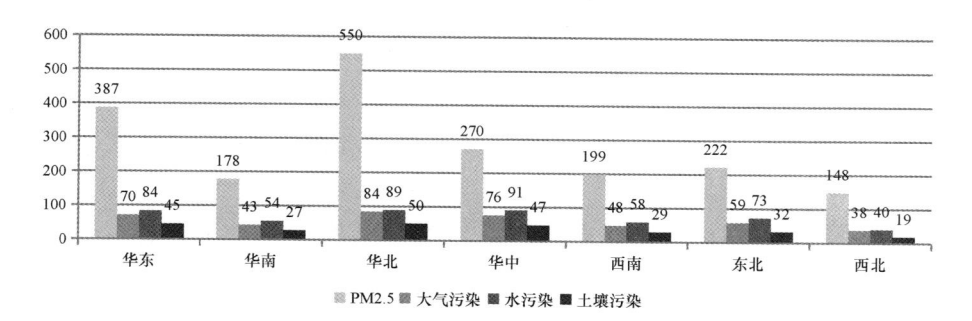

第九专题　基于大数据分析的中国环境污染关注度研究 / 223

图 9—5　"大气污染""水污染""土壤污染"和"PM2.5"搜索指数的区域间差异

注：区域划分如下，（华东）上海、江苏、浙江、安徽、江西、台湾；（华南）广东、福建、广西、海南、香港和澳门；（华北）北京、天津、河北、山东、河南、山西、内蒙古；（华中）湖北、湖南；（西南）四川、重庆、贵州、云南、西藏；（东北）黑龙江、吉林、辽宁；（西北）陕西、甘肃、宁夏、青海、新疆。

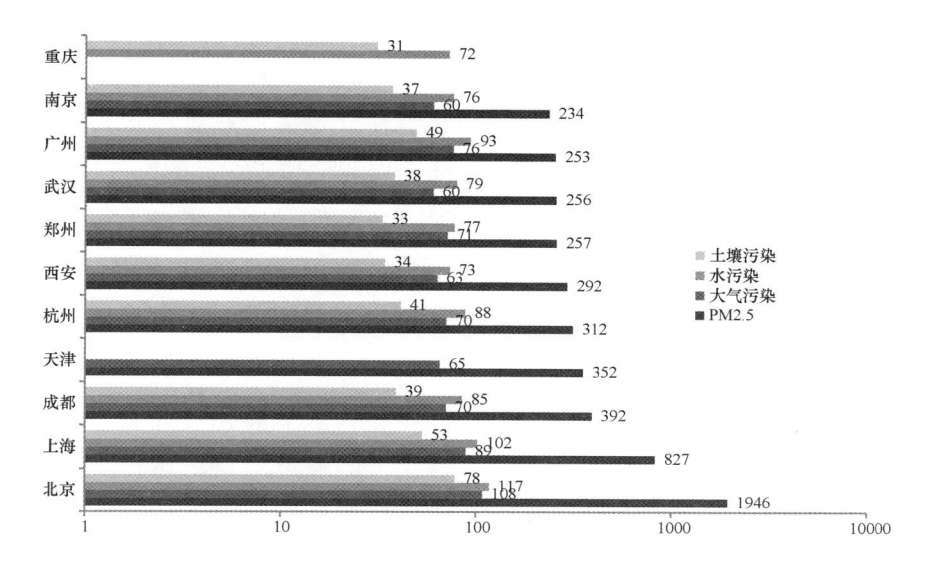

二　城市层面的差异

图 9—6　关键词"大气污染""水污染""土壤污染"和"PM2.5"搜索指数排名前十的城市

从城市层面来看，无论在大气污染、水污染、土壤污染还是PM2.5上，北京的关注度远远超过其他城市，排名首位，上海排名第二位。由此可见，一方面，北京、上海作为我国行政中心、国际金融文化中心，人均GDP水平越高，平均受教育水平越高以及年轻人越多的城市，公众对环境污染的关注度水平就越高，另一方面，北京、上海分别受京津冀区域、长江三角洲区域大范围持续雾霾的影响，网民对PM2.5的关注度要远远高于其他城市，百度搜索指数分别达1946、827，分别超出排名第三的成都四倍、二倍之多。但对于PM2.5浓度在全国位居首位的中小城市（如石家庄、邢台、邯郸等）而言，其网络关注度并没有出现前十位的名单中，这也充分说明了网络关注度衡量的是国内以富人和知识精英代表的城市上层社会的公众诉求，而在国内社会中处于更为弱势的农村和农民的呼声难以在网络关注度上得到体现。这也是需要政策制定者高度注意的，网民关注度只是公众诉求的一方面，但如果一味地依赖网民关注度来判断环境污染程度的高低、轻重缓急是非常危险的，这可能会造成一种不公平的制度安排。

在水污染、土壤污染的网络关注度上，广州排名第三，这与当地水污染形势相关。据《中国统计年鉴》显示，广东省废水排放量达93亿吨，位居全国首位，水污染形势相当严峻。而在大气污染、PM2.5的关注度上，成都网民关注度排名第三，这也是与雾霾天气持续笼罩成都有关。

此外，我们发现网民对环境污染的关注度排名前十位的城市均是国内一线城市，这也与我们的预期一致。正如上文分析的，一方面是由于网民群体受教育程度高，人均收入水平高，对环境质量的诉求要高；另一方面，绝大部分一线城市的环境质量的确堪忧，面对快速工业化进程带来的日常生活便利与富裕的同时，环境质量却日益严重，社会公众内心中选择的是经济还是环境，应该如何取舍呢？于是，我们进一步搜集了百度指数整体趋势中关于"绿色发展"的搜索指数，如图9—7所示，"大气污染""水污染""土壤污染"和"PM2.5"网络关注度排名前十的城市对"绿色发展"的关注度基本上也是位列全国前十。由此可见，在环境污染日益严重的大背景下，社会公众对绿色发展的公众诉求也日渐高涨。换句话说，我国推行绿色发展政策的民众意识早已存在，如何从广泛的公众诉求有效转化成实践中的公众参与，这是当前政府需要去应对的课题。

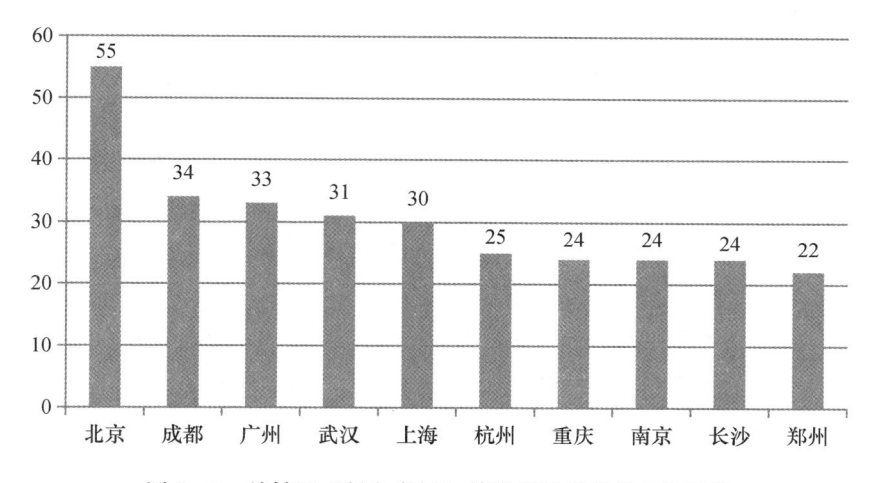

图9—7　关键词"绿色发展"搜索指数排名前十的城市

（北京55、成都34、广州33、武汉31、上海30、杭州25、重庆24、南京24、长沙24、郑州22）

第五节　主要结论与启示

自18世纪以来，工业化快速发展改变了人类生产生活方式的同时，还带来了自然资源的大规模开发与生态环境的过度破坏。如何实现可持续发展是全人类面临的共同问题。中国作为世界上最大的发展中国家，环境和资源对发展的瓶颈制约日益突出，一些地区的环境恶化和生态破坏问题已经非常严重。尤其是近年来，随着居民对生活质量重视程度的不断提高，以及环境信息透明度的增强，特别是互联网的发展，有越来越多的公众开始有意识表达对污染问题的关注。这种关注的持续性、不同污染类型的差异、区域层面的差异、城市层面的差异都是学术界和决策界非常关心的问题。为此，本专题以互联网用户对环境污染的关注度作为研究的切入点，运用 2011 年 11 月 1 日至 2018 年 5 月 1 日百度指数数据比较分析大气污染、水污染、土壤污染及 PM2.5 的社会公众关注度趋势及地区差异，为政策制定者判断环境污染不同类型的轻重缓急提供了参考依据和信息支持。

  本专题的实证研究发现以下四点。（1）整体来看，中国网民对环境污染的关注度是具有持续性的，其中对 PM2.5 的关注度最高，其次是水污染，土壤污染的关注度最低。（2）从波动趋势来看，"大气污染""水污染"与"土壤污染"的搜索指数变化存在较为明显的一致性；数据统计检验显示，三者之间确实存在显著的相关性；如果涉及"土壤污染"或者"水污染"时，那么网络用户的搜索行为通常体现为：先关注"土壤污染"或者"水污染"，再关注"大气污染"，颠倒过来的情况较为少见。这表明我国社会公众所关注的环境污染类型中，最为在意的是大气污染。（3）从区域差异来看，在大气污染、土壤污染、水污染方面，华东区域网民关注度均排在首位，华北地区网民的关注度次之；在 PM2.5 方面，华北区域网民的关注度最高，其次是华东地区，而东北、西北地区网民关注度最小。（4）从城市差异来看，北京、上海网民对这四类污染问题的关注度最高，而且关注度排名前十的城市网民对"绿色发展"的关注度基本上也是位列全国前十。

  基于上述发现，本研究提出以下政策启示。

  其一，亟须以现有持续强烈的环境污染关注度为基础，建立完备的公众参与环境污染治理制度。公众参与是推动环保事业的关键力量，其基础是存在有效的公共利益表达渠道。当下，我国网络用户对大气污染、水污染、土壤污染、PM2.5、绿色发展的关注度持续高涨，如何有效利用这股愈发壮大的力量更好地引导公众参与城市治理显得尤为重要。为此，政府应在公众参与环境保护的制度建设中发挥积极的作用，完善环境信息公开，接受公众对环境污染治理决策过程中的监督和建议；切实保障公众的环境知情权；建立有效的公众参与渠道，通过专家论证会、公众听证会、座谈会等形式，公开征求公众意见，提高公众参与的效率；加强对公众的宣传教育，不断提高公众的环保意识和生态风险认知，增强公众保护环境的责任感，从而使公众成为推动环境污染治理和建设美丽中国的主导力量。

其二，"水污染""土壤污染"的网络关注度与现实之间的失衡需要引起政府和媒体的关注。中国网民之所以重"大气污染"轻"水污染""土壤污染"，主要是由于以美国为代表的发达国家战略意图为导向的国际舆论引导、国内新闻媒体引导以及大气污染易直观感受、水污染土壤污染较隐蔽滞后的特性所导致。为此，我国政策制定者需要依据环境污染各分项损失在总量损害中所占有的份额大小，区分各类污染的轻重缓急，制定环境法规与污染防治政策；新闻媒体应充分发挥自身的舆论传播作用，防止被国际舆论所牵制，积极引导社会公众对环境污染的认识，真正做到为中国环境污染问题发声。

其三，环境污染网络关注度为政府及时调整环境决策提供信息支持，但要也注意其仅反映了部分群体的认知与态度。将网络用户形成治理环境污染的社会诉求，反馈给政府，有助于政府及时修正环保决策中的失误，同时可以减少政策执行中的冲突与摩擦。但本章发现环境污染关注度排名前十的城市中，部分污染程度位居首位的城市（如邢台）并不在其中。事实上，环境污染网络关注度衡量的是国内以富人和知识精英代表的城市上层社会的公众诉求，而在国内社会中处于更为弱势的农村和农民的呼声难以在网络关注度上得到体现。因此，一旦完全依赖网民关注度来判断环境污染程度的高低、轻重缓急是非常危险的，这实质上是一种不公平的制度安排。

本专题参考文献

Chen, Sumei, and Lingyun He, "Welfare loss of china's air pollution: how to make personal vehicle transportation policy", *China Economic Review*, 2014, Vol. 31, December, 106 – 118.

Choi, H., and H. Varian, "Predicting initial claims for unemployment benefits", *In Google Technical Report*, 2009.

Dasgupta, S., and D. Wheeler, *Citizen Complaints as Environmental Indicators: Evidence from China*, World Bank: Policy Research, Working Paper, 1997.

Ginsberg, J., H. Matthew, et al., "Detecting influenza epidemics using search engine query data", *Nature*, 2009, 457 (7232): 1012 – 1014.

Herold, D. K., and P. Marolt, *Online Society in China: Creating, Celebrating, and Instrumentalising the Online Carnival*, New York: Routledge, 2011.

Hu, X., O. Z. Li, and Y. P. Lin, "Particles, Pollutions and Prices", May 1. Available at SSRN: https://ssrn.com/abstract = 2525980 or http://dx.doi.org/10.2139/ssrn.2525980, 2014.

Liu, Tong, G. He, and A. Lau, "Avoidance behavior against air pollution: evidence from online search indices for anti – PM 2.5 masks and air filters in Chinese cities", *Environmental Economics and Policy Studies*, 2018, 20 (2): 325 – 363.

Qin, Yu, J. Wu and J. Yan, "Negotiating Housing Deal on a Polluted Day: Consequences and Possible Explanations", March 22, Available at SSRN: https://ssrn.com/abstract = 3147359 or http://dx.doi.org/10.2139/ssrn.3147359, 2018.

Qin, Yu, and H. J. Zhu, "Run away? Air pollution and emigration interests in China", *Journal of Population Economics*, 31 (1):

235-266.

Watts, J., "China: the air pollution capital of the world", *Lancet*, 2005, 366 (9499): 1761-1762.

Wang, H., and W. Di, "The Determinants of Government Environmental Performance: An Empirical Analysis of Chinese Townships", *The World Bank*, 2002, No. 2937.

Wang, H., *Pollution Charges, Community Pressure, and Abatement Cost of Industrial Pollution in China*, World Bank Publications, 2000.

Yang, X., B. Pan, A. James, et al., "Forecasting chinese tourist volume with search engine data", *Tourism Management*, 2015, (46): 386-397.

Zhang, Y., M. Zhong, N. Geng, and Y. J. Jiang, "Forecasting electric vehicles sales with univariate and multivariate time series models: The case of China", *PloS one*, 2017, 12 (5): e0176729.

陈立双、王叶思丝:《中国CPI编制方法在线上价格指数中的应用探讨》,《统计与决策》2018年第7期。

邓彦龙、王旻:《公众诉求对地区环境治理的门槛效应研究》,《生态经济》(中文版) 2017年第12期。

高广阔、李丹黎:《雾霾关注度区域性差异影响因素研究》,《科技和产业》2017年第12期。

黄先开、张丽峰、丁于思:《百度指数与旅游景区游客量的关系及预测研究》,《旅游学刊》2013年第11期。

环保部和中国工程院:《中国环境宏观战略研究》,中国环境科学出版社2011年版。

李永友、沈坤荣:《我国污染控制政策的减排效果——基于省际工业污染数据的实证分析》,《管理世界》2008年第7期。

李方一、肖夕林、刘思佳:《基于网络搜索数据的区域经济预警研究》,《华东经济管理》2016年第8期。

孙毅鹏、刁节文、SUNYi-peng等：《上海股票市场空气质量指数的实证研究》，《科技和产业》2017年第9期。

王凤：《公众参与环保行为影响因素的实证研究》，《中国人口·资源与环境》2008年第6期。

王金南、於方、曹东：《中国绿色国民经济核算研究报告2004》，《中国人口·资源与环境》2006年第6期。

王岭：《环境规制、公众参与和环境污染治理——基于中国省际面板数据的实证分析》，《国有经济评论》2011年第1期。

王云娣：《公共文化服务体系的网络关注度研究——以百度指数为例》，《现代情报》2017年第1期。

吴柳芬、洪大用：《中国环境政策制定过程中的公众参与和政府决策——以雾霾治理政策制定为例的一种分析》，《南京工业大学学报》（社会科学版）2015年第2期。

闫文娟、郭树龙、熊艳：《政府规制和公众参与对中国环境不公平的影响——基于动态面板及中国省际工业废水排放面板数据的经验研究》，《产经评论》2012年第3期。

杨丹辉、李红莉：《基于损害和成本的环境污染损失核算——以山东省为例》，《中国工业经济》2010年第7期。

杨继生、徐娟、吴相俊：《经济增长与环境和社会健康成本》，《经济研究》2013年第12期。

曾婧婧、胡锦绣：《中国公众环境参与的影响因子研究——基于中国省级面板数据的实证分析》，《中国人口·资源与环境》2015年第12期。

张斌儒、黄先开、刘树林：《基于网络搜索数据的旅游收入预测——以海南省为例》，《经济问题探索》2015年第8期。

张晓：《中国水污染趋势与治理制度》，《中国软科学》2014年第10期。

张兴祥、洪永淼：《"中国梦"与"美国梦"网络关注度的相关性研究——基于百度指数和谷歌指数的实证检验》，《厦门大学学报》(哲学社会科学版) 2017 年第 5 期。

郑思齐、万广华、孙伟增等：《公众诉求与城市环境治理》，《管理世界》2013 年第 6 期。

周开国、应千伟、陈晓娴：《媒体关注度、分析师关注度与盈余预测准确度》，《金融研究》2014 年第 2 期。

第十专题

互联网对生产性服务业发展影响的实证分析[①]

当前全球经济正处在由工业型经济向服务型经济转型、工业化向服务化转型的发展阶段,然而相对现阶段我国工业发展水平,我国生产性服务业发展水平不足以满足经济发展需要。本研究通过理论分析互联网对我国生产性服务业产生影响的作用机制,并采用2008—2014年省级面板数据进行实证检验。结果发现,互联网对我国生产性服务业的发展有显著的正向促进作用,进一步建立中介效应检验模型,检验结果表明互联网通过交易成本对生产性服务业产生中介效应,互联网会通过降低交易成本进而促进生产性服务业的发展。

第一节 问题的提出

生产性服务业有助于我国经济保持可持续与高质量增长,并成为新常态下我国经济高质量增长的新动能(李平等,2017)。然而,现实情况是我国生产性服务业发展滞后(程大中,2008),不能满足经济发展对生产性服务的需求,生产性服务规模存在较大缺口。统计显示我国服务业发展现状有悖于全球经济服务化趋势(肖文、

---

① 本专题作者:卢福财、徐远彬。作者单位:江西财经大学产业经济研究院。

樊文静，2012），我国服务业发展与一般三次产业结构变化规律相违背，没有达到预期增长目标（彭水军、李虹静，2014）。更进一步，我国服务业发展悖论的根本是生产性服务业发展悖论，目前我国生产性服务业的发展规模并没有伴随着工业化进程不断推进而扩大，而发达国家在工业化阶段生产性服务业规模保持与工业化水平同步增长趋势，进而我国出现生产性服务业发展悖论（樊文静，2013）。

一个值得注意的事实是，越来越多的国家和地区推出了互联网发展战略，把建设高速、普惠的互联网作为提升国家核心竞争力的重要举措。"互联网+"有助于解决我国传统经济表现出的竞争力不足、增长动力缺乏，迫切需要通过创新驱动生产模式和商业模式的重大转变的问题（李晓华，2016），互联网将从互联网技术、互联网平台、互联网思维和网络效应4个维度对我国全要素生产率的产生促进作用（郭家堂、骆品亮，2016），互联网战略将会推动产业发展模式巨大转变，传统发展模式将向协同创新发展、企业组织扁平化等新发展模式转变，而协同创新发展、企业组织扁平化等发展模式将进一步扩大生产企业对生产性服务的需求规模，带动生产性服务业的发展。在当前我国经济正处于转变发展方式、寻求增长新动能的背景下，互联网的发展能否推动我国生产性服务业继续发展壮大，完成我国经济结构从工业型经济向服务型经济转型，实现提升传统产业竞争力、找到新的经济增长动力这一目标。这就产生了一个重要的问题：互联网对我国生产性服务业发展水平的提高是否具有促进作用？

从现有研究可以发现，影响我国生产性服务业发展的因素较多。工业化程度、服务效率、产业融合程度等均会影响生产性服务业发展（刘纯彬、杨仁发，2013）。同时，制造业需求、制造业集聚、信息化水平以及人力资本等因素会影响我国生产性服务业集聚水平（盛龙、陆根尧，2013）。但交易成本是生产性服务业发展不足的一个关键因素（宣烨，2013），交易成本过高则会对生产性服务业发展起到一定的制约作用。大多数生产性服务业提供的服务产品具有无形、不可存储且不可远距离运输的特性，这就决定了生产性服务业向生产企业提供服务产品时通常需要"面对面"接触。当生产性服务业与工业之间的空间距离较短时，生产性提供的无形服务产品与企业提供有形工业产品的交易成本差异不明显，当距离较长时，交易成本就成为生产性服务业的重要影响因素（席强敏等，2015）。

在互联网时代，互联网的发展会降低交易过程中的交易成本。互联网技术降低了生产企业对"面对面"生产服务需求的比重，从而降低了生产性服务业提供服务产品的服务成本，而服务成本的下降会提升生产性服务供给规模。Brynjolfsson 等（2011）研究发现互联网的长尾效应降低了搜索成本。Daurer 等（2012）通过对移动互联网的背景下搜索成本进行评估，结果显示移动搜索和基于位置服务的使用会显著降低消费者的搜寻成本。同时，互联网使得生产企业获取生产性服务的搜寻成本显著下降，搜寻成本的下降进一步扩大了整个市场对生产性服务业的需求，从而促进生产性服务业发展。由此引出本研究的另外一个关键问题：互联网是否通过影响交易成本进而对生产性服务业产生影响？

文专题结构安排如下：第二部分从理论上分析互联网对生产性服务发展的影响机制并根据理论分析结果提出合理的研究假说；第三部分根据理论分析建立相应的计量模型、选择模型的相关指标变量、说明数据来源并对相关变量做描述统计，并就回归结果进行讨论。第四部分通过建立中介效应检验模型对中介效应进行验证；第五部分通过研究结果得出相关结论。

第二节　理论分析

一　互联网与交易成本

交易成本是交易双方或多方在既定的合作剩余约束下，为实现各自的实际剩余最大化而展开的利益分割活动所耗费的社会性成本（吴意云、史晋川，2003），包括服务成本和搜寻成本在内的一系列成本。一直以来，互联网与交易成本问题受到广泛关注，伴随着互联网经济时代的到来，互联网与交易成本之间的关系再次成为研究的热点。通过对相关理论进行梳理，发现互联网主要通过技术效应和平台效应两个路径影响交易成本。

第一，互联网通过技术效应影响交易成本。伴随着互联网快速发展的是互联网技术水平的不断提升，互联网技术进步的产物也是推动技术进步的工具，互联网技术通过突破时空限制，强化对信息的处理能力，推动人类技术进步（郭家堂、骆品亮，2016），技术进步则会缩减消费者与厂商之间的交易时间损耗，提升消费者与厂商之间的交易效率（郑勇军、李婷，2009），而交易效率在一定程度上代表着交易成本（赵红军，2005）。通过以上分析可以得出，互联网会通过技术效应降低交易成本。

第二，互联网通过平台效应影响交易成本。近年来，随着互联网快速发展，市场中不断出现包括C2C、B2C、B2B在内的众多新型商业平台，互联网环境下，平台商业模式创新具有克服或降低物理时空约束以在无限延展的经济时空获取价值的作用（冯华、陈亚琦，2016）。生产性服务业供给方可以通过网络平台展示服务信息，而生产性服务业的需求方则可以通过网络平台获取需要的信息。在这一过程中，网络平台不仅降低了生产性服务业供给方的服务成本而且降低了生产性服务业需求方的搜寻成本。通过以上分析可以得出，互联网同样会通过平台效应降低交易成本。

二 互联网、交易成本与生产性服务业

企业生产需要投入生产要素，生产性服务作为企业生产的一种高级要素投入（江静等，2007），在生产过程中变得越发重要。本研究以生产企业作为生产性服务的需求方，生产性服务业服务商作为生产服务的供给方，由此构建由包含生产性服务业与生产企业在

内的数理模型。同时，为研究互联网对生产性服务业发展的影响，本研究将互联网水平引入模型中。

假设市场中仅有一个从事生产性服务业的服务商和一个需要购买生产性服务的生产企业，假定生产企业的生产服务需求价格函数和生产性服务业服务商的服务供给价格函数分别为（1）式和（2）式：

$$P_d = a - bQ \tag{1}$$

$$P_s = c + dQ \tag{2}$$

其中，P_d 表示的是生产企业购买生产性服务业的需求价格，P_s 表示服务商提供生产性服务的供给价格，a、b、c、d 为参数且均大于零。

不考虑交易成本时，根据均衡价格理论，$P_d = P_s$。考虑交易成本时，即服务商与生产企业进行交易时会产生交易成本，借鉴范里安（2009）[19]的需求价格与供给价格的价差思路。假定服务商与生产企业进行每单位生产性服务业交易时，产生的交易成本为 G，那么服务商提供单位生产性服务的供给价格与生产企业的需求价格之间的关系如（3）式：

$$P_s = P_d - G \tag{3}$$

通过（1）、（2）、（3）式可求出均衡需求、均衡供给价格和均衡需求价格 $Q^*(G)$、$P_d^*(G)$、$P_s^*(G)$，具体见（4）、（5）、（6）式：

$$Q^*(G) = \frac{a - (c + G)}{b + d} = \frac{a - c - G}{b + d} \tag{4}$$

其中，$G < a - c$，$Q^*(G) > 0$。

$$P_d^*(G) = \frac{ad + b(c + G)}{b + d} \tag{5}$$

$$P_s^*(G) = \frac{(a - G)d + bc}{b + d} \tag{6}$$

$$P_s^*(G) > 0, Q^*(G) > 0 \tag{7}$$

分别将均衡服务需求 $Q^*(G)$、均衡供给价格 $P_s^*(G)$ 对交易成本 G 求导，$\partial P_s^*(G)/\partial G$、$\partial Q^*(G)/\partial G$ 均小于零，具体见（8）式：

$$\frac{\partial P_s^*(G)}{\partial G} = -\frac{d}{b+d} < 0, \frac{\partial Q^*(G)}{\partial G} = -\frac{1}{b+d} < 0 \qquad (8)$$

为分析交易成本 G 对服务商的利润 π^* 的影响,将服务商的利润 π^* 对交易成本 G 求导,可得 $\partial \pi^*(G)/\partial G$,求解过程见(10)式:

$$\pi^*(G) = (P_d^*(G) - G)Q^*(G) = P_s^*(G)Q^*(G) \qquad (9)$$

$$\frac{\partial \pi^*(G)}{\partial G} = \frac{\partial P_s^*(G)}{\partial G}Q^*(G) + P_s^*(G)\frac{\partial Q^*(G)}{\partial G} < 0 \qquad (10)$$

从(10)式可以看出 $\partial \pi^*(G)/\partial G < 0$,说明交易成本对生产性服务业有负向影响,交易成本不利于生产性服务的发展,交易成本越高越会约束生产性服务业发展。

前文通过理论分析得出互联网水平会影响交易成本,且互联网可以降低交易过程中的各种交易成本(Rajiv and Miklos,1999;施炳展,2016;张奕芳,2017;孟祺,2017)。本研究参考张奕芳的做法,假定交易成本为互联网发展水平的单调减函数,并设定互联网与交易成本之间的具体函数形式如(11)式:

$$G(I) = G_0 + \eta e^{-\tau I} \qquad (11)$$

其中,I 为互联网水平、G_0 固定交易成本,η、τ 为参数,G_0、η、$\tau > 0$。将互联网指标纳入模型之后,同样根据(1)、(2)、(3)可求出均衡需求量、均衡需求价格以及均衡供给价格:

$$Q^{**}(I) = \frac{a - c - G_0 - \eta e^{-\tau I}}{b + d} \qquad (12)$$

$$P_d^{**}(I) = \frac{ad + bc + bG_0 + b\eta e^{-\tau I}}{b + d} \qquad (13)$$

$$P_s^{**}(I) = \frac{ad - dG_0 - d\eta e^{-\tau I} + bc}{b + d} \qquad (14)$$

其中,$I > \tau \ln \frac{\eta}{a - c - G_0}$。

分别将均衡供给价格 $P_s^{**}(G)$、均衡服务需求 $Q^{**}(G)$ 对交易成本 G 求导,求导结果显示 $\partial P_s^{**}(G)/\partial G$、$\partial Q^{**}(G)/\partial G$ 均

小于零，具体见（15）式：

$$\frac{\partial P_s^{**}(I)}{\partial I} = \frac{d\eta\tau e^{-\tau I}}{b+d} > 0, \frac{\partial Q^{**}(I)}{\partial I} = \frac{\eta\tau e^{-\tau I}}{b+d} > 0 \quad (15)$$

同时，利润函数为：

$$\pi^{**}(I) = (P_d^{**}(I) - G(I))Q^{**}(I) = P_s^{*}(I)Q^{**}(I) \quad (16)$$

为分析互联网 I 对生产性服务业服务商的利润 π^{**} 的影响，将服务商的利润 π^{**} 对互联网 I 求导，从求导结果可知 $\partial \pi^{**}(I)/\partial I$ 大于零，具体形式如（17）式：

$$\frac{\partial \pi^{**}(I)}{\partial I} = \frac{\partial P_s^{*}(I)}{\partial I}Q^{**}(I) + P_s^{**}(G)\frac{\partial Q^{**}(I)}{\partial I} > 0 \quad (17)$$

通过前文理论模型分析互联网、交易成本与生产性服务业发展之间的关系，可以得出：互联网发展水平越高生产性服务业发展越好，即互联网对生产性服务业发展具有正向促进作用；互联网水平越高交易成本越低，即互联网对交易成本有负向作用，而交易成本越低生产性服务业发展越好，进而互联网会通过降低交易成本进而对生产性服务业发展产生正向促进作用。基于上述分析，本研究做出以下研究假说：

假说1：互联网对生产性服务业的发展有正向促进作用。

假说2：互联网对交易成本有负向作用。

假说3：互联网会通过降低交易成本促进生产性服务业的发展。

第三节　基本实证结果与分析

根据前文对理论进行分析的结果，本研究认为互联网对生产性服务业的发展的确具有促进作用，本研究将进一步通过实证模型对这一理论分析结果进行检验。虽然互联网是生产性服务业发展的重要因素，但通过分析现有相关研究，发现较多因素会影响我国生产性服务业的发展，并不能认为互联网对生产性服务业发展完全起主导作用，所以还需要将其他影响因素纳入模型中考虑，借鉴学者对生产性服务业研究时的思路，本部分在分析互联网对我国生产性服务业的影响时，会考虑其他可能影响生产性服务业发展的因素，从而避免因遗漏其他关键因素而导致模型结果与事实不符。

一 计量模型设定与变量定义

（一）模型的设定

本研究的研究目的在于分析互联网对我国生产性服务业发展的影响。在前文理论分析的基础上构建如下计量回归模型：

$$LnY_{it} = \alpha + \beta LnInt_{it} + \gamma LnHC_{it} \\ + \omega GIN_{it} + \sigma ER_{it} + \tau LnFDI_{it} + \varepsilon_{it} \quad (18)$$

其中，Y_{it}表示地区i在第t时期的生产性服务业增加值，Y_{it}数值越大表明该地区生产性服务业发展状况越好。Int_{it}表示地区i在第t时期互联网发展水平的测度指标，HC_{it}表示地区i在第t时期人力资本水平，GIN_{it}表示地区i在第t时期政府投资水平，ER_{it}表示地区i在第t时期环境规制水平，FDI_{it}表示地区i在第t时期外商直接投资水平。ε_{it}表示随机干扰项，α为常数项，β、γ、ω、σ、τ为待估计参数。

（二）变量的选取

被解释变量：生产性服务业发展状况（Y_{it}）。本研究测度生产性服务业发展状况的指标是生产性服务业增加值（杜德瑞等，2014），在生产性服务业行业选取上，在参考现有研究中对我国生产性服务业行业类别划分的基础上，结合可获取数据的实际情况，选取交通运输、仓储和邮政业，金融服务业，房地产业，批发和零售业作为生产性服务业的代表，与冯泰文（2009）选择行业一致，并以这4个典型生产性服务行业增加值之和测度生产性服务业的发展水平。

核心解释变量：互联网发展水平（Int_{it}）。我国互联网发展水平衡量指标在现有学术研究中并未统一，现有衡量指标种类较多。

孟祺（2017）采用互联网普及率作为互联网发展水平的衡量指标，施炳展（2016）选取网址链接数量作为互联网的代理指标，郭家堂和骆品亮（2016）采用网站总数与地区法人单位数量的比值作为地区互联网资源水平的代理指标。本研究认为网址链接和网站数量不能够很好地衡量地区互联网发展水平，而互联用户规模在一定程度上可以代表地区的互联网发展状况，故这里采用地区互联网用户总数衡量地区互联网发展水平。

控制变量：（1）地区人力资本水平（HC_{it}）。现有文献中用人力资本指标的研究较多，但测算人力资本的方法不一。陈斌开、张川川（2016）使用非在校人口的高等教育人口占比表示地区人力资本水平，周少甫等（2013）、赵领娣等（2016）采用平均受教育年限度量地区人力资本水平，匡远凤（2018）采用教育水平与工资水平两种方式测量人力资本，程名望等（2016）将包括健康状况、基础教育以及工作经验等在内的多个变量衡量人力资本水平。本研究参考周少甫、赵领娣的做法，以测算出的地区平均受教育年限作为该地区人力资本水平的代理指标。为使得计算的地区受教育年限更加合理，本研究将小学、初中、高中、大专以上受教育时间分别设为6年、9年、12年、16年，在此条件下，以不同受教育阶段受教育人数占总的受教育人数的比值为权重，从而得到各地区平均受教育年限，并以此代理地区人力资本水平指标。（2）政府投资水平（GIN_{it}）。现有研究中通常的做法是以国有固定资产投资占全国整体固定资产投资的比重大小来衡量政府投资水平。比重越大，表示政府的投资水平越高，非政府投资水平越低，比重越小，表示政府的投资水平越低，非政府投资水平越高。本研究利用全国固定资产投资我国有固定资产投资所占比重测度地区政府投资水平。（3）环境规制水平（ER_{it}）。现有研究中关于如何测算环境规制水平的方法较多，结合实际研究需要，不同学者测算的环境规制水平存在一定差异。李眺（2013）以二氧化硫去除率作为衡量环境规制强度的指标，傅京燕和赵春梅（2014）基于污染排放数据构建环境规制水平的综合指数,李娜等(2016)以工业污染治理投资与工业总产值之比衡量环境规制水平,结合实际情况以及数据的可获得行,本研究参考李娜的做法,以地区工业污染治理投资额除该地区工业总产值的比值衡量地区环境规制水平,该比值越高,说明环境规制力度越强,该比值越低,说明环境规制力度越弱。(4)外商直接投资水平(FDI_{it})。外商直接投资水平作为衡量我国对外开放程度的一个重要指标,对我国生产性服务业的发展同样具有重要影响:一是我国生产性服务业技术会受益于外商直接投资带来的技术溢出效应,二是我国生产性服务业就业会伴随着外商直接投资规模的扩大而不断增加。外商直接投资水平本研究采用地区外商直接投资总额衡量地区外商直接投资水平(李政,2017)。

二 数据说明

(一)数据来源

本研究使用的样本数据为我国30个省(市、区)2008—2014年的升级面板数据(不包含西藏),西藏因较多年份数据存在数据缺失,故将西藏剔除。其中,生产性服务业增加值、互联网用户数、地区年末人口总数、各地区不同受教育程度人数、政府固定资产投资水平、工业污染治理投资、工业总产值的与外商直接投资总额数据来自于《中国统计年鉴》以及部分地方统计年鉴。

(二)变量描述性统计

本部分对研究样本的被解释变量、核心解释变量以及控制变量进行了描述性统计,具体情况如表10—1所示。

表10—1　　　　　　　变量描述性统计

变量	样本数	平均值	最大值	最小值	标准误
Y	210	4026.393	19453.93	150.5	3699.664
Int	210	1655.984	7286	102	1259.897
HC	210	8.68	12.03	4.22	1.16

续表

变量	样本数	平均值	最大值	最小值	标准误
Gin	210	0.2999	0.534	0.114	0.0994
ER	210	0.001164	0.007283	0.000075	0.001076
FDI	210	692923.7	3575956	5000	755642.7

三　实证结果与分析

（一）基准回归结果

在进行模型回归之前，为检验多重共线性问题，计算方差膨胀因子（VIF）平均值为 2.57，最大的 VIF 值为 4.85，排除多重共线性影响。此外，为确定本研究中是采用随机效应模型还是固定效应模型，本研究进行了 Hausman 检验，Hausman 检验结果显示选择固定效应模型更好，故本研究选择固定效应模型。为更好地显示引入控制变量对回归结果的影响，这里逐步报告加入控制变量时的回归结果，表 10—2 报告了基准回归结果。

在表 10—2 的模型（1）中单独考虑核心解释变量互联网对生产性服务业的影响，互联网的回归系数大小为 1.018 且在 1% 水平上显著，这一结果初步表明互联网对我国生产性服务业发展有正向促进作用。在表 10—2 的模型（2）—（5）中报告了逐步引入人力资本、政府投资、环境规制以及外商直接投资等控制变量时相应的回归结果，此时核心解释变量互联网的系数从 1.018 下降至 0.881。将各个控制变量引入模型之后，互联网变量的估计系数值虽有所下降，但其系数符号依然为正并且显著水平没有发生改变，说明其他影响因素被控制之后，生产性服务业发展状况依然受到互联网的正向显著影响。因此，假说 1 得到验证。

从表 10—2 的（5）中控制变量的回归结果看，人力资本对生产性服务业有正向促进作用且在 10% 水平上显著，回归系数为 0.580。表示人力资本水平每提高一个百分点，我国生产性服务业就增长0.580个百分点。政府投资水平对生产性服务业总体表现为负向影响且在1%水平上显著，回归系数为-1.003，说明政府比重越大越不利于民间资本进入市场，不利于生产性服务业发展。环境规制对生产性服务业总体表现为正向影响，回归系数为17.75，表示环境规制力度越大越有利我国生产性服务业的进一步发展。外商直接投资（FDI）对生产性服务业总体表现为正向影响但并不显著，回归系数为0.0263，即外商直接投资会促进生产性服务业发展。这是由于在国际分工中，一些高技术产业因为外商投资的进入而形成技术外溢效应，同时生产性服务业会受到高技术行业带来的技术外溢效应的促进作用。

表10—2　　　　　互联网对生产性服务业发展影响回归结果

变量	模型（1）	模型（2）	模型（3）	模型（4）	模型（5）
Ln（Int）	1.018***	0.958***	0.891***	0.898***	0.881***
	(0.0419)	(0.0442)	(0.0439)	(0.0455)	(0.0490)
Ln（HC）		0.583**	0.520*	0.557*	0.580*
		(0.278)	(0.286)	(0.285)	(0.286)
GIN			-1.033***	-1.050***	-1.003***
			(0.189)	(0.184)	(0.207)
ER				15.43	17.75
				(12.45)	(13.12)
Ln（FDI）					0.0263
					(0.0280)
_Cons	0.208	-0.625	0.302	0.158	-0.118
	(0.299)	(0.560)	(0.673)	(0.692)	(0.778)
观测值	210	210	210	210	210
R^2	0.900	0.904	0.913	0.914	0.915

注：括号内数字为标准误 *** $p<0.01$，** $p<0.05$，* $p<0.1$。

（二）稳健性检验

通过对基准回归结果进行分析得出结论：互联网对我国生产性

服务业的发展具有正向促进作用。同时，为保证前文基准回归结果的稳健性，现对前文基准回归结果进行稳健性检验。

1. 基准回归结果稳健性检验1：互联网的其他度量指标

前文基准回归中采用了互联网用户规模度量互联网发展水平，为检验稳健性，现以互联网宽带接入用户数量（BAN）作为核心解释变量互联网的替代变量，进行互联网发展对生产性服务业影响的稳健性检验，遵循表10—2的模型构建方法，表10—3中的报告了稳健性检验模型的回归结果，通过稳健性检验回归结果和基准回归结果进行分析比较，得出结论是核心解释变量除系数值大小有所降低，系数符合与显著性水平并没有任何变化。与此同时，与基准回归结果相比，稳健性检验中控制变量的回归结果变化不大，且稳健性检验模型和基准回归模型中控制变量符号相同。其中，在表10—3的模型（1）中单独考虑核心解释变量互联网对生产性服务业的影响，互联网的回归系数大小为0.862且在1%水平上显著，这一结果验证了基准回归结果。同样在表10—3的模型（2）—（5）中报告了逐步引入人力资本、政府投资、环境规制以及外商直接投资等控制变量时相应的回归结果，此时核心解释变量互联网的系数从0.862下降至0.765。根据表10—3的（5）中控制变量的回归结果看，人力资本依然对生产性服务业有正向促进作用，回归系数为0.531，政府投资水平对生产性服务业依然表现为负向影响且在5%水平上显著，回归系数为-0.972，环境规制对生产性服务业依然表现为正向影响，回归系数为19.17，外商直接投资对生产性服务业依然有正向促进作用，回归系数为0.00824。因此，稳健性检验验证了前文基准回归的结论，假说1再次得到验证。

表10—3　　　　　基准回归结果稳健性检验1

变量	模型（1）	模型（2）	模型（3）	模型（4）	模型（5）
Ln（BAN）	0.862***	0.816***	0.762***	0.770***	0.765***
	(0.0339)	(0.0343)	(0.0381)	(0.0369)	(0.0445)

续表

变量	模型（1）	模型（2）	模型（3）	模型（4）	模型（5）
Ln（HC）		0.532	0.482	0.522	0.531
		(0.359)	(0.344)	(0.340)	(0.337)
GIN			-0.967***	-0.985***	-0.972**
			(0.346)	(0.335)	(0.357)
ER				18.48	19.17
				(12.79)	(13.07)
Ln（FDI）					0.00824
					(0.0349)
_Cons	2.424***	1.547**	2.265***	2.115***	2.015**
	(0.198)	(0.705)	(0.665)	(0.662)	(0.743)
观测值	210	210	210	210	210
R^2	0.903	0.905	0.913	0.915	0.915

注：括号内数字为标准误 *** $p<0.01$，** $p<0.05$，* $p<0.1$。

2. 基准回归结果稳健性检验 2：生产性服务业发展水平的其他度量指标

生产性服务发展状况除了采用生产性服务业增加值作为代理变量之外，经常采用的另一个变量是"生产性服务业增加值/GDP"（祝新等，2012）。从指标测算方式的不同之处可以看出，生产性服务业增加值更侧重于衡量生产性服务业的整体发展规模状况，而"生产性服务业增加值/GDP"则是度量生产性服务业在 GDP 中的占比情况，从另一个方面衡量生产性服务业发展水平。因此，通过使用"生产性服务业增加值/GDP"作为生产性服务业发展水平的另一个代理变量进行稳健性分析，能够有助于对基准回归结论的稳健性进行判断。回归结果见表 10—4，通过分析表 10—4 中的回归结果可以发现，当我们以"生产性服务业增加值/GDP"作为生产性服务业发展水平的代理变量时，互联网对生产性服务业发展水平的正向促进作用且依然在 1% 水平上显著。

表 10—4　　　　　　　基准回归结果稳健性检验 2

变量	模型（1）	模型（2）	模型（3）	模型（4）	模型（5）
Ln（Int）	0.108***	0.136***	0.144***	0.148***	0.155***
	(0.0325)	(0.0428)	(0.0433)	(0.0428)	(0.0433)
Ln（HC）		-0.278	-0.270	-0.246	-0.255
		(0.287)	(0.289)	(0.293)	(0.293)
GIN			0.115	0.103	0.0855
			(0.214)	(0.208)	(0.211)
ER				10.26	9.386
				(11.31)	(11.52)
Ln（FDI）					-0.00992
					(0.0170)
_Cons	1.891***	2.288***	2.184***	2.089***	2.193***
	(0.232)	(0.473)	(0.513)	(0.512)	(0.560)
观测值	210	210	210	210	210
R^2	0.163	0.173	0.174	0.182	0.183

注：括号内数字为标准误 *** $p<0.01$，** $p<0.05$，* $p<0.1$。

第四节　互联网影响生产性服务业发展的中介作用——交易成本

一　中介效应检验模型设定

在完成互联网对生产性服务业的直接影响计量模型分析后，为进一步研究互联网通过交易成本对生产性服务业的间接影响，本研究拟借助中介效应模型来进行检验，中介效应模型中，X 互联网发展水平，M 为交易成本，Y 为生产性服务业发展水平。根据前文理论分析，构建如下中介效应检验计量模型：

$$\begin{aligned}LnY_{it} &= \alpha_1 + \beta_1 LnInt_{it} + \gamma_1 LnHC_{it} \\ &+ \omega_1 GIN_{it} + \sigma_1 ER_{it} + \tau_1 LnFDI_{it} + \varepsilon_{it}\end{aligned} \quad (19)$$

$$TC_{it} = \alpha_2 + \beta_2 LnInt_{it} + \gamma_2 LnHC_{it}$$
$$+ \omega_2 GIN_{it} + \sigma_2 ER_{it} + \tau_2 LnFDI_{it} + \varepsilon_{it} \quad (20)$$

$$LnY_{it} = \alpha_3 + \beta_3 LnInt_{it} + \eta_3 TC_{it} + \gamma_3 LnHC_{it}$$
$$+ \omega_3 GIN_{it} + \sigma_3 ER_{it} + \tau_3 LnFDI_{it} + \varepsilon_{it} \quad (21)$$

与前文类似，i 和 t 仍表示地区和年份。TC_{it} 表示地区 i 在第 t 时期的交易成本。现有学术研究中，对与交易成本的界定尚未有较为权威的衡量指标，现有的交易成本衡量指标包括营业费用、主营业务成本、综合指数以及市场化指数等。华广敏（2012）采用营业费用来测度交易成本，其中营业费用包含包括运输费、信息传输费以及包装费等。宣烨（2013）采用的地区之间的地理距离相关系数矩阵和城市的总人口数构造的交易成本。冯泰文（2009）以主营业务成本来度量交易成本。楚明钦和刘志彪（2014）认为由于市场化程度越高，市场交易成本越低，进而采用市场化指数作为交易成本的代理变量。本研究认为宣烨（2013）构造的交易成本指标是一个基本不变的常量，而实际上，随着互联网发展水平的提升，交易成本是在不断下降的。同时，本研究考虑的交易成本不是一般的交易成本，而是度量市场交易费用的交易成本。因此本研究借鉴楚明钦（2014）以市场化指数作为交易成本的代理指标，在此基础上进行改进，令 $TC_{it} = -MI_{it}$，其中 MI_{it} 表示地区 i 在第 t 时期的市场化指数，$TC_{it} < 0$，TC_{it} 越大，表示交易成本越高。市场化指数数据来源于樊纲编写的《中国分省份市场化指数报告（2016）》，报告中报告了2008—2014年我国各省（市、区）市场化指数。

二　中介效应检验

（一）互联网对交易成本的影响回归结果

采用交易成本分析方程，即（30）式，分析互联网对交易成本影响，回归分析结果见表10—5。表10—5中模型（3）是在不加入控制变量时互联网对交易成本的回归，从模型（3）可以看出，整体上互联网对交易成本有负向影响，表明互联网的发展会降低交易成本，回归系数为 -1.033 且在 1% 水平上显著。表 10—5 中模型（4）是加入控制变量时互联网对交易成本的回归，虽然互联网发展水平变量的估计系数绝对值有所下降，系数变为 -0.397，不过仍然为负且在 5% 水平上显著，即表明在控制了其他影响因素之后，交易成本仍因互联网水平的提高而不断下降。从而假说 2 得到验证。

表 10—5 中介效应回归结果

	LnY 模型（1）	LnY 模型（2）	TC 模型（3）	TC 模型（4）	LnY 模型（5）	LnY 模型（6）
Ln（Int）	1.018***	0.881***	-1.033***	-0.397**	0.889***	0.837***
	(0.0419)	(0.0490)	(0.172)	(0.193)	(0.0389)	(0.0440)
TC					-0.125***	-0.110***
					(0.0185)	(0.0211)
Ln（HC）		0.580*		-2.718**		0.282
		(0.286)		(1.186)		(0.220)
GIN		0.0263		-0.0783		0.0177
		(0.0280)		(0.187)		(0.0255)
ER		-1.003***		5.558***		-0.393
		(0.207)		(1.535)		(0.253)
Ln（FDI）		17.75		-122.9***		4.280
		(13.12)		(36.99)		(12.87)
_Cons	0.208	-0.118	1.368	2.145	0.378	0.117
	(0.299)	(0.778)	(1.227)	(3.261)	(0.242)	(0.687)
观测值	210	210	210	210	210	210
R^2	0.899	0.913	0.320	0.456	0.930	0.932

注：括号内数字为标准误 *** $p<0.01$，** $p<0.05$，* $p<0.1$。

（二）互联网对生产性服务业影响的中介效应检验结果

从表 10—5 中的模型（1）、（2）式可以看出互联网对生产性服务业发展具有显著正向影响，表 10—5 中的模型（3）、（4）式可以看出互联网对交易成本具有显著负向影响。因此中介效应检验可继续进行。根据表 10—5 中未加入控制变量的中介效应识别模型（5）的回归结果可以发现，互联网和交易成本回归系数均在 1% 水平上显著，说明存在部分中介效应。互联网系数为 0.881，说明互联网对生产性服务业的发展有直接的正向促进作用，交易成本系数为 -0.139，表示交易成本的降低有利于生产性服务业的发展。从而说明互联网既直接促进生产性服务业的发展，又通过降低交易成本间接促进生产性服务业的发展。表 10—5 中的模型（6）在加入控制变量后，互联网系数大小为 0.830 且在 1% 水平上显著，交易成本系数大小为 -0.126 且同样在 1% 水平上显著，说明中介效应依然成立。从而假说 3 得到验证。

（三）中介效应稳健性检验

为检验中介效应结论的稳健性，参考第三部分的方法，将互联网用户数量指标替换成互联网宽带用户接入数量指标（BAN），以验证互联网通过交易成本影响生产性服务业发展的中介效应的稳健性，表 10—6 报告了中介效应检验的回归结果，通过比较表 10—6 中介效应稳健性检验回归结果与表 5 中的回归结果，可以发现表 10—6 的回归结果与表 5 结果相似。其中，从表 10—6 中的模型（1）、（2）式可以看出互联网对生产性服务业发展依然具有显著正向影响，Ln（BAN）的回归系数分别为 0.867、0.760。表 10—6 中的模型（3）、（4）式中 Ln（BAN）的回归系数分别为 -0.882、-0.360，说明互联网对交易成本依然具有显著负向影响。表 6 中未加入控制变量的中介效应识别模型（5）的回归结果表明互联网和交易成本回归系数均在 1% 水平上显著，说明部分中介效应依然存在，互联网系数为 0.747，交易成本系数为 -0.136。表 10—6 中的模型（6）在加入控制变量后，互联网系数大小为 0.715 且在 1% 水平上显著，交易成本系数大小为 -0.123 且同样在 1% 水平上显著，再次说明中介效应依然成立。从而假说 3 再次得到验证。可以得出互联网通过降低交易成本促进生产性服务业发展这一中介效应是稳健的。

表 10—6　　　　　　　　　中介效应稳健性检验

	LnY	LnY	TC	TC	LnY	LnY
	模型（1）	模型（2）	模型（3）	模型（4）	模型（5）	模型（6）
Ln（BAN）	0.867***	0.760***	-0.882***	-0.360*	0.747***	0.715***
	(0.0314)	(0.0520)	(0.136)	(0.179)	(0.0348)	(0.0584)
TC					-0.136***	-0.123***
					(0.0270)	(0.0269)
Ln（HC）		0.640		-2.629*		0.315
		(0.425)		(1.332)		(0.389)
GIN		0.00916		-0.0658		0.00104
		(0.0362)		(0.175)		(0.0357)
ER		21.20		-123.7***		5.934
		(13.17)		(36.59)		(13.06)
Ln（FDI）		-0.983**		5.513***		-0.303
		(0.378)		(1.713)		(0.247)
_Cons	2.837***	2.239**	-0.843	1.086	2.723***	2.373***
	(0.183)	(0.873)	(0.795)	(3.272)	(0.175)	(0.776)
观测值	210	210	210	210	210	210
R^2	0.901	0.914	0.326	0.458	0.936	0.938

注：括号内数字为标准误 *** $p<0.01$，** $p<0.05$，* $p<0.1$。

第五节　结论

在全球经济正表现出由工业型经济向服务型经济转型、工业化向服务化转型以及互联网快速发展的大背景下，互联网的发展将对生产性服务业产生怎样的影响，这一问题受到学者们的持续关注。同时，本研究考虑到互联网对交易成本的影响以及交易成本是生产性服务业发展的重要影响因素，进而基于交易成本视角，构建一个纳入了互联网、交易成本和生产性服务业的理论分析模型，从理论上分析了互联网对生产性服务业的影响以及互联网通过交易成本对生产性服务业的影响，包括互联网对生产性服务业影响的直接作用和通过交易成本的间接作用。本研究通过对互联网影响生产性服务业发展的理论机制进行分析，并在此基础上构建计量模型并采用2008—2014年省级面板数据进行了相应的实证检验。

本研究通过研究发现：（1）互联网对生产性服务业的发展具有直接的促进作用。即互联网水平的不断提升会促进生产性服务业的发展规模不断扩大。（2）影响机制检验发现，互联网对生产性服务业发展的促进作用通过交易成本产生中介效应，即互联网通过降低交易成本，进而促进生产性服务业发展。理论与实证结果表明：互联网发展水平的提高会降低各种交易成本，而交易的降低会对扩大生产企业对生产性服务的需求，促进生产性服务业的发展。交易成本的降低、面对面服务需求比重减少会促使生产性服务业提供更多个性化服务，对生产性服务的发展起到推动作用。

本专题参考文献

Brynjolfsson E., Hu Y., Simester D., "Goodbye pareto principle, hello long tail: The effect of search costs on the concentration of product sales", *Management Science*, 2011, 57 (8): 1373 – 1386.

Daurer S., Molitor D., Spann M., *Measuring Individual Search Costs on the Mobile Internet*, 2012: 34.

Rajiv Lal and Miklos, "When and How Is the Internet Likely to Decrease Price Competition?", *Sarvary Marketing Science* 1999, 18 (4), 485 – 503.

李平、付一夫、张艳芳：《生产性服务业能成为中国经济高质量增长新动能吗?》，《中国工业经济》2017年第12期。

程大中：《中国生产性服务业的水平、结构及影响——基于投入—产出法的国际比较研究》，《经济研究》2008年第1期。

肖文、樊文静：《中国服务业发展悖论——基于"两波"发展模式的研究》，《经济学家》2012年第7期。

彭水军、李虹静：《中国服务业发展悖论——基于服务需求视角的实证分析》，《厦门大学学报》（哲学社会科学版）2014年第4期。

樊文静：《中国生产性服务业发展悖论及其形成机理》，博士学位论文，浙江大学，2013年。

李晓华：《"互联网+"改造传统产业的理论基础》，《经济纵横》2016年第3期。

郭家堂、骆品亮：《互联网对中国全要素生产率有促进作用吗？》，《管理世界》2016年第10期。

刘纯彬、杨仁发：《中国生产性服务业发展的影响因素研究——基于地区和行业面板数据的分析》，《山西财经大学学报》2013年第4期。

盛龙、陆根尧：《中国生产性服务业集聚及其影响因素研究——基于行业和地区层面的分析》，《南开经济研究》2013年第5期。

宣烨：《本地市场规模、交易成本与生产性服务业集聚》，《财贸经济》2013年第8期。

席强敏、陈曦、李国平：《中国城市生产性服务业模式选择研究——以工业效率提升为导向》，《中国工业经济》2015年第2期。

吴意云、史晋川：《交易成本论》，《浙江社会科学》2003年第3期。

郑勇军、李婷：《技术创新、交易效率与专业市场制度演化》，《科技进步与对策》2009年第4期。

赵红军：《交易效率：衡量一国交易成本的新视角——来自中国数据的检验》，《上海经济研究》2005年第11期。

冯华、陈亚琦：《平台商业模式创新研究——基于互联网环境下的时空契合分析》，《中国工业经济》2016年第3期。

江静、刘志彪、于明超：《生产者服务业发展与制造业效率提升：基于地区和行业面板数据的经验分析》，《世界经济》2007年第8期。

范里安、费方域：《微观经济学：现代观点》，格致出版社2009年版。

施炳展：《互联网与国际贸易——基于双边双向网址链接数据的经验分析》，《经济研究》2016年第5期。

张奕芳：《互联网内生贸易、网址链接数据与增长边际效应——理论模型及来自中国的经验证据》，《当代财经》2017年第9期。

孟祺：《互联网对国际贸易的影响：集约边际抑或扩展边际》，《当代财经》2017年第9期。

杜德瑞、王喆、杨李娟：《工业化进程视角下的生产性服务业影响因素研究——基于全国2002—2011年31个省市面板数据分析》，《上海经济研究》2014年第1期。

冯泰文：《生产性服务业的发展对制造业效率的影响——以交易成本和制造成本为中介变量》，《数量经济技术经济研究》2009年第3期。

陈斌开、张川川：《人力资本和中国城市住房价格》，《中国社会科学》2016年第5期。

周少甫、王伟、董登新：《人力资本与产业结构转化对经济增长的效应分析——来自中国省级面板数据的经验证据》，《数量经济技术经济研究》2013年第8期。

赵领娣、张磊、李荣杰、杨明晔：《能源禀赋、人力资本与中国绿色经济绩效》，《当代经济科学》2013年第4期。

匡远凤：《人力资本、乡村要素流动与农民工回乡创业意愿——基于熊彼特创新视角的研究》，《经济管理》2018年第1期。

程名望、盖庆恩、Jin Yanhong、史清华：《人力资本积累与农户收入增长》，《经济研究》2016年第1期。

李眺：《环境规制、服务业发展与我国的产业结构调整》，《经济管理》2013年第8期。

傅京燕、赵春梅：《环境规制会影响污染密集型行业出口贸易吗？——基于中国面板数据和贸易引力模型的分析》，《经济学家》2014年第2期。

李娜、伍世代、代中强、王强：《扩大开放与环境规制对我国产业结构升级的影响》，《经济地理》2016年第11期。

李政、杨思莹、何彬：《FDI抑制还是提升了中国区域创新效率？——基于省际空间面板模型的分析》，《经济管理》2017年第4期。

祝新、叶芃、夏庆利：《我国生产性服务业发展影响因素的实证研究》，《新疆财经》2012年第1期。

华广敏：《高技术服务业FDI对东道国制造业效率影响的研究——基于中介效应分析》，《世界经济研究》2012年第12期。

楚明钦、刘志彪：《装备制造业规模、交易成本与生产性服务外化》，《财经研究》2014年第7期。

第十一专题

数据驱动的共享单车客户心声监测

——基于共享单车 APP 用户评论的语义和情感分析[①]

第一节 引言

受资本市场的热捧，2017 年中国共享单车企业数量、单车投放城市与投放数量迅速扩张，整个共享单车行业呈现爆发式增长。中国信息通信研究院发布的《2017 年共享单车经济社会影响报告》显示，截至 2017 年年底，共享单车覆盖全国 200 多个城市，单车投放量超 2500 万辆，全国共享单车总用户数超 2.2 亿，共享单车用户在网民中渗透率已达 41%（中国信息通信研究院，2018）。共享单车的快速扩张不仅造成国内一二线城市车辆投放超出城市承载能力，也带来用户无序停放、车辆堵路等城市管理新难题。2018 年，随着共享单车市场步入稳定发展期，共享车企的竞争开始由以量取胜的粗放式发展转向注重用户体验的服务竞争。

不同于产业结构较为成熟的传统行业，共享单车是移动互联技术驱动的自行车分时租赁服务创新（欧春尧等，2017），也体现了

---

① 【基金项目】：国家自然科学基金（71772017），研究阐释党十九大精神国家社会科学基金专项（18VSJ054），北京市哲学社会科学规划项目（17YJB018）。本专题作者：吴俊、欧阳书凡、程垚、殷雯、郝瀚。作者单位：北京邮电大学服务管理科学研究所。

政府主导的有桩公共自行车服务向市场主导的无桩共享单车出行服务的转变（郭鹏等，2017）。作为短距公共出行领域的服务新业态，共享单车的井喷式发展，对满足公众多样化出行需求、培育经济发展新动能发挥了积极作用，但运营服务责任落实不到位、各方权益难以有效保障等问题也日渐显现。对于政府监管部门，如何根据新形势分类施策，构建多方协同的新兴治理模式，对于共享车企，如何有效跟踪用户的偏好与厌恶，及时改进服务质量，成为各方重视且亟待解决的问题。

既有的国内外共享单车学术研究，多侧重在服务供给侧，如车辆的调度与共享单车服务系统的优化（郭鹏等，2017；鲍星安，2018），共享车企的经济与社会效益分析（王嘉薇，2018）等，较少站在用户的视角，剖析骑行者对共享单车服务的需求与期望，帮助不同品牌共享车企洞察自身服务的盲点，识别服务改进机会。

客户心声（Voice of the customer，VOC）是市场研究中获取并分析客户对产品/服务的意见与想法，洞察用户的需求与期望，进而优化产品/服务设计，改进产品/服务功能与质量的重要方法（Yang，2007）。传统的客户心声研究多采用问卷调研、焦点组访谈等手段，存在样本量少，调研结果易受主观干扰等不足。移动互联时代，用户的想法更多以在线评论的形态呈现，为此，通过采集2017年4月到2018年3月国内7家主流共享单车（摩拜、OFO、哈罗、永安行、小鸣、小蓝与优拜单车）APP用户的145927条评论文本，应用计算机自然语言处理领域的文本语义挖掘与情感分析方法，试图揭示：（1）过去一年，共享单车用户对主要共享车企提供的骑行服务有哪些关注焦点？这些焦点问题呈现怎样的情感倾向变化？（2）用户的评论与抱怨反映出共享车企存在哪些共性的问题，如何改进服务质量？（3）政府监管部门如何以用户评论为数据来源构建数据驱动的共享服务监管模式？

本研究的理论贡献集中体现在三个方面：首先，提出了通过采集和分析共享单车APP用户评论文本的语义主题和情感倾向，定量评价共享单车服务潜在改进机会的新思路；其次，研究采用的方法可以推广应用在更多用户生成内容（User generated content，UGC）的场景，开拓产品开发、服务提升或产品服务系统优化的客户心声分析手段；第三，研究成果也为政府部门开展共享车企服务监测开辟了新途径，不仅能弥补现有监测方法在数据时效性和有效性方面的不足，还能开创数据驱动＋客户心声导向的共享服务监测新模式。

第二节　相关文献与理论基础

一　共享单车相关研究

共享单车起源于政府公共自行车租赁，从早期的政府组建的有桩公共自行车租赁服务发展到基于移动互联网的无桩共享单车服务，已经成为现代城市公共交通系统的重要一环（郭鹏等，2017）。既有的共享单车研究视角多样，概括来看至少从三方面展开：其一，针对共享单车或服务系统运营的优化，包括车辆设计、定位技术、资源规划调度等，如基于车载 GPS 定位技术的共享单车定位模式（鲍星安，2018），依托调度运输线性规划模型（VRP 模型）的共享单车优化调度方案（王嘉薇等，2018）。其二，对共享单车用户使用行为的研究，包括骑行行为特征、用户消费心理以及用户使用满意度影响因素等，如用户骑行行为的时间特征（工作日存在早晚高峰）和空间特征（潮汐型、单向型、松散联系型等）的发现（邓力凡等，2017），共享单车用户感知风险及信任对其使用意愿的影响（李小妹，2017），社会心理学入手的个体视角上用户规范停放共享单车合作意向的研究（杨留花，2018）等。其三，产业发展与政府监管模式的研究，如共享单车市场发展与均衡分析（赵文川，2018），政府监管与共享单车平台策略选择的演化博弈（张一进，2017），共享单车法律监管（宋姝凝，2017）等。

现有的研究至少可以从两方面拓展：首先，分析思路上可以从用户的视角切入，分析广大骑行用户对共享单车服务的迫切需求与期望；其次，分析手段有必要引入大数据分析技术，扩展数据来源，纳入体现用户心声的评论意见文本，通过文本挖掘方法获取传统数值型数据分析无法企及的深度。

二 文本语义挖掘与协变量主题模型

从共享单车APP的大量用户评论文本中识别用户关注的热门话题需要用到文本主题建模（Topic modeling）技术。在计算机自然语言处理领域，一段文本被视为由众多词语组成，可以表达多个隐含主题（topic），这些主题由语义上密切相关的词语构成。因此，对于包含有M个文档的语料库D，主题模型试图通过构建文档—隐含主题，隐含主题—词项之间的先验概率分布，然后通过后验检验获得语料库D对应的文档—主题概率分布，以及主题—词项的概率分布。主题模型中最为知名的是从概率潜在语义索引模型（Probability Latent Semantic Index，PLSI）发展而来的潜在狄利克雷分配（Latent Dirichlet allocation，LDA），通过输入经预处理的文本，预定义的主题数，即可由算法输出文本语料对应的主题概率分布以及每个主题下语义最相近词项的概率分布。

LDA主题模型提出之后在诸多领域有广泛应用，例如，针对企业专利文本挖掘形成专利开发图谱（Kim etc.，2016），基于社交媒体用户评论文本的犯罪事件挖掘及犯罪预测（Wang etc.，2012），科技文献与网站内容推荐（Das etc.，2007；Wang etc.，2011）。LDA主题模型也应用于企业新产品开发机会的识别，通过对专利文献的挖掘，可以发现细分领域的热点前沿技术主题，进而持续跟踪（Yoon etc.，2016；Jeong etc.，2018）。

LDA主题模型的不足在于主要侧重于文本内容的语义主题提取，无法考察语义主题与文档协变量（如发布时间、文档类别等）之间的关系。Robert等（2013，2016）提出了结构化主题模型算法（Structural Topic Model，STM），将文档协变量作为先验分布纳入主题模型考察其对文本主题强度（Topic prevalence）与主题内容

(Topic content)的影响,为定量分析共享单车用户评论热点主题与文本情感倾向类别(如负向、中性和正向)关系开辟了新途径。关于 LDA 与 STM 两类主题模型的算法比较如表 11—1 所示:

表 11—1　　　　　　LDA 与 STM 主题模型算法比较

文档语料的形式化表述:

对于文档 $\omega = (\omega_1, \cdots, \omega_N)$ 构成的语料 D,从含有 V 个词项的词典中选取 N 个词语构成,对于 $i = 1, \cdots, N, \omega_i \in \{1, \cdots, V\}$,

潜在狄利克雷分配(LDA)算法	结构化主题模型(STM)算法
输入:语料 D,预定义主题数 K 算法示意: 步骤 1:抽样生成文档 ω_i 的主题概率先验分布 θ_i,θ_i 由超参数为 α 的 Dirichlet 分布 $\theta \sim Dirichlet(\alpha)$ 生成 步骤 2:抽样生成主题 Z_i 对应的词语先验概率分布 φ_{Z_i},φ_{Z_i} 由超参数为 β 的 Dirichlet 分布 $\varphi_{Z_i} \sim Dirichlet(\beta)$ 生成 步骤 3:对于文档 ω_i,逐一生成对应的主题和词语 3.1 从主题的多项式分布 θ_i 中抽样生成文档 ω_i 的主题,$Z_i \sim Multinomial(\theta)$ 3.2 在主题 Z_i:$p(\omega_i \mid Z_i, \beta)$ 下,从词语的多项式分布 φ_{Z_i} 中抽样生成词语 ω_i,$\omega_i \sim Multinomial(\varphi_z)$ 输出:文档—主题分布矩阵 θ_i,主题—词项分布矩阵 φ_{Z_i}	输入:语料 D,预定义主题数 K,文档协变量 X_d 算法示意: 步骤 1:从基于文档协变量 X_d 的广义线性模型(GLM)中生成文档—主题分布先验概率 θ_d $\gamma_k \sim Normal_p(0, \sigma_k^2 I_p), for\ k = 1 \cdots K - 1$ $\theta_d \sim LogisticNormal_{K-1}(\Gamma' X'_d, \Sigma)$ 步骤 2:由基准词分布(m)、主题偏差(Kt)、协变量偏差(Kc)及其交互项偏差(Ki)生成主题—词项分布先验概率 $\beta_{d,k,v}$ $\beta_{d,k,v} = \dfrac{exp(m_v + k_{k,v}^{(t)} + k_{y_d,v}^{(c)} + k_{y_d,k,v}^{(i)})}{\sum_v exp(m_v + k_{k,v}^{(t)} + k_{y_d,v}^{(c)} + k_{y_d,k,v}^{(i)})} for\ v = 1 \cdots V\ and\ k = 1 \cdots K$ 步骤 3:对于文档 ω_i,逐一生成对应的主题和词语 从 $Z_{d,n} \sim Multinomial_K(\theta_d), for\ n = 1 \cdots N_d$ 中抽样生成文档—主题分布概率 θ_d 向量 从 $W_{d,n} \sim Multinomial_V(Bz_{d,n}), for\ n = 1 \cdots N_d$,中抽样生成主题—词项分布概率 $\beta_{d,k,v}$ 向量 输出:纳入协变量 X_d 影响的文档—主题分布矩阵 θ_d,主题—词项分布矩阵 $\beta_{d,k,v}$

纳入协变量的结构化主题模型是基础 LDA 模型的重要扩展,

国外学者已在众多领域开展应用，Roberts（2014）等将其应用于开放式问卷（Open-Ended Survey）的文本分析，Lucas（2015）等将其用于量化不同国家媒体对斯诺登事件报道的倾向差异。这些研究都验证了结构化主题模型对不同场景的适用性。本研究的后续应用将侧重在：①共享单车 APP 用户评论主题的提取；②用户评论主题的情感倾向随时间变化特点。

三 文本情感分析

要量化用户评论的情感倾向需要用到文本情感分析技术，在计算机自然语言处理领域，根据承载的内容，文本数据一般可以分为表征事实与表征观点两类，表征事实的文本通常是对事物、事件或其属性的客观性表达，表征观点的文本则是对人的情感、观点等的主观性表达（Liu，2010）。文本的情感分析主要对包含主观信息，表征观点的文本进行情感倾向性判断，或者给出文本的情感极性类别（如正向、负向、中性）或者给出该文本的情感极性类别概率（如某文本属于正向类别的概率是 0.73）。

既有的文本情感分析方法通常划分为基于情感词典的方法，基于机器学习分类的方法以及基于深度学习的方法等。情感词典的方法使用预先定义的情感词典（如英文的 SentiWordNet，中文的 HowNet 情感词典等）（王科、夏睿，2016），词典中包含不同极性情感词语及对应情感值，基于词典构建情感极性算法计算由词或短语构成的文本情感倾向（Baccianella etc.，2010）。机器学习分类的方法基于机器学习中的监督学习算法，首先学习已有情感标签的文本特性，之后推断未知情感的文本倾向（Pang etc.，2002；Taboada etc.，2011）。深度学习的方法采用深度神经网络模型来分析文本中的情感倾向（Dos santos etc.，2014）。

近年来，文本情感分析已逐步在经济管理等领域拓展应用，如从在线用户评论数据中识别产品缺陷（Zhang etc.，2012），基于在线用户生成内容测度服务质量（Duan etc.，2013），测评移动服务的客户满意度（Kang etc.，2014）等。这些应用至少有两大共性特点：其一，数据来源多为用户在互联网等在线渠道产生的文本，体量大，不易被人篡改；其二，借助文本情感分析技术，将体现用户主观意见的文本转换为情感倾向类别或极性分值，不仅可用于构建新的变量指标，还可以进一步考察与其他变量的关系。在文本情感分析方法选择上，由于中文语义多元的特性，情感词典中的情感词极性固定，使得传统基于词典的情感分析无法根据上下文和不同的应用领域迁移，浅层的机器学习分类方法也难以适应多场景海量复杂文本的处理，随着深度学习技术的发展，基于深度学习的文本情感分析日益受到重视。为此，本研究试图应用基于深度学习的情感分析方法，对共享单车APP用户评论文本进行情感倾向分析。

第三节 研究设计

本研究的设想是应用计算机自然语言处理领域的文本分析方法，挖掘共享单车APP上的用户评论文本所映射的用户热点话题和主观情感倾向，进而站在用户视角揭示代表性品牌共享单车服务存在的主要问题，识别代表性品牌企业提供的共享单车服务存在的改进机会。为此，拟定研究路线如下：首先选定7家代表性共享单车企业，以这些企业发布的APP上用户评论文本为数据源，其次，以R语言为编程环境，应用结构化主题模型算法，提取用户评论的语义主题分布及主题—关键词项分布，识别用户关注的焦点问题；接下来，应用深度学习的文本情感分析方法，获得用户评论的情感倾向类别与对应概率值，进一步计算得到文本主题的情感倾向类别，在此基础上揭示用户主要抱怨问题的特征，给出服务改进建议。

一 数据源选定与采集

研究选取摩拜（mobike）、ofo、哈罗（hellobike）、小鸣（xiaoming)、小蓝（bluegogo）、永安行（youon）以及优拜单车（U-bicycle）共 7 家企业为对象，主要基于两方面考虑。其一，7 家企业具有代表性。《2017 年共享单车经济社会影响报告》指出，根据单车投放量、APP 下载量等指标统计，目前国内共享车企可划分为三个梯队，第一梯队 2 家企业，第二梯队 7 家企业，第三梯队与前两梯队相比，无论投放规模还是影响力差距明显。研究选定的 7 家样本企业，摩拜与 OFO 居于第一梯队，哈罗、永安行等 5 家属于第二梯队，它们中既有发展良好的企业，也存在运营出现问题的企业，可以较好展现中国共享车企服务全貌。其二，7 家车企都开发有面向用户的手机 APP 应用，在安卓和苹果 IOS 平台上发布，同时也已生成不同规模的用户评论文本，方便数据采集和分析。

  选定共享单车企业后，下一步确定共享单车用户评论数据采集途径。与桌面互联网应用不同，智能手机 APP 具有一定封闭性，直接采集单个车企 APP 上的用户评论存在技术难点也费时费力。近年来，国内相继出现了手机 APP 发布与监控平台和移动应用数据分析平台，在这些平台上可以直接获取各大 APP 的用户评论文本，为此，选取酷传网（http：//www.kuchuan.com/）作为安卓平台共享单车 APP 用户评论文本导出源，选取七麦数据（https：//www.qimai.cn/）作为苹果 IOS 平台共享单车 APP 用户评论文本导出源，最终获得 2017 年 4 月 1 日至 2018 年 3 月 31 日共 145927 条用户评论数据集[①]，其中安卓平台 97213 条，包括发布时间、作者、评级、评论内容 4 个字段，苹果 ios 平台 48714 条，包括发布时间、作者、评级、标题、评论内容 5 个字段。7 家共享车企对应的用户评论分布如表 11—2 所示：

---

① 酷传网和七麦数据对于数据导出有时间限制，在 2018 年 4 月研究启动时，最多导出一年的数据。

表 11—2　　　　　共享单车 APP 用户评论采集分布　　　　　（条）

APP 平台	用户评论量		
车企品牌	安卓	苹果 IOS	合计
摩拜	68618	36173	104791
Ofo	17489	6809	24298
哈罗	2085	2309	4394
小鸣	3886	2497	6383
小蓝	3009	27	3036
永安行	1570	518	2088
优拜	556	381	937
小计	97213	48714	145927

二　数据清洗与标准化

互联网渠道获取的用户评论文本质量参差不齐，多存在用语不规范，冗余信息较多的问题，对获取的评论文本清洗主要从三方面展开。首先，剔除用户评论文本中的重复记录。其次，筛选并删除评论篇幅过段或过长的文本，通过阅读和抽样结合的方式，发现字数在 10 字以内的短评论，无实质性评价内容，而字数多于 200 字的长评论基本与共享单车话题无关，为减少对文本语义分析的干扰，选择剔除长度少于 10 个字符的过短评论，以及字符数大于 200 的过长评论。最后，用户评论中还存在连续重复部分（如"太太太太太好好好好用用"等），需要编写代码对评论语料机械压词处理，否则会严重影响评论的情感倾向判断。经过上述步骤清洗，用于后续分析的用户评论记录缩减为 107525 条。

三　用户评论主题建模与主题重要性计算

清洗后的文本评论记录，在主题模型拟合之前需要完成中文分词以及最优主题数的确定。文本的中文分词主要调用 jiebaR 分词包，构建中文常用词停用表以及部分专业词库完成。主题模型拟合需要确定最优主题数，从 Mimno 等（2011）提出的语义一致性

（semantic coherence）和 Airoldi 等（2016）提出的主题独有性（topic exclusivity）两维度进行评价，选择在这两个指标上表现均优秀的主题数为最优主题数。

完成上述两个步骤后，构建结构化主题模型，输出 APP 用户评论的文档—（隐含）主题概率分布，主题—关键词项分布等，通过文档—主题概率分布可以看到不同用户评论主题的重要程度。

四 基于百度 AipNlp 开放接口的文本情感倾向性分析与主题满意度计算

本专题第二、第四节提到文本的情感分析越来越倾向使用深度学习的方法来实现，针对共享单车 APP 用户评论文本的情感分析拟调用知名互联网企业——百度公司开放的 AipNlp 文本情感倾向性分析程序接口（API）来完成，理由如下：其一，百度在中文信息检索与处理领域具有世界一流水平，其中文文本情感分析技术能够自动学习深层次的语义及语序特征，具备较强的泛化能力，情感倾向性分析准确率在 80% 以上；其二，百度的文本情感分析技术已采用 API（应用程序接口）和 SDK（软件开发类库）两种方式对外开放，研究者可以自行编写程序，通过调用 API 或 SDK 完成文本的情感分析。为此，在 R 语言环境下，编写代码调用百度情感倾向类库—AipNlp，对导入的 10 万余条用户评论文本执行情感分析，输出每条评论的情感倾向类别与对应概率值。

将每条评论文本的情感倾向概率值转换为主题情感倾向类别的计算步骤如下。

首先，将文本情感倾向概率值转换为关键词语情感权重值。每个关键词语的情感权重值由所有含有该关键词语的文档的情感倾向概率取平均值计算所得。例如"月卡"这个关键词语一共出现在 2186 条评论文本中，它出现在评论"月卡太坑，故障车太多"中，该评论的情感倾向概率为 0.0641433，它还出现在评论"五星好评，月卡美滋滋"中，这条评论的情感倾向概率则是 0.817912，取

2186 条评论文本的情感倾向概率均值 0.539031 作为"月卡"的情感权重值,由此得到关键词语情感权重向量。

其次,计算情感加权的主题—关键词矩阵 *SentimentMatrix*,由上一步所得关键词语情感权重向量与结构化主题模型输出的主题—词项分布概率矩阵相乘所得。

第四节 数据分析与讨论

一 用户评论情感倾向分布

经过文本情感倾向性分析的 7 家共享单车 APP 用户评论分布如表 11—3 所示:

表 11—3　　共享单车 APP 用户评论情感倾向类别分布

APP 平台	安卓 用户评论量(单位:条)			IOS 用户评论量(单位:条)			两平台合计
	负面	中性	正面	负面	中性	正面	负面占比(%)
摩拜	11271	3081	28368	8507	2188	19458	27.14%
Ofo	8882	1057	4431	893	364	4630	48.25%
哈罗	1183	107	430	289	123	1519	40.31%
小鸣	2244	155	925	308	133	1931	44.80%
小蓝	2035	138	254	1	0	17	83.27%
永安行	619	73	610	41	17	420	37.07%
优拜	396	25	52	32	18	300	52.00%
小计	26630	4636	35070	10071	2843	28275	34.13%

从上表可以得到 3 个发现:首先,7 家共享单车用户评论文本的整体情感倾向看,2017 年 4 月至 2018 年 3 月期间,两大平台的用户负面评论占 34.13%,其中安卓平台的负面评论占比 40.14%,IOS 平台的负面评论占比 24.45%,反映出安卓平台的用户负面评论更多;其次,分品牌看,处于共享单车行业第一梯队的摩拜单车与 OFO 单车的用户口碑存在显著差异,摩拜单车的用户负面评论

占比 27.14%，而 OFO 单车的用户负面评论占比 48.25%，从处于第二梯队的哈罗单车、小鸣单车、小蓝单车、永安行与优拜单车看，这五家企业的负面评论占比均高于均值，其中小蓝单车的负面评价比例更是高达 83.27%。最后，对 7 家企业在安卓和 IOS 两大平台上的用户评论进行独立样本 T－检验，发现 ofo（Pvalue = 0.046）、小蓝（Pvalue = 0.0009）和永安行（Pvalue = 0.0106）在两大平台发布的评论总量差异显著，其余 4 家企业的评论总量在平台之间没有显著差异；但从负向评论看，7 家企业中除了摩拜（Pvalue = 0.334）的负面评论在两平台之前无显著差异外，其余 6 家的负面评论数在安卓和 ios 平台之间存在显著差异。因此，为避免平台评论量差异可能带来的影响，后续研究将以两大平台汇总的评论进行分析。

进一步，将 2017 年 4 月至 2018 年 3 月，7 家共享单车用户评论文本的情感倾向（负面评论占比与正面评论占比）走势绘制如图 11—1 所示：

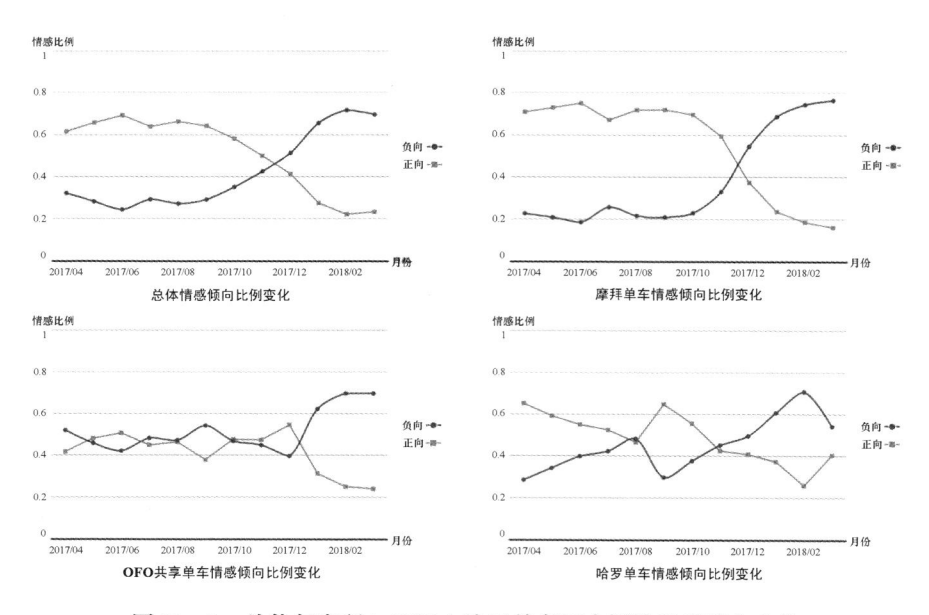

图 11—1　总体与摩拜 | OFO | 哈罗单车用户评论情感倾向走势

图 11—1 可以看出以下几点走势：首先，7 大共享单车品牌企业的总体情感倾向比例显示，2017 前三季度，用户的正向评论显著多于负向评论，但自四季度以后，用户对车企的负面情感持续上升，尽管到 2018 年第一季度略有回落，但负向评论显著多于正向评论；其次，分品牌看，用户评论最多的摩拜单车，2017 年 11 月是重要的分水岭，之前都是正向评论为主，但之后负向评论显著超出。OFO 单车在 2017 年 12 月之前，正向与负向的评论交相起伏，表明用户的情感倾向没有明显的偏向，但自 12 月以后，负向评论比例快速升高，明显超出正向评论，维持在 60% 以上的高位。哈罗单车的负向评论在 2017 年 4 月到 2018 年 3 月期间基本呈现上升趋势，且在 2017 年 11 月超出正向评论，但在 2018 年 2 月以后有所回落。

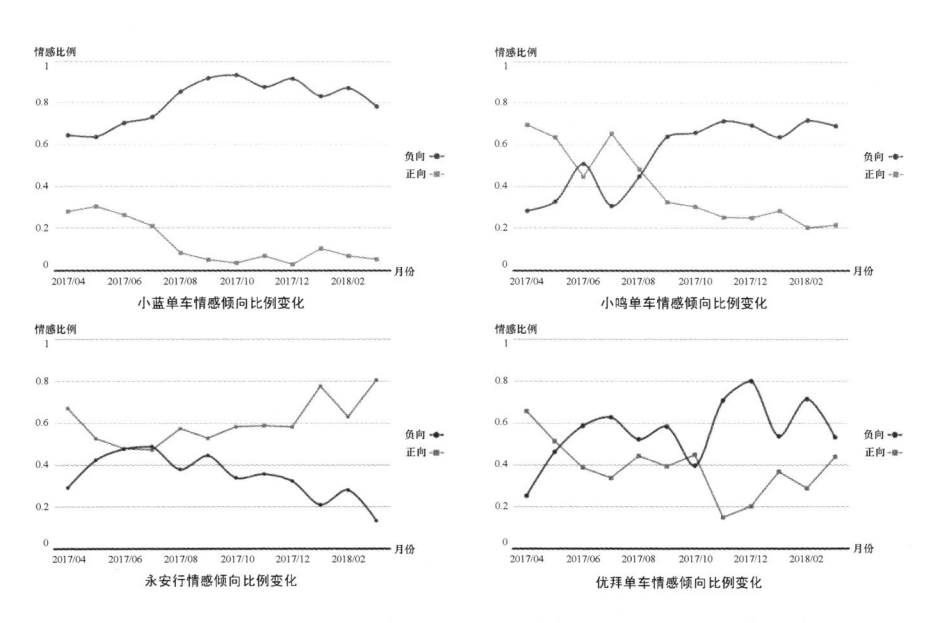

图 11—2　小蓝 | 小鸣 | 永安行 | 优拜单车用户评论情感倾向走势

图 11—2 可以看到：小蓝单车的负向情感比例在这一年中明显高于正向评论，最高达到 90% 左右。小蓝单车居高不下的负向评论

是其糟糕的用户口碑的反映,根据媒体消息,2017年11月20日,小蓝单车已停止运营,于2018年初托管于滴滴。小鸣单车在2017年8月之前正向与负向评论呈现两极分化的状况,从第三季度开始,负向评论比例显著上升,并一致占据主导地位。优拜单车的负向评论所占比例在这一年中大都多于正向评论,不过自2017年年底以后呈现波动回落趋势。与其他6家共享单车企业不同,永安行单车的用户口碑较好,研究期间正向用户评论基本高于负向评论,且自2017年年底以后,正向评论比例持续上扬。

综上分析,可以得到两个基本结论:①从APP用户评论文本的情感走势来看,2017年,共享单车企业的用户口碑经历了冰火两重天的变化,前三季度用户大多正面评价共享单车的发展,但从第四季度开始,负面评价比例显著上升,这与众多研究报告指出的,2017下半年,共享单车二三梯队品牌迎来破产、倒闭和跑路潮相呼应;②研究期间,7家共享单车企业中,只有永安行单车的用户评论一直正面为主,而其余6家负向评论占比居多,从用户侧面反映出共享单车企业规模快速扩张并没带来正面的用户声誉。

二 用户评论的主题分布

为揭示用户关注的共享单车热点议题,通过主题模型的构建,能够在语义层面从海量的用户评论文本中提取主题及关键词项分布,进而识别用户热衷的核心问题。按照STM算法拟合要求,分以下两步骤展开。

1. 文本最优主题数的确定。输入10万余条清洗后的评论文本数据,在经过中文分词、格式标准化等预操作后,计算从5到50范围变动的各主题数对应的语义一致性和独有性值,判断最优主题数,如图11—3所示,在保持主题语义一致性和独有性均较高的条件下(即选择图中右上象限区域数据点),主题数为20对应的文本数据集的语义一致性和语义独有性值相对其他主题数表现更佳,因此,确定后续模型拟合的主题数为20。

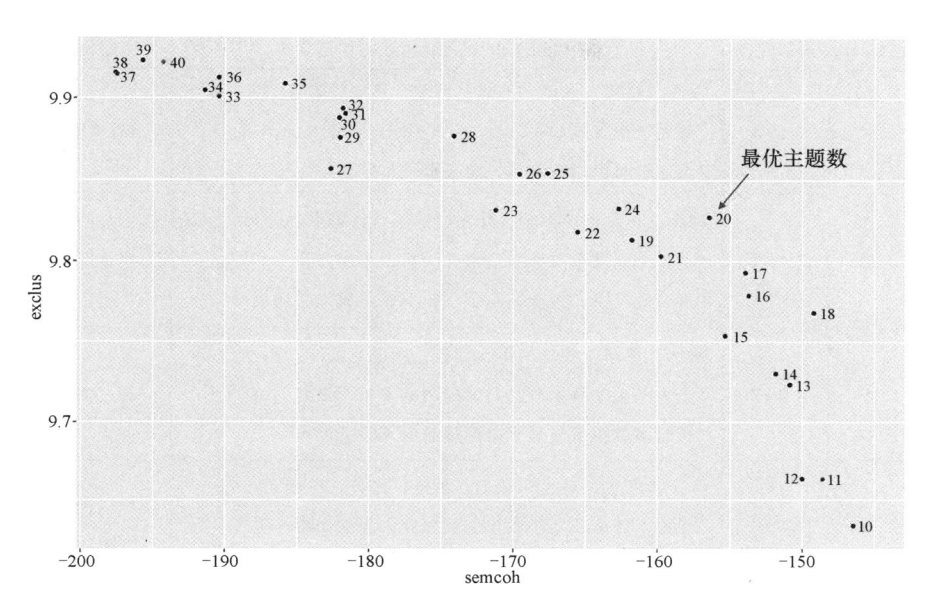

图 11—3　主题数 k = 10 – 40 范围的共享单车用户评论文本语义一致性与独有性检验

2. 将评论发布时间、评论情感倾向类别作为文档主题强度协变量，编写代码完成协变量主题模型拟合。模型的主要输出是基于 APP 用户评论文本自动聚类的 20 个隐含主题及每个主题下的关键热词。

表 11—4 展示了 APP 用户评论文本 20 个主题的聚类结果，同时也包含每个主题下代表性关键词及代表性用户评论文本，表中前 3 列为程序输出结果，第四列为主题标签，通过人工阅读每个主题下语义最相近的关键词和语义最相近的评论文本内容概括而成。

表 11—4　共享单车 APP 用户评论文本 20 个主题聚类结果

主题 ID	隶属比例	代表性关键词/语义最相近的评论文本	主题标签
8	9.26%	更新，软件，扫码，闪退，打不开，APP，版本 "软件卡死了，用不了，界面出不来…" "这次更新直接崩溃，一直闪退打不开，白色界面…"	APP 使用卡顿与闪退

续表

主题ID	隶属比例	代表性关键词/语义最相近的评论文本	主题标签
9	7.59%	方便，喜欢，好用，不错，特别，可以，骑着 "好用，挺方便的…" "喜欢，可以锻炼身体，骑去哪里都好放…"	骑行优点
6	7.56%	押金，垃圾，退押金，什么，退不了，退款，公司 "退押金退押金退押金！给你一星，不想好评…" "押金退不了，押金退不了，根本就是骗人，垃圾…"	押金退还
15	7.24%	摩拜，单车，共享单车，其他，质量，最好，还是 "个人认为摩拜单车是目前国内共享单车最好的…" "骑过多款单车还是觉得摩拜骑起来最舒服…"	骑行体验
5	7.06%	车子，红包，有点，感觉，不好，好评，比较 "地图上怎么显示小黄没有红包呢，怎么回事…" "希望多点车多点车，骑行轻松就是车太少了…"	车辆少与红包问题
4	6.51%	可以，希望，更好，一点，如果，改进，设计 "车座锁紧机构，如果太紧女生扳不动，太松又下沉" "把手符合人体工学，轮胎下雨天易打滑，前轮应该往前一点…"	车辆设计
7	6.07%	没有，不到，定位，时候，一辆，地图，地方，显示 "定位不准，定位显示好几辆，过去看一辆也没…" "地图显示附近好几辆，可一去一辆也没有，小黄车营造很多车的假象，实际真正要用时候找不到…"	车辆定位
16	5.25%	不错，这个，好好，支持，软件，真心，推荐，大家 "好好好好好好，太太方便，值得推荐…" "希望这款软件越来越好，我会一如既往支持，看好你们这个互联网产品利民项目，好好发展下去…"	APP体验
19	5.22%	现在，不用，越来越，每天，上班，以前，以后 "每天上班到班车站点有段距离现在天天骑小黄…" "平时就是ofo小黄出门，以前坐公交地铁…"	通勤便利
2	5.06%	出行，我们，环保，解决，生活，公里，问题，城市 "真正解决最后一公里出行，我们生活更加便利…" "把绿色环保向前推进一大步，健康生活…"	环保出行

续表

主题 ID	隶属比例	代表性关键词/语义最相近的评论文本	主题标签
3	5.03%	客服，没有，电话，显示，问题，计费，结果，一直 "客服永远正在处理，一直打不通，碰到问题永远得不到解决…" "上锁之后还一直计费，一直故障没人处理，电话打去没人接，垃圾客服…"	客户服务
14	4.55%	希望，二维码，车辆，素质，破坏，大家，应该 "好多损坏的车辆，希望大家保护单车…" "希望所有用户能够珍惜爱护这样的便民设施…"	车辆损坏
10	4.49%	一个，怎么，不是，一次，这么，小时，分钟，收费 "一个小时一块钱，怎么半个小时就要两块钱" "乱收费，不是说好一块钱一个小时，结果半小时十几分钟就要两块"	骑行资费
13	3.73%	骑行，免费，活动，经常，月卡，给力，优惠 "免费骑行活动多多，好好好哈哈哈哈…" "现在有活动，月卡挺划算，续费也划算…"	月卡与免费促销
1	3.27%	评论，手机，验证码，广告，应用，验证，提醒 "天天弹消息让评论，天天弹消息让评论…" "整天发短信，退订无数遍还发，烦死人…"	APP 广告与消息
17	3.15%	不能，充值，余额，认证，为什么，注册，手机号 "不能充值任意金额，充值金额固定变相强制消费，外地就骑一两次不能提取余额…" "月卡不能用余额购买吗？为什么…"	账户充值与认证
11	2.73%	app，下载，用户，体验，支付宝，还要，才能，微信 "It really nice and convenient app creating…" "As foreigner cannot understand all Chinese…"	支付体验
20	2.47%	非常，使用，真的，便宜，只是，希望，主要，满意 "赞赞赞赞赞赞，真的非常非常方便…" "必须好评，赞赞赞赞赞赞赞"	非指向满意评价
18	1.97%	时间，解锁，小蓝，浪费，扫不开，自己，下来 "经常开锁陷入死循环，这时只能尴尬走开…" "有时候开锁很慢，浪费很多时间"	/ *
12	1.81%	第一次，今天，一样，一起，自行车，看看，企业	/ *

* 注：主题 18 和主题 12 下的文本语义较为发散，聚类效果欠佳，难以概述主题标签。

上表可以看到：2017 年 4 月到 2018 年 3 月期间，7 家共享单车 APP 上的用户评论可以聚类为 20 个主题，其中，主题 8：APP 使用卡顿与闪退问题的用户评论占比（9.26%）最高，主题 18 和主题 12 占比最低，均不到 2%，从主题聚类效果看，这两个主题的语义一致性和独有性表现较差，无法给出明确的主题语义标签。剔除这两个主题后，进一步考察，剩余的 18 个主题，可以进一步归集为四大类，如图 11—4 所示：

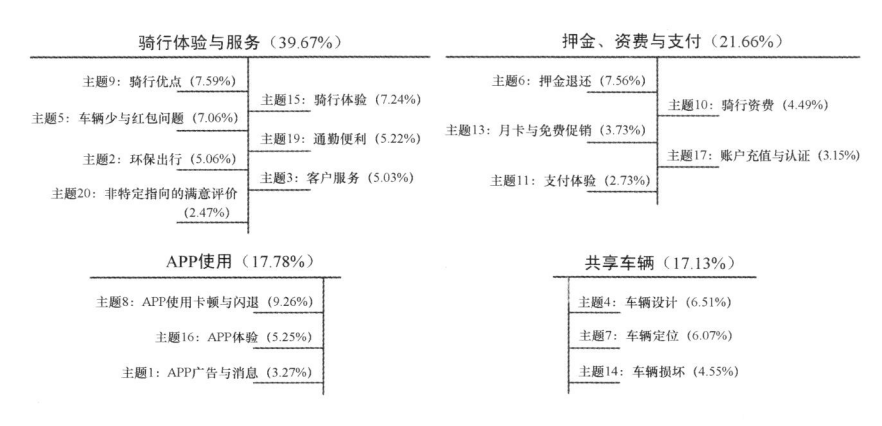

```
骑行体验与服务（39.67%）                      押金、资费与支付（21.66%）
主题9：骑行优点（7.59%）  主题15：骑行体验（7.24%）   主题6：押金退还（7.56%）   主题10：骑行资费（4.49%）
主题5：车辆少与红包问题（7.06%）  主题19：通勤便利（5.22%）  主题13：月卡与免费促销（3.73%）  主题17：账户充值与认证（3.15%）
主题2：环保出行（5.06%）  主题3：客户服务（5.03%）      主题11：支付体验（2.73%）
主题20：非特定指向的满意评价（2.47%）

APP使用（17.78%）                             共享车辆（17.13%）
主题8：APP使用卡顿与闪退（9.26%）              主题4：车辆设计（6.51%）
主题16：APP体验（5.25%）                       主题7：车辆定位（6.07%）
主题1：APP广告与消息（3.27%）                  主题14：车辆损坏（4.55%）
```

图 11—4　共享单车用户评论主题类别归集

不难发现，共享单车 APP 的使用者对骑行体验与服务关注度最高，同时也对骑行押金、资费与支付等较为关注。这也从一个侧面反映出，用户最为关注的是共享单车的骑行服务体验与各大车企提供的服务品质。

三　用户评论主题的情感倾向随时间变化趋势

结构化主题模型算法的一个独特优势是可以量化文档协变量对主题强度的影响，为揭示用户评论主题在 2017 年 4 月到 2018 年 3 月期间的情感倾向变化特点，可以将评论发布时间、评论情感倾向类别作为文档协变量，考察两者对聚类的主题强度的影响，这些影响通常以图表形式呈现。通过编写代码设置文档协变量参数，完成模型拟合。

针对骑行体验与服务相关的 6 个主题的情感时序变动如图 11—5 所示:

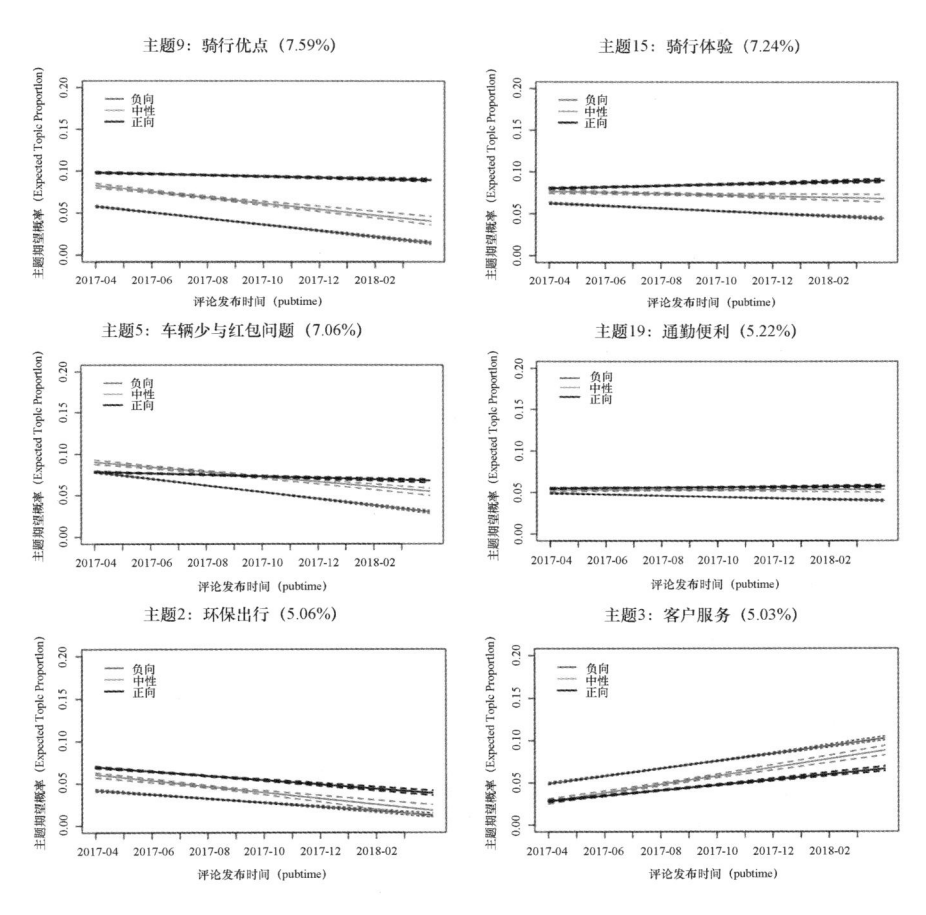

图 11—5 骑行体验与服务相关的 6 个主题情感时序变动趋势

注:图中虚线为 95% 置信区间。

图 11—5 显示,骑行体验与服务相关的 6 个主题中,大多数主题,如主题 9 "骑行优点"、主题 15 "骑行体验"、主题 19 "通勤便利"和主题 2 "环保出行"等整体呈现正向比例持续多于负向比例,很大程度上反映出用户对共享单车这一低碳出行模式的高度认

可。只有主题3"客户服务"的情感倾向在研究期间负向比例一直高于正向比例,且占比持续走高,显示用户对共享车企的客户服务抱怨日渐增多,这可能与2017年各大共享单车企业快速投放车辆,但客户服务响应跟进不及时有关。

针对押金、资费与支付相关的5个主题的情感时序变动如图11—6所示:

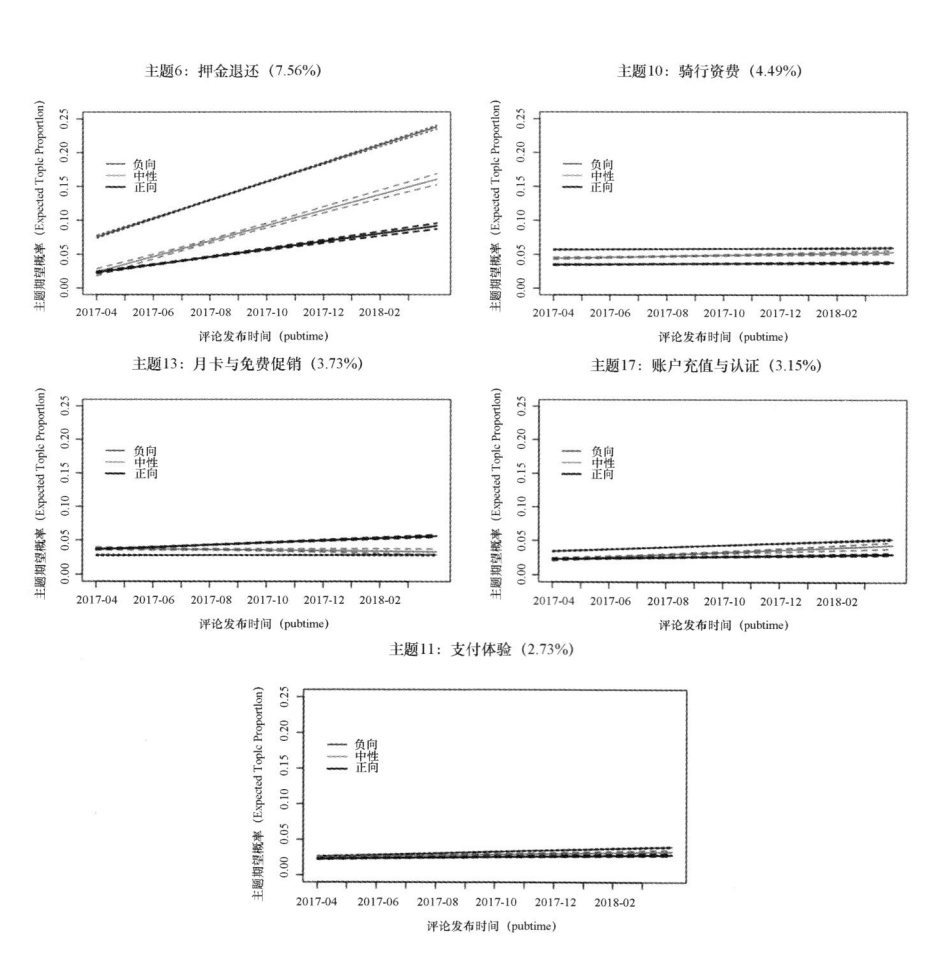

图11—6 押金、资费与支付相关的5个主题情感时序变动趋势

注:图中虚线为95%置信区间。

图 11—6 展示的 5 个主题情感时序变化有三点值得注意：其一，主题 6 "押金退还"的话题明显以负向情感为主，且在研究期间该主题所占比例持续快速上升，成为 5 个主题中最引人关注的内容，反映出共享单车押金难退，引发 APP 用户热烈讨论且不满情绪高涨。其二，主题 13 "月卡与免费促销"的正向情感持续高于负向情感，说明用户对共享车企开展的"免费骑"和优惠月卡促销活动持正面欢迎态度。其三，主题 10 "骑行资费"，主题 17 "账户充值与认证"和主题 11 "支付体验"尽管用户的负向情感高于正向情感，但在研究期间所占比例不大，而且曲线波动很小，说明用户对这些话题的评论量较低，且情绪稳定。

针对 APP 使用相关的 3 个主题的情感时序变动如图 11—7 所示：

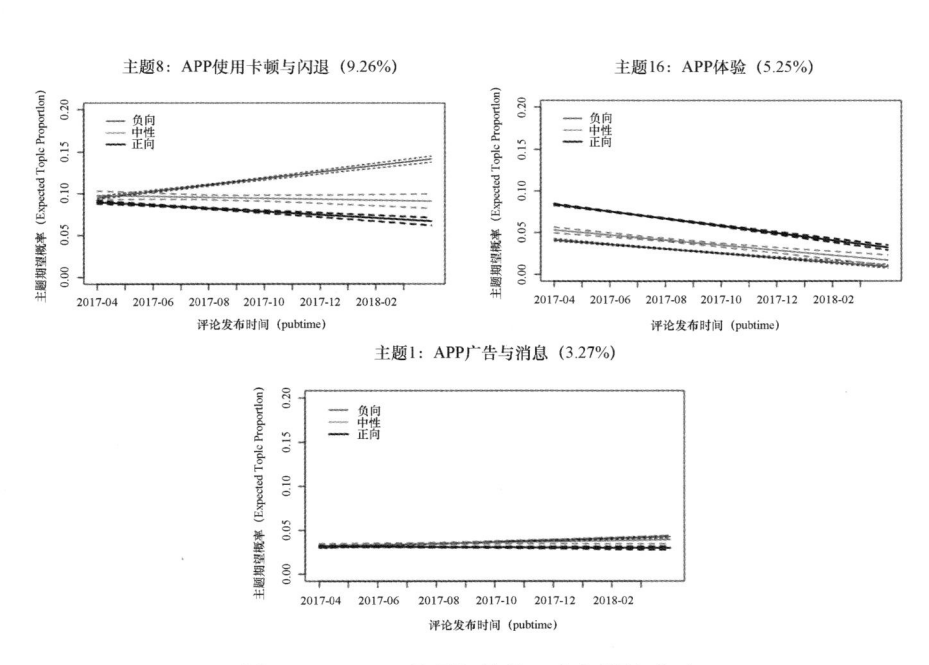

图 11—7　APP 使用相关的 3 个主题情感时序变动趋势

注：图中虚线为 95% 置信区间。

图 11—7 可以看到：APP 使用相关的 3 个主题中，主题 8 "APP 使用卡顿与闪退"不仅是用户讨论热度最高的话题，也是在研究期间负向情感显著上升，正向情感不断下降的话题，反映共享单车用户对 APP 使用问题的反馈逐渐严重，这也进一步警醒企业需要及时作出 APP 功能优化，响应用户渴望解决的热点问题。值得注意的是，虽然用户对 APP 使用卡顿和闪退问题负面情绪强烈，但主题 16 "APP 体验"的用户情感整体上正向偏多，说明用户对共享单车 APP 的整体体验还算满意，只是十分不满使用卡顿与闪退问题。同时，用户对主题 16 的讨论热度也随时间流逝逐步下降，说明这类话题不再引起大多数用户的关注。

最后，针对共享车辆相关的 3 个主题的情感时序变动如图 11—8 所示：

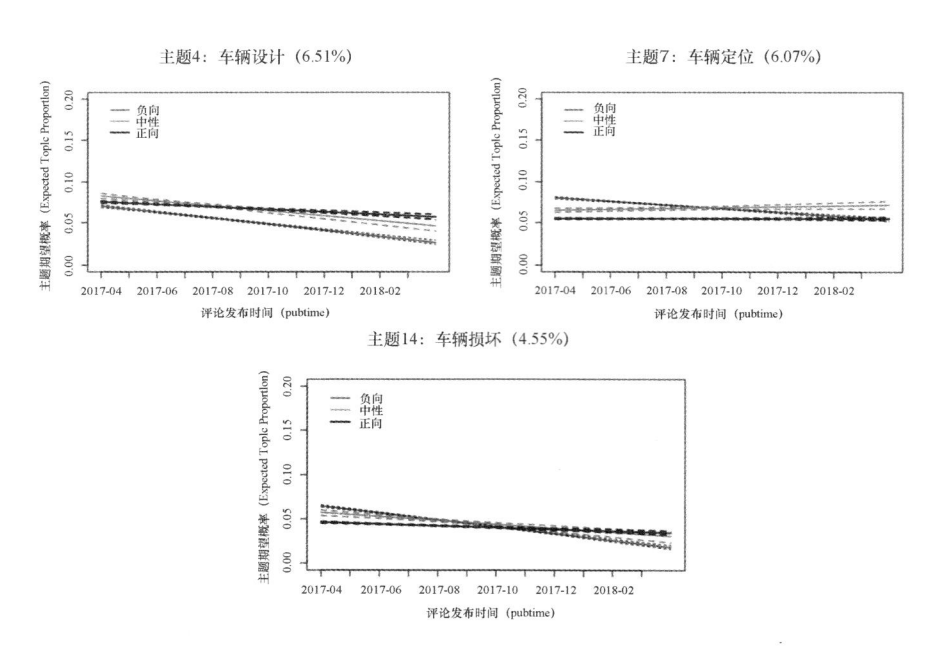

图 11—8 共享车辆相关的 3 个主题情感时序变动趋势

注：图中虚线为 95% 置信区间。

上图显示，与共享车辆相关的 3 个主题主要围绕"车辆设计"，"车辆定位"和"车辆损坏"话题展开，在研究期间，针对"车辆设计"的用户评论始终以正向情感为主，负向情感评论所占比例持续下降。针对"车辆定位"的话题初期以负面评论为主，但随着时间推移，2018 年以后基本与正向评论不相上下。用户针对"车辆损坏"的讨论，2017 年 10 月是一个分水岭，之前负面评论为主的情况发生了逆转，正面评论占据上风，但该主题的讨论热度也在不断下降。比较而言，共享车辆相关的 3 个主题在 10 万余条用户评论文本中所占比例最低（17.13%），这也从一个侧面体现出用户对共享单车关注的重点不是车辆本身，而是车辆所承载的共享出行服务。

综合前面对共享单车 APP 用户评论文本主题挖掘和情感分析的讨论，可以得到以下三点发现：（1）从用户关注的焦点话题看，7 家共享单车 APP 上的用户评论可以聚类为 20 个主题，进一步可以归集为骑行体验与服务，押金、资费与支付，APP 使用及共享车辆四个方面，用户对骑行体验与服务相关话题的关注度最高，对共享车辆本身的讨论最少；（2）从评论的情感变动趋势看，2017 年，共享单车企业的用户口碑经历了冰火两重天的变化，前三季度用户大多正面评价共享单车的发展，但从第四季度开始，负面评价比例显著上升，7 家共享单车用户评论中负面评论占比 31.53%，处于共享单车行业第一梯队的摩拜单车用户负面评论显著低于 OFO 单车，比较而言，7 家车企中只有永安行单车的用户评论一直正面为主，而其余 6 家负向评论占比居多；（3）"APP 使用卡顿与闪退""押金退还"和"客户服务"三个话题一直是广大骑行用户讨论热烈且负向情感持续上升的议题。在越来越多的用户追求品质出行服务的当下，值得共享车企高度关注，需要完善 APP 的功能设计，调动内外部资源优化押金管理机制，提升客户服务水平。对于共享车企而言，采集用户评论文本，应用文本挖掘方法开展定期的客户心声分析，也是优化用户体验的重要手段。

第五节 结论与展望

随着移动社交媒体和各类在线应用的普及，海量增长的用户生成内容（User generated content，UGC）成为社会科学研究者测度理论建构、探索不同研究变量关系的新兴数据来源。与传统的基于统计获得的数值型数据不同，用户在互联网上发表的各类评论性文本兼具语义表达和情感表征的特点，可以反映人在特定场景下的主观思想、行为倾向以及情感喜恶。借鉴客户心声研究的思路，通过采集2017年4月到2018年3月国内7家主流共享单车（摩拜、OFO、哈罗、永安行、小鸣、小蓝与优拜单车）APP用户发布的评论文本，应用计算机自然语言处理中的结构化主题模型与深度学习情感分析技术，发现：（1）骑行用户在7家共享单车APP上发布的评论意见具有较高的聚焦性，20个热点话题反映出用户十分关注共享骑行体验、客服服务体验、单车押金、资费与支付体验以及APP使用体验，这一量化结果再次佐证共享单车服务所具有的体验经济特点；（2）经过两年的快速发展，7家共享单车的用户评论在2017年第四季度凸显口碑变化，除了永安行之外，其余6家共享车企负向评论占比明显上升，反映出共享单车产业经过高速发展后，问题开始逐渐爆发，亟待规范整治；（3）与"APP使用卡顿与闪退"和"客户服务"话题相比，"押金退还"一直是深受广大骑行用户诟病的议题，需要企业、政府部门等多方参与，协同解决。

研究的潜在贡献至少体现在三方面：首先，提出了通过分析共享单车APP用户评论文本的语义主题和情感倾向，定量监测骑行用户心声的新思路，基于此方法，可以为共享单车企业动态识别用户需求变化，洞悉服务深层问题，优化服务流程，改善用户骑行体验增添新手段；其次，研究采用的方法可以推广应用在更多用户生成内容（User generated content，UGC）的场景，开发相应的监测软件，面向新产品开发、服务提升或产品服务系统优化开展客户心声分析；再次，研究成果也为政府监测共享单车服务开辟了新途径，长期以来，政府监管部门难以及时获取并量化分析共享单车骑行用户的需求，不易对新兴产业的供需动态做出准确评价，由此可能产生大量监管模糊和规则真空的地带，不利于新兴产业持续健康稳定的成长，基于本研究的思路和方法，不仅能弥补现有监测在数据时效性和多样性方面的不足，还能提高行业治理和应急处置能力，促进共享单车产业持续稳定健康发展。

未来的研究可以在三方面拓展：其一，可以借鉴在产品质量监测领域新涌现的机会算法方法，深入到面向共享车企的服务监测，识别不同车企的服务改进机会，细化数据分析的粒度；其二，将研究方法拓展到网约车等更多的应用场景，验证方法的跨领域适用性；其三，面向共享出行新业态，探索数据驱动+客户心声导向的共享服务监测新模式，推动多方协同治理水平的提升。

本专题参考文献

中国信息通信研究院：《2017 年共享单车经济社会影响报告》，参见 http：//www. caict. ac. cn/kxyj/caictgd/lhrh/201802/t20180206_173063. htm，2018 年 2 月 6 日。

欧春尧、宁凌：《比较视角下共享单车产业发展问题及政府规制路径研究》，《北方经济》2017 年第 7 期。

郭鹏、林祥枝、黄艺、涂思明、白晓明、杨雅雯、叶林：《共享单车：互联网技术与公共服务中的协同治理》，《公共管理学报》2017 年第 3 期。

鲍星安：《基于车载 GPS 定位技术的共享单车定位模式研究》，《价值工程》2018 年第 6 期。

王嘉薇、朱家明、祁浩宇等：《基于 VRP 模型城市共享单车的优化调配研究》，《沈阳理工大学学报》2018 年第 1 期，DOI：10. 3969/j. issn. 1003 – 1251. 2018. 01. 017。

Yang, K. Yang, *The Voice of the Customer：Capture and Analysis*

McGraw-Hill, New York, 2007.

邓力凡、谢永红、黄鼎曦：《基于骑行时空数据的共享单车设施规划研究》，《规划师》2017 年第 10 期，DOI：10.3969/j.issn.1006-0022.2017.10.015.

李小妹、负晓哲、王海燕：《消费者感知风险与信任对共享单车使用意愿的影响研究》，《中国商论》2017 年第 32 期，DOI：10.3969/j.issn.1005-5800.2017.32.031。

杨留花、诸大建：《扩展计划行为理论框架下共享单车规范停放行为意向的影响因素分析》，《中国人口·资源与环境》2018 年第 4 期，DOI：10.12062/cpre.20171218.

赵文川：《共享单车的市场发展及均衡分析》，《中国商论》2018 年第 12 期。

张一进、张金松：《政府监管与共享单车平台之间的演化博弈》，《统计与决策》2017 年第 23 期。

宋姝凝：《共享单车的法律监管问题研究》，《河南社会科学》2017 年第 7 期。

Kim M., Park Y., Yoon J., "Generating patent development maps for technology monitoring using semantic patent-topic analysis", *Computers & Industrial Engineering*, 2016, 98: 289-299.

Wang X., Gerber M. S., Brown D. E., *Automatic Crime Prediction Using Events Extracted from Twitter Posts*; *Social Computing, Behavioral-Cultural Modeling and Prediction*, Springer Berlin Heidelberg, 2012: 231-238.

Das A. S., Datar M., Garg A., Rajaram S., "Google news personalization: scalable online collaborative filtering", *International Conference on World Wide Web*, ACM, 2007: 271-280.

Wang C., Blei D. M., "Collaborative topic modeling for recommending scientific articles", *ACM SIGKDD International Conference on Knowledge Discovery and Data Mining*, ACM, 2011: 448-456.

Yoon J., Seo W., Coh B. Y., Song I., & Lee J. M., "Identifying product opportunities using collaborative filtering-based patent analysis", *Computers & Industrial Engineering*, 2016, 107.

Jeong B., International Journal of Information Management, http：//dx. doi. org/10. 1016/j. ijinfomgt. 2017. 09. 009，2017.

Roberts M. E., Stewart B. M., Tingley D., Lucas C., Leder-Luis J., Gadarian S., Albertson B., and Rand D., "Structural Topic Models for Open-Ended Survey Responses", *American Journal of Political Science*, 2014, 58 (4)：1064 – 1082.

Roberts M. E., Stewart B. M., Airoldi E. M., "A Model of Text for Experimentation in the Social Sciences", *Publications of the American Statistical Association*, 2016, 111 (515)：988 – 1003.

Lucas C., Nielsen R. A., Roberts M. E., et al., "Computer-assisted text analysis for comparative politics", *Political Analysis*, 2015：mpu019.

Liu B., *Sentiment analysis and subjectivity*, Handbook of Natural Language Processing, 2, 2010：627 – 666.

王科、夏睿：《情感词典自动构建方法综述》，《自动化学报》2016年第4期。

Baccianella S., Esuli A., Sebastiani F., *SentiWordNet 3. 0：An Enhanced Lexical Resource for Sentiment Analysis and Opinion Mining*, International Conference on Language Resources and Evaluation, Lrec 2010：17 – 23，May 2010，Valletta，Malta. DBLP，2010：83 – 90.

Pang B., Lee L., & Vaithyanathan S., "Thumbs up？：Sentiment classification using machine learning techniques", *In Proceedings of the ACL – 02 conference on Empirical Methods in Natural Language Processing*：10，2002：79 – 86.

Dos Santos, C. N., & Gatti, M., "Deep convolutional neural networks for sentiment analysis of short texts", In COLING, 2014,

69 – 78.

Zhang W., Xu H., Wan W., "Weakness Finder: Find product weakness from Chinese reviews by using aspects based sentiment analysis", *Expert Systems with Applications*, 2012, 39 (11): 10283 – 10291.

Duan W., Cao Q., Yu Y., Levy S., "Mining Online User-Generated Content: Using Sentiment Analysis Technique to Study Hotel Service Quality", *Hawaii International Conference on System Sciences*, IEEE, 2013: 3119 – 3128.

Kang D., Park Y., *Review-based Measurement of Customer Satisfaction in Mobile Service: Sentiment Analysis and VIKOR Approach*, Pergamon Press, Inc. 2014.

Mimno D., Wallach H. M., Talley E., et al., "Optimizing Semantic Coherence in Topic Models", *Proceedings of the Conference on Empirical Methods in Natural Language Processing. Association for Computational Linguistics*, 2011: 262 – 272.

Airoldi E. M., Bischof J. M., "Improving and Evaluating Topic Models and Other Models of Text", *Publications of the American Statistical Association*, 2016, 111 (516): 1381 – 1403.